Eugen von Keller/Gabriela Pfändner/Gernot Wunderle
Roland Berger & Partner GmbH.

Erfolgreiche Medienmacher in Europa

- Das Geheimnis exzellenter Geschäfte
- 10 Fallstudien

Ueberreuter

Die Deutsche Bibliothek – CIP-Einheitsaufnahme

Keller, Eugen von:
Erfolgreiche Medienmacher in Europa : das Geheimnis exzellenter Geschäfte ; 11 Fallstudien / Eugen von Keller/Gabriela Pfändner/Gernot Wunderle. – Wien :
ISBN 3-901260-83-8
NE: Pfändner, Gabriela:; Wunderle, Gernot:

S 0095 1 2 3 4 / 97 96 95 94

Umschlag: Kurt Rendl
Coverillustration: Josef Koo

Printed in Austria

Inhalt

Vorwort 7

Einleitung 9

1. Euromagazine nach dem Chamäleonprinzip 13
Der französische Verlag Prisma Presse

2. Volksblatt auf dem Boulevard 41
Die österreichische *Neue Kronen Zeitung*

3. Markenprodukte in aller Welt 63
Der deutsche Verlag Langenscheidt

4. Die Töchter müssen selbst denken 83
Der britisch-niederländische Printmedienkonzern
Reed Elsevier

5. „Auslandssender" schlüpft durch Gesetzeslücke 103
Der private niederländische Fernsehsender RTL 4

6. Wie eine gutgeölte Maschine 125
Der französische private Hörfunksender NRJ

7. So sauber wie ein gewaschenes Auto 143
Der bayerische private Hörfunksender Antenne Bayern

8. Ein Keller voller Rechte 163
Die deutsche Kirch-Gruppe

9. Standards setzen für die Branche 181
Die Deutsche Plakat-Werbung-Gruppe

10. Vom Gemischtwarenladen zur Kulturinstitution 197
Der spanische Buchklub Círculo de Lectores

11. Vision, Strategie oder Management?
Auf der Suche nach den Erfolgsursachen 219
Eine einordnende Zusammenfassung

12. Schöne neue Welt 251
Erfolgsfaktoren für die Medienmärkte der Zukunft

Die Autoren 278

Vorwort

Die Idee zu dieser Arbeit entstand vor zwei Jahren. Daß daraus schließlich ein Buch wurde, war nur möglich durch die Unterstützung einer Vielzahl von Personen.

Neben dem Autorenteam steuerten Fadi Josef Karam vom Pariser Roland Berger & Partner-Büro und Dr. Christoph von Grolman vom Münchner Büro wertvolles Material bei. Auch bei der Auswahl der Unternehmen, der Aufbereitung von Marktdaten und der Diskussion der Ergebnisse war die Mitwirkung der europäischen Büros von Roland Berger & Partner von großer Hilfe. Bei allen in- und ausländischen Kollegen, die an dem Buch mitgewirkt haben und uns in verschiedenster Weise unterstützten, möchten wir uns herzlich bedanken.

Bei den Marktrecherchen half uns vor allem Sabine Hinrichs vom Roland Berger & Partner-Informations-Center. Die Texte und Grafiken erstellte Karin Maul im Berliner Büro, und das Editorenteam um Uwe Horn übernahm die Redaktion der Beiträge. Besonderer Dank gebührt Dr. Volker von Courbière für die journalistische Überarbeitung des gesamten Buches.

Schließlich möchten wir uns bei all jenen bedanken, ohne die dieses Buch nicht möglich gewesen wäre – den Medienmachern, Medienunternehmern und Managern, die trotz ihres Tagesgeschäfts Zeit gefunden haben, mit uns ihre Erfahrungen und ihr Wissen zu teilen und in sehr offenen Gesprächen uns einen Einblick in ihre Managementphilosophie und strategischen Pläne zu geben. Die Fülle von Erkenntnissen, die sie uns vermittelten, war so reich, daß sie dieses Buch nur unvollständig wiedergeben kann.

Einleitung

Die Filmfestspiele in Cannes, die aufwendigen Präsentationen der Verlage auf der Frankfurter Buchmesse, die alljährlich wiederkehrende Verleihung des Eurovisionspreises – die Medienbranche versteht es, sich selbst als Medienereignis zu inszenieren und die eigenen Erfolge zu feiern. Und das mit gutem Grund. Mit einer durchschnittlichen Umsatzrendite von 8 Prozent und einer Kapitalrendite von deutlich über 20 Prozent liegt die Medienbranche weit über dem Durchschnitt der deutschen Unternehmen. Daß auch die Vorstände der Medienunternehmen zu den bestverdienenden Managern im Industrievergleich gehören, kann als gesicherte Erkenntnis gewertet werden: Gehälter von einer Million und darüber sind auf den Vorstandsetagen der großen Medienkonzerne durchaus üblich. Der Vorstandsvorsitzende von Walt Disney, Michael D. Eisner, vereinnahmte im Jahr 1992 ein Gehalt von 7,5 Millionen Dollar. Dagegen nehmen sich durchschnittliche Vorstandsbezüge von 3,4 Millionen Mark bei Bertelsmann und 1,6 Millionen Mark bei Springer schon fast wieder bescheiden aus.

Die Medienbranche leuchtet, aber sie blendet auch. Das grelle Licht, das auf die Akteure in der ersten Reihe fällt – auf die Schauspieler, die Popstars, die Bestsellerautoren und auf die Fantasmen der Werbefilme – überstrahlt manchmal die wahren Akteure im Hintergrund: Die Medienmacher und Unternehmer, die Produzenten und Manager, die aus kreativen Ideen Geschäftskonzepte entwickeln und aus Geschäftskonzepten in mühsamer Tagesarbeit wirtschaftlich erfolgreiche und wachsende Unternehmen formen. Sie schaffen damit dann wieder den Künstlern die Möglichkeit, ihre Leistungen mit der notwendigen technischen, vertrieblichen und finanziellen Hilfe zu vermarkten.

Aber natürlich gibt es auch in einer so erfolgsverwöhnten Branche wie der Medienindustrie Gewinner und Verlierer, erfolgreiche und weniger erfolgreiche Unternehmen. Mit diesem Buch wollen wir anhand von zehn Fallstudien die Geschichte, die Strategie, die Schlüsselprozesse und Führungsprinzipien erfolgreicher Medienunternehmen aufzeigen und untersuchen, worin die Ursachen für die Erfolge liegen.

Wir haben daher einige herausragende Medienunternehmen aus allen Bereichen der Medienwirtschaft ausgesucht und dabei ganz bewußt eine europäische Perspektive gewählt. Dies nicht nur deshalb, weil die internationalen Medienmärkte zusammenwachsen, sondern weil der europäische Medienmarkt – im Unterschied zum angelsächsischen – durch das vielsprachige und multikulturelle Umfeld und durch die unterschiedlichen Wirtschaftsstrukturen und Lebensgewohnheiten eine besondere Herausforderung darstellt. So ist denn eine Sammlung zustandegekommen, die ein breites Feld unterschiedlichster Medienunternehmen abdeckt: ein spanischer Buchklub, ein französisches Radionetzwerk, eine niederländische Fernsehstation, ein europäischer Filmhändler, ein französischer Zeitschriftenkonzern, ein englisch-niederländischer Fachinformationskonzern, eine bayerische Radiostation, ein deutsches Werbeunternehmen, ein österreichischer Zeitungsverlag und ein internationales Wörterbuch- und Lexikonunternehmen deutscher Provenienz.

Einige dieser Unternehmen, wie Reed Elsevier und Prisma Press, sind bekannte Verlagshäuser, und jeder, der sich in der Medienwelt auskennt, weiß, daß es sich um erfolgreiche Unternehmen handelt. Auch die Kirch-Gruppe kennt wohl jeder, denn über sie wurde sehr viel in der Presse berichtet – obwohl, oder gerade weil Leo Kirch zu den publikumsscheuesten Medienunternehmern gehört.

Aber viele dieser Medienunternehmen sind – zumindest einem breiteren Publikum – weitgehend unbekannt. Wer weiß schon, daß die DPW-Gruppe den größten Marktanteil

in der Außenwerbung in der Bundesrepublik und in einigen angrenzenden Ländern besitzt. Wer hat je – zumindest in Deutschland – vom außerordentlichen Erfolg des spanischen Círculo de Lectores gehört. Langenscheidt, Duden und Polyglott sind zwar in Deutschland als Marken bekannt, aber daß Langenscheidt weltweit der erfolgreichste Wörterbuch-, Lexikon- und Reiseliteraturverleger ist, wissen nur wenige – was sicherlich auch seine Ursache in der zurückhaltenden Art der Familie Langenscheidt in Hinblick auf das Offenlegen von Zahlen hat. Daß das französische Hörfunkunternehmen NRJ ein erfolgreiches Unternehmen ist, spüren zumindest die Aktionäre, die seit der Aktienemission im Jahre 1989 den Wert ihrer Aktien mindestens verdoppelt haben, aber das Erfolgsrezept dieses Senders ist nahezu unbekannt.
So unterschiedlich die Geschäfte dieser Unternehmen sind, so unterschiedlich verhält es sich auch mit deren Eigentumsverhältnissen und Führungsstrukturen: vom traditionsreichen Familienunternehmen in der dritten Generation bis zur Erfolgsgeschichte der achtziger Jahre, vom unternehmergeführten Betrieb bis zum Tochterunternehmen eines internationalen Medienkonzerns. Aber allen diesen Unternehmen ist eines gemeinsam: Sie waren in den letzten zehn Jahren ungeheuer erfolgreich.
Glücklicher Zufall, geniale Idee, brillante Strategie oder ganz einfach harte Arbeit?
Sicher sind alle vier Elemente in unterschiedlichem Mischungsverhältnis mitverantwortlich für den Erfolg dieser Unternehmen gewesen. Neben den strategischen und operativen Ursachen des Erfolgs tritt aber vor allem die Unternehmerpersönlichkeit – ihre Vision, ihr Managementstil und ihre Führungsstärke – in den Vordergrund. Obwohl die meisten dieser Medienmacher nicht gerne im Rampenlicht stehen und lieber aus dem Hintergrund agieren – von dort aus aber umso effektiver. Es war meistens leichter, die Macher und Manager dieser Unternehmen zu Aussagen über ihre Visio-

nen und Strategien zu bewegen, als über sich selbst und ihren Führungsstil zu erzählen.
Wir wollten kein akademisch trockenes Managementbuch schreiben. Die einzelnen Beiträge sollten lesbar sein, weder wissenschaftliches Exerzitium noch mühsame Fachliteratur. Es ging uns auch nicht um eine exakte Unternehmens-Chronologie oder um eine journalistische Aufdeckung bisher unbekannter Unternehmensgeheimnisse. Vielmehr ging es uns um ein Entdecken der Erfolgsursachen und der entscheidenden Faktoren für das schnelle Wachstum und den anhaltenden Erfolg dieser Unternehmen. Die einzelnen Fallstudien sind daher eher facettenartig als vollständig, Bilanzanalysen und Kostenstrukturen wird man in den Einzeldarstellungen vergeblich suchen.
Da wir mit dieser Sammlung von Erfolgsgeschichten keinen wissenschaftlichen Beitrag leisten wollten, haben wir auf die Operationalisierung von Thesen, auf Korrelationsstatistiken und Signifikanztests verzichtet. Die qualitative Beschreibung und Erfahrung der erfolgreichen Unternehmen und ihrer Macher war uns wichtiger, als die mit den Mitteln der quantitativen Empirie abgesicherte Beweisführung einer generellen Theorie. Dies ersparte uns viel Arbeit und ließ unsere Erfolgsgeschichten intakt bleiben. Möge der Leser beurteilen, ob unsere Quintessenz zu den Erfolgsursachen, die am Ende des Buches dargestellt wird, zutrifft.

1.

Euromagazine nach dem Chamäleonprinzip

Der französische Verlag Prisma Presse

Eckdaten des Geschäfts 1992

Tätigkeitsfeld:	Herausgabe von Publikumszeitschriften
Gründung:	1978
Sitz:	Paris
Gesellschafter:	Gruner + Jahr, Hamburg, 100 %
Gesamtumsatz:	2.338 Milliarden (1991/92)
Objekte:	*GEO, Ça m'intéresse, Prima, Femme Actuelle, Télé-Loisirs, Voici, Cuisine Actuelle, Guide Cuisine, Capital, Gala*
Mitarbeiter:	564

Kurz und gut

Man nehme erfolgreiche Titel aus dem deutschen Markt, unternehme starke Marketinganstrengungen und adaptiere sie schleunigst für die französischen Leser. Ein Erfolgsrezept von Axel Ganz, der auf diese Weise seit 1978 einer Vielzahl von Blättern aus dem Mutterhaus Gruner + Jahr zum Durchbruch auf dem französischen Markt verholfen hat.
Inzwischen ist Prisma Presse die Nummer zwei der wichtigsten französischen Pressegruppen. Insgesamt zehn verschiedene Zeitschriften – darunter GEO, Capital *und* Prima *– sind von hier erfolgreich gestartet. Das Geheimnis: keine Langzeitpläne, sondern Gelegenheiten nutzen, die sich gerade auftun.*
Die französischen Verlage hatten sich bis dato nur wenig an Zielgruppen orientiert. Prisma Presse etabliert sich mit vier Produktgruppen, maßgeschneidert für eine klar definierte Leserschaft: praktische, informative Frauenzeitschriften, Entertainment-Blätter, Titel in den Bereichen Natur/Kultur und Wirtschaft.
Zur Strategie gehört es, zunächst die qualitative Marktführerschaft zu erlangen. Redaktionelle Beiträge, optische Gestaltung, Druck- und Papierqualität stehen immer in einem besseren Preis-Leistungs-Verhältnis als bei der Konkurrenz. Dadurch kann der Verlag schnell die Auflagen erzielen, die zur Amortisation der hohen Anfangsinvestitionen erforderlich sind. Mit der Anzeigenakquisition hält sich Prisma Presse während der Einführungsphase allerdings zurück. So sind Anzeigenkunden nicht enttäuscht, wenn das Blatt nicht so erfolgreich ist. Erst bei Erreichen einer kritischen Auflagenhöhe werden die Tarife – entsprechend hoch – festgesetzt und wird mit der aktiven Akquisition begonnen.
Das „Modell Frankreich" hat Gruner + Jahr ermutigt, es auch

in anderen Ländern anzuwenden. Großbritannien, Italien, Spanien, Polen und die Vereinigten Staaten von Amerika sind inzwischen wichtige Märkte für das Unternehmen.

Beinahe wäre es ganz anders gekommen, wären da nicht überraschend die Verkaufsverhandlungen geplatzt. Gruner + Jahr hatte schlicht die Übernahme einer Frauenzeitschrift geplant, um im Pressemarkt des Nachbarlandes Fuß zu fassen. Notgedrungen disponierten die Hamburger um und entschieden sich kurzerhand für ein Exportgeschäft: Sie brachten das deutsche *GEO* in die französischen Kioske, eine hundertprozentige Kopie, bei der einzig die Texte in die Landessprache übersetzt wurden. Ein Start mit beachtlichem Erfolg. Dennoch haben *GEO* Deutschland und *GEO* Frankreich heute nur noch die grüne Titelfarbe und den Namen gemeinsam. Denn die französische Gruner + Jahr-Tochter Prisma Presse hat sich chamäleonartig den Eigenheiten des Gastlandes angepaßt.
Mit Geschäftsführer Axel Ganz ist sie heute – nur 15 Jahre nach dem ersten *GEO*-Coup – als mehrfache Auflagenmillionärin die Nummer zwei auf dem Zeitschriftenmarkt in Frankreich. Zehn verschiedenen Blättern gelang der Durchbruch, darunter „deutschen" Titeln wie *Capital* und *P. M.*, vor allem aber französischen Zielgruppen-Magazinen.

Vom Newcomer zur Nummer zwei

Ende der Siebziger. Die französische Zeitschriftenwelt war noch in Ordnung. Die Verlage ruhten sich auf stabilen Auflagen und Umsätzen aus. Sie schienen – statt Gewinne zu erzielen – hauptsächlich ihren politischen Einfluß wahren oder ihr soziales Prestige vermehren zu wollen. Aber zum Wechsel des Jahrzehnts begann ein harter Konzentrationsprozeß. Ausländische Anbieter faßten in Frankreich Fuß, und das Privatfernsehen gewann an Boden. Der Wettbewerbsdruck stieg. Mit Prisma Presse trat Gruner + Jahr 1978 in Frankreich an, als sich die Medienlandschaft dort tiefgreifend änderte.

Dennoch: Anders als zum Beispiel in Großbritannien, wo Großverlage den Markt unter sich aufgeteilt hatten, bot Frankreich viele Möglichkeiten, mit neuen Ideen Marktnischen zu entdecken und auszubauen – so viele, daß Prisma Presse inzwischen zu den Verlagsriesen in Frankreich zählt. Die französische Gruner + Jahr-Tochter rangiert mit einem Umsatz von rund 664 Millionen Mark auf dem zweiten Platz hinter Hachette.

Chart 1.1: Die wichtigsten französischen Pressegruppen 1991

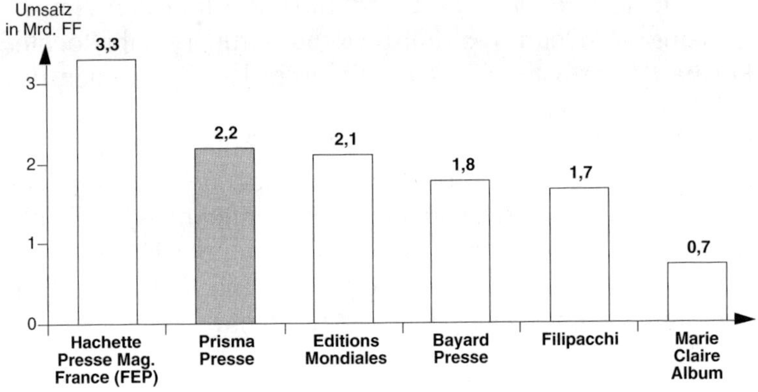

Quelle: Prisma Presse

Die Erfolge der Prisma-Presse-Zeitschriften sind spektakulär: Ausgerechnet in einem zersplitterten Markt, in dem Verlage sich scheinbar nur wenig an Zielgruppen orientieren konnten, setzte sich Prisma Presse mit vier Produktgruppen durch, die für klar definierte Zielgruppen maßgeschneidert sind: praktisch informative Frauenzeitschriften, Entertainment-Blätter, Titel in den Bereichen Natur/Kultur und Wirtschaft. Dabei erscheint der Zeitschriftenmarkt auf dem ersten Blick als harte Nuß für einen zielgruppenorientierten Verlag, denn statistisch entfallen auf einen französischen Haushalt nur 2,1 Zeitschriftentitel. Andererseits ist Frankreich mit 1.000 Titeln

Chart 1.2: Zeitschriftentitel in Europa 1991

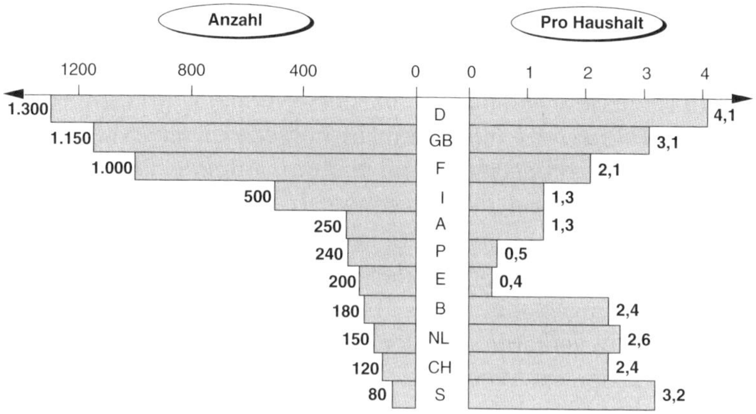

Quelle: Verlagsgruppe Bauer Kommunikationsysteme

ein ausgesprochenes Zeitschriftenland – in Europa nur noch übertroffen von Deutschland und Großbritannien.
Ohne einen heimischen Partner führte Prisma Presse innerhalb von 15 Jahren zehn Titel ein, von denen inzwischen

Chart 1.3: Der französische Zeitschriftenmarkt* 1992

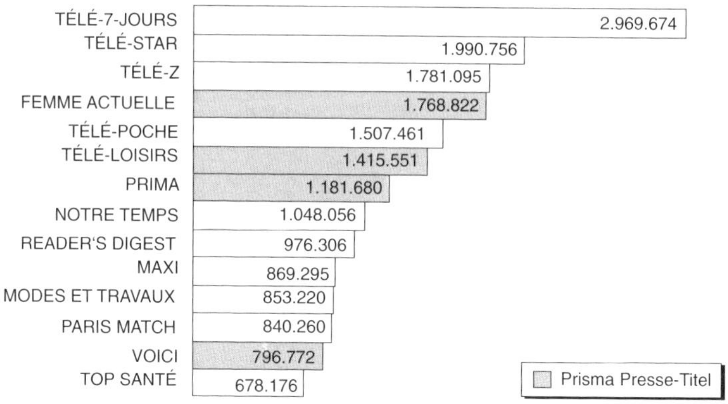

* verkaufte Auflage Wochen- und Monatszeitschriften

Quelle: OJD 1992

drei die Millionenauflage übersteigen. Damit stammt fast die Hälfte der acht Titel, die in Frankreich diese magische Auflagengrenze überklettern, aus dem Hause Prisma Presse. Mit den Frauenzeitschriften *Femme Actuelle* und *Prima* ist Prisma Presse Marktführer in der Wochen- und Monatspresse. *Télé Loisirs* überschritt in kurzer Zeit die Millionengrenze im dichtbesetzten und hartumkämpften Fernsehzeitschriftenmarkt. Von der zwischen *Télé Loisirs* und *Femme Actuelle* positionierten, populären und unterhaltenden Frauenzeitschrift *Voici* konnte der Verlag – nach einer redaktionellen Umgestaltung des Titels – 1992 knapp 800.000 Exemplare verkaufen. Der einzige ernstzunehmende Wettbewerber ist *Maxi* aus dem Hause Heinrich Bauer, Hamburg, ein Konkurrenzobjekt zu *Femme Actuelle*.

Spektakulär ist auch die Ertragsentwicklung von Prisma Presse: Während die Renditen der französischen Zeitschriftenverlage in den letzten Jahren zunehmend unter Druck geraten sind, stieg die Umsatzrendite der Gruner + Jahr-Tochter kontinuierlich und erreichte im Geschäftsjahr 1991/92 knapp zehn Prozent.

Chart 1.4: Umsatzentwicklung

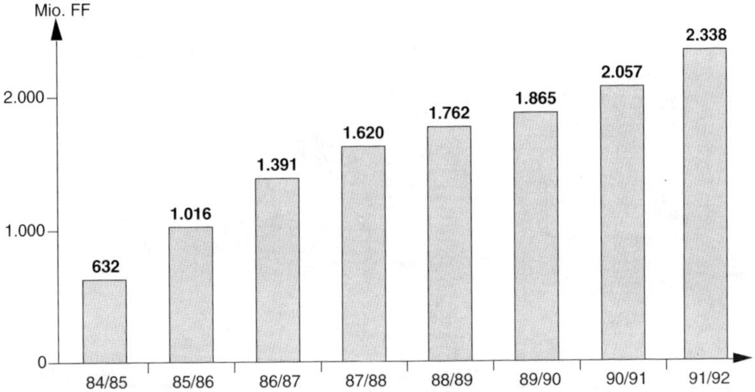

Quelle: Prisma Presse

Der Grund: Prisma Presse ist vom Werbemarkt relativ unabhängig, so daß der Verlag unter dem rückläufigen Anzeigenvolumen weniger stark leidet. Die Werbeeinnahmen aller Printmedien gingen zurück, während die (kumulierten) Verkaufszahlen der französischen Zeitschriftenverlage nahezu konstant blieben. Insgesamt ist das Werbemarktvolumen Frankreichs von 1990 bis 1993 um acht Prozent gesunken.
Diese Entwicklung macht den französischen Zeitschriftenunternehmen stark zu schaffen, denn sie erzielen traditionell zwischen 80 und 90 Prozent ihrer Einnahmen aus der Werbung. Als vertriebsorientiertes Haus versucht Prisma Presse dagegen bei den Wochenobjekten mit hoher Auflage, zirka 70 Prozent des Umsatzes aus dem Verkauf von Zeitschriften und 30 Prozent aus Anzeigen zu erwirtschaften. Bei den Monatsgazetten wird ein Verhältnis von 60:40 angestrebt, so daß der Anteil der Werbung etwas höher ist als bei den Wochenzeitschriften.

Chart 1.5: Werbemarktentwicklung in Frankreich

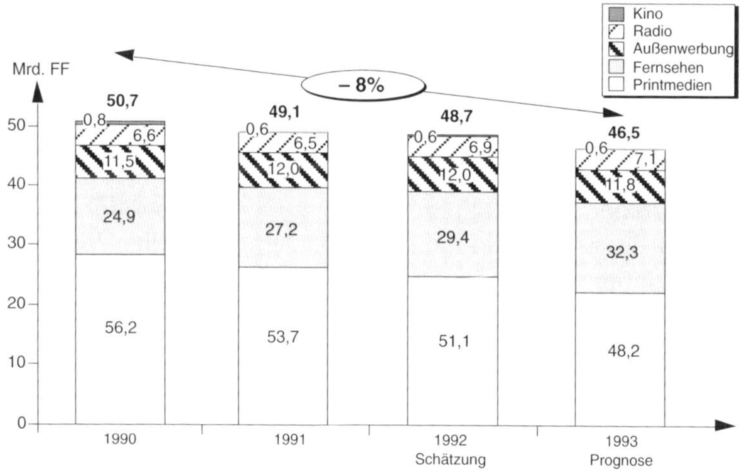

Quelle: IREP

Alpenkette zum Ausklappen und Paris aus der Vogelperspektive

Schritt für Schritt, scheinbar planmäßig arbeitete sich Prisma Presse zu seiner führenden Marktposition in Frankreich vor. Bei näherem Hinsehen zeigt sich jedoch, daß das Erfolgsgeheimnis nicht in ausgefeilten Langzeitplänen zu suchen ist. Im Gegenteil: Geschäftsführer Axel Ganz erklärt den Erfolg damit, daß Gruner + Jahr in Frankreich lediglich Gelegenheiten genutzt habe, die sich gerade boten.

Als sich Ende der siebziger Jahre die ersten Sättigungserscheinungen auf dem deutschen Zeitschriftenmarkt abzeichneten, wagte Gruner + Jahr mit der Gründung von Prisma Presse als erster deutscher Großverlag den Schritt ins Ausland.

Mit *GEO* probierte Gruner + Jahr erstmals die Idee aus, in verschiedenen Märkten das gleiche Zeitschriftenkonzept zu realisieren. *GEO* Frankreich übernahm zunächst nicht nur das Konzept fast 1:1 aus Deutschland, sondern auch das gesamte redaktionelle Material. Die Anfangserfolge waren überwältigend. Im dritten Jahr stieg die Zahl der Abonnements bereits auf rund 300.000 statt der ursprünglich geplanten 70.000. Dennoch stellte sich schnell heraus, daß die deutsche Konzeption nicht ohne weiteres nach Frankreich übertragbar war. Nicht einmal 50 Prozent der Erstabonnenten verlängerten im dritten Jahr noch ihr Abonnement. In Deutschland sind 80 Prozent üblich. Der Grund dafür wurde schnell klar: Die Abonnenten schätzten zwar die Optik des Hefts, lasen es aber kaum. Die Hamburger Mutter überlegte sich sogar, das Blatt wieder einzustellen. Der ursprüngliche Erfolg drohte zum Debakel zu werden.

Unter der Federführung von Axel Ganz, einem Journalisten mit vielfältigen Erfahrungen bei Tageszeitungen, General-Interest-Magazinen, Fernseh- und Frauenzeitschriften, wurde *GEO* 1982 dann grundlegend konzeptionell bearbeitet und

„relauncht“. Heute ist es ein General-Interest-Magazin, dessen Konzept sich auf drei Säulen stützt:

- ein spektakuläres Eröffnungsthema mit eindrucksvollen Bildern, das es dem Leser ermöglicht, einen „magischen Ort unserer Erde“ zu entdecken, wie es der Untertitel des Magazins verspricht: „*GEO*, un nouveau monde: la terre“ (*GEO*, eine neue Welt: die Erde);
- ein zentrales Dossier, das sich einem Land, einer Stadt, einer Region oder einem Volk widmet und das wie ein Reiseführer verwendet werden kann – dadurch erhöht sich der Nutzwert der Zeitschrift erheblich;
- ein Beitrag mit einem außergewöhnlichen Thema aus den Bereichen Entdeckungen, Umweltschutz oder Geschichte. Mit detailgenauen Beschreibungen und Illustrationen stellt *GEO* gleichsam enzyklopädisches Wissen zusammen.

Die wichtigste Änderung: Der überwiegende Teil der Artikel wird in Frankreich produziert und nicht mehr aus Deutschland übernommen.

Damit begann die eigentliche Erfolgsgeschichte von *GEO*.

Chart 1.6: Entwicklung verkaufter Exemplare

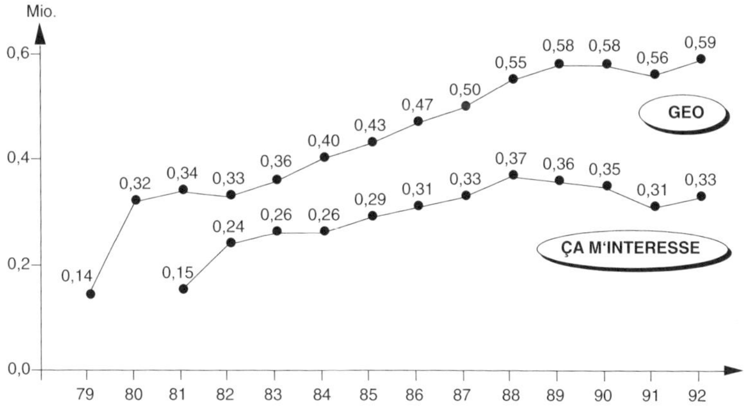

Quelle: Prisma Presse

1987 durchbrach die Auflage die „Schallgrenze" von einer halben Million. Heute ist *GEO* mit einer Auflage von 590.000 Exemplaren und einer Reichweite von sechs Millionen Lesern uneingeschränkter Marktführer unter den General-Interest-Magazinen und löste damit die Zeitschrift *Grand Reportage* ab (Auflage 130.000). Die wesentlichen Bausteine des Erfolgs sind das neue redaktionelle Konzept, die hervorragende Fotoqualität und die für Franzosen außergewöhnliche Präsentation. Dazu zählten beispielsweise ein zwei Meter langes Faltblatt, das die gesamte Alpenkette zeigte, oder ein detailliert gezeichneter Stadtplan: Paris aus der Vogelperspektive. *GEO* wird denn auch gesammelt und keinesfalls weggeworfen.

Jedes Jahr eine neue Zeitschrift

Auch der zweite Monatstitel von Prisma Presse hat sich von seinem deutschen Vorbild emanzipiert. *Ça m'intéresse*, ursprünglich als populärwissenschaftliche Familienzeitschrift analog zum Gruner + Jahr-Magazin *P.M.* gedacht, beschäftigt sich heute mehr mit dem aktuellen Geschehen, stellt Themen dar, wie Doping im Sport oder Gorbatschows Perestroika, und erklärt ihre Hintergründe. Als Informationszeitschrift, die die menschliche Neugierde befriedigt, ist *Ça m'intéresse* einzigartig auf dem französischen Markt.
Wie bei *GEO* zeigten sich auch hier schnell die Grenzen der Exportierbarkeit eines Zeitschriftenkonzepts. Das Konzept, die Übernahme deutscher Beiträge und der Erfahrungsaustausch mit der *P.M.*-Redaktion halfen bei der schnellen Einführung. Aber auch hier stagnierte die Auflage nach einem Anfangserfolg, der mit hohen Werbeinvestitionen teuer erkauft war, bei rund 260.000 Exemplaren. Entscheidend für den Durchbruch in Frankreich waren schließlich die „Entwissenschaftlichung" des Blattes sowie eine stärkere Beto-

nung von Unterhaltung und aktuellen Themen. Die Auflage stieg auf 370.000 Exemplare. Allerdings erscheint *Ça m'intéresse* nach wie vor fast ohne Werbung. Den Werbekunden fällt die Positionierung des Magazins wegen dessen Einzigartigkeit noch schwer – Leseranalysen sollen für die Zukunft abhelfen.
Auch bei den Frauenzeitschriften kamen Prisma Presse Erfahrungen aus Deutschland zugute. Auf den ersten Blick war dieser Markt in einer hoffnungslosen Verfassung. Zwischen 1970 und 1980 hatten die monatlichen populären Frauenzeitschriften insgesamt 14 Prozent ihrer Auflage verloren, die wöchentlichen Frauenzeitschriften sogar 33 Prozent. Von sechs – in diesem Zeitraum neu eingeführten – Zeitschriften schaffte keine mehr als 220.000 Exemplare. Dennoch gab es Anzeichen für ein Marktpotential:

- Fast alle Zeitschriften waren – nach deutschen Maßstäben – journalistisch-handwerklich unzulänglich. Sie transportierten inhaltlich ein traditionelles Frauenbild und enthielten zu wenig praktische Anregungen für die moderne aktive Frau.
- Marktstudien ergaben, daß nur 60 Prozent der Französinnen überhaupt ein Frauenjournal lasen. 40 Prozent waren also potentielle Leserinnen.
- Die Auflagendifferenz war untypisch hoch. Die führende monatliche Frauenzeitschrift kam auf 1,5 Millionen Exemplare, die folgenden monatlichen Blätter kamen nur auf 300.000 bis 500.000. Auf vergleichbaren Marktsegmenten in Deutschland reicht der Platz meist für mindestens zwei führende Titel mit etwa gleich hohen Auflagen.

Mit der Einführung der Frauenzeitschriften *Prima* (1982) und *Femme Actuelle* (1984), für die die Vorarbeiten bereits in den Anfangsjahren des *GEO*-Engagements liefen, gelang wiederum ein Erfolg.
Prima ist vor allem auf die praktische Hilfe für die moderne

Chart 1.7: Entwicklung verkaufter Exemplare

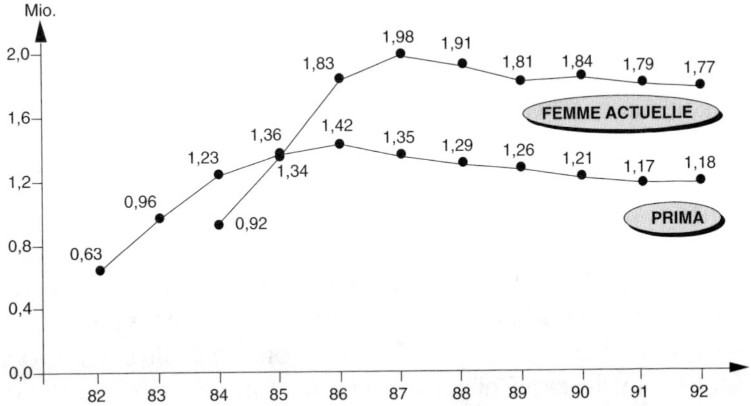

Quelle: Prisma Presse

Frau spezialisiert. Die französischen Frauen finden das Heft, mit mehr als hundert verschiedenen Themen jeden Monat, ausgezeichnet. Verkaufte Auflage: 1,2 Millionen Exemplare bei rund fünf Millionen Leserinnen. Und damit ist *Prima* die größte monatliche Frauenzeitschrift Frankreichs. Der Hauptkonkurrent *modes et travaux* verkauft mit 800.000 ein Drittel weniger Exemplare.

Aber auch *Prima* hat sich in den letzten Jahren gegen neue Titel zu behaupten. Zum Beispiel gegen die Zeitschrift *Avantages,* die 1988 von Marie Claire eingeführt wurde und mittlerweile eine Auflage von 550.000 Exemplaren erreicht. Darüber hinaus läßt die Titeltreue bei Frauenzeitschriften ständig nach, so daß sich *Prima* gegen die Konkurrenz jeden Monat neu am Kiosk durchsetzen muß.

Nach dem Erfolg des Monatsmagazins *Prima* wechselte Prisma Presse auf den Markt für populäre wöchentliche Frauenzeitschriften – im Oktober 1984 startete *Femme Actuelle,* denn auch in diesem Bereich, so hatten Untersuchungen gezeigt, bestand ein rückläufiger, fragmentierter Markt mit inhaltlich und handwerklich relativ unzulänglichen Objekten. *Femme Actuelle* ist gegenüber *Prima* aktueller und mehr an allgemeinen Themen orientiert. Prompt wurde Prisma Presse auch Marktführer bei den wöchentlichen Frauenzeitschriften: mit einer verkauften Auflage von zirka 1,8 Millionen Exemplaren und einer Reichweite von acht Millionen Leserinnen. Größter Konkurrent ist *Maxi* von Bauer mit 900.000 verkauften Exemplaren.

Die Erfolge setzten sich fort. So bei der Einführung der Fernsehzeitschrift *Télé Loisirs*. Wieder zeigten Untersuchungen, daß bei ähnlich hoher Ausstattung mit Fernsehern nur in 55 Prozent der französischen Haushalte (Deutschland: 77 Prozent) regelmäßig Fernsehzeitschriften gelesen werden. Mit der Zulassung der ersten Privatsender (1986) wurde auch das Programmangebot immer reichhaltiger, der Bedarf an Fernsehzeitschriften mit gutstrukturiertem Programmteil stieg. Als erste Fernsehzeitschrift präsentierte *Télé Loisirs* alle sechs großen Fernsehsender übersichtlich auf nur zwei Doppelseiten. Eine weitere Doppelseite ist seit kurzem den Kabel- und Satellitensendern gewidmet. Und während die Konkurrenz ansonsten fast ausschließlich die Themen Fernsehen

Chart 1.8: Entwicklung verkaufter Exemplare

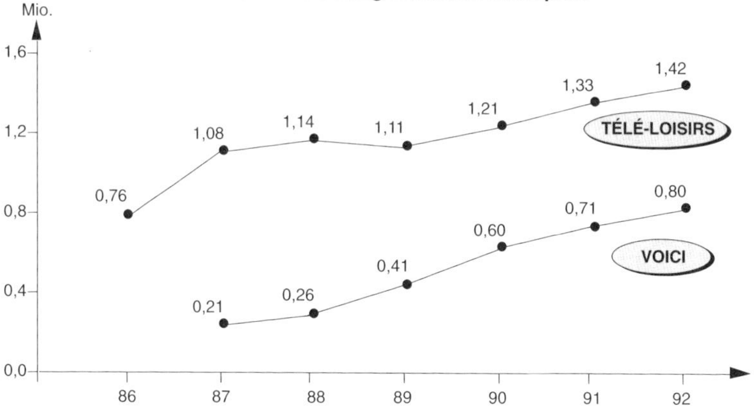

Quelle: Prisma Presse

und Stars abdeckt, beträgt der Programmanteil bei *Télé Loisirs* nur 50 Prozent. Die andere Hälfte der zirka 80 redaktionellen Seiten enthält Spezialdossiers, die informativ, praktisch und unterhaltend sind, sowie zahlreiche Rubriken: unter anderem Tourismus, Auto, Mode, Schönheit.
Bereits ein Jahr nach der Einführung überschritt *Télé Loisirs* – gegen eine auflagenstarke Konkurrenz – die Eine-Million-Schallgrenze. Heute hält sie mit 1,4 Millionen verkauften Exemplaren Platz vier im Fernsehzeitschriftenmarkt. Zum Vergleich: Marktführer *Télé-7-Jours* (Editions Hachette) hat eine Auflage von drei Millionen, *Télé-Star* (CLT/RTL) 1,9 Millionen, *Télé-Poche* (Editions Mondiales) 1,5 Millionen Exemplare verkaufte Auflage.
In diesem gesättigten Markt wird es für Prisma Presse also kaum möglich sein, die Marktführerschaft zu erlangen. Allerdings rechnet sich *Télé Loisirs* gute Chancen aus, in den nächsten Jahren Marktanteile hinzuzugewinnen, da ihre Zielgruppe junge, dynamische Leute zwischen 18 und 40 umfaßt, die für die Werbekunden besonders interessant sind.
Diese Marktposition galt es gegen die Konkurrenz zu verteidigen. Zwischen *Télé Loisirs* und *Femme Actuelle* plazierte Prisma Presse im November 1987 *Voici*. Mit dieser populären, unterhaltenden Familienzeitschrift versuchte Ganz, eine in Frankreich bislang unbekannte Art von „Klatsch"-Magazin, ähnlich der *Bunten,* zu etablieren. Die Themen bewegen sich zwischen „Women-and-People-Interest", Politik bleibt außen vor. Nach einer Überarbeitung des Magazins zu einer Frauenzeitschrift wurde *Voici* 1991 Aufsteiger des Jahres und wird heute in 800.000 Exemplaren verkauft.
1990 probierte Prisma Presse erstmals, sich durch Zukauf statt durch eine Eigenentwicklung in einem neuen Marktsegment zu etablieren – und zwar mit den beiden Titeln *Guide Cuisine* und *Cuisine Actuelle*. Nach dem Markt für Frauenzeitschriften versuchte Gruner + Jahr nun auch den angrenzenden Kochzeitschriftenmarkt zu erschließen. Die

Chart 1.9: Entwicklung verkaufter Exemplare

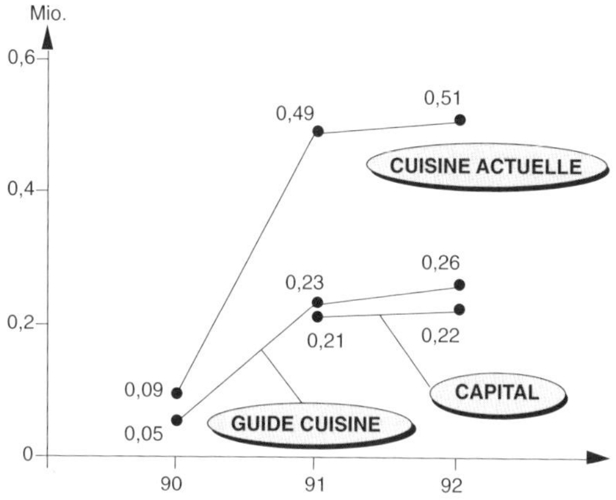

Quelle: Prisma Presse

Rechnung ging bisher auf: Mit *Guide Cuisine* und *Cuisine Actuelle* (Auflagen von 260.000 beziehungsweise 510.000 Exemplaren) ist Prisma Presse Marktführer auf dem Kochmagazinmarkt. Der Konkurrent mit der stärksten Auflage ist *La bonne Cuisine* von Hersant mit 150.000 verkauften Exemplaren.

Aufmachung und Umfang von *Cuisine Actuelle* ähneln dem Erfolgsprodukt *Femme Actuelle*. Das Heft behielt nur den „gekauften" Namen, wurde aber völlig neu konzipiert. Entscheidend für den Erfolg dürfte die Ausrichtung auf ein junges Publikum mit schneller, junger Küche sein, die sich vor allem in Rezepten für Schnellgerichte und die Mikrowelle zeigt. *Guide Cuisine* zielt dagegen auf die traditionelle, bürgerliche französische Küche.

Beim nächsten Coup kam Prisma Presse wieder ohne den Kauf eines bereits etablierten Titels aus. Erneut modifizierte sie eine deutsche Idee: Mit *Capital* tat der Verlag im Oktober 1991 den ersten Schritt in den Markt für Wirtschaftszeitschriften und übernahm nur kurze Zeit später die Marktführerschaft. *Capital* Frankreich, wieder auf die landes-

spezifischen Besonderheiten zugeschnitten, avancierte inzwischen sogar zum europaweiten Auflagenprimus auf diesem Markt. Zum Vergleich: die frühere Marktführerin *L'Expansion* steht bei einer Auflage von 160.000 Exemplaren. Prisma Presse strebt eine Auflage von 250.000 Exemplaren an.
Auch bei ihrem jüngsten Engagement segelt die französische Gruner + Jahr-Tochter auf Erfolgskurs: Noch in der Testphase erreichte die im Januar 1993 eingeführte People-Zeitschrift *Gala* eine stabile Auflage von 300.000 Exemplaren. Damit sich der gehobene Unterhaltungstitel nach der Testphase weiterhin gut verkauft, erscheint *Gala* seit Ende Juli 1993 nicht mehr monatlich, sondern wöchentlich.
Im Rückblick erscheint die Expansion von Prisma Presse perfekt geplant. Doch: Die besten Strategien definieren sich hinterher – so Axel Ganz über die Entwicklung im Rückblick. Er ist in Frankreich am Anfang des Geschäfts vor allem nach Opportunitäten vorgegangen. Dies klingt wie eine Aneinanderreihung von Zufällen. Doch dahinter steht mehr: Es ist die Kombination von Intuition und einer nahezu wissenschaftlichen Vorbereitung jedes Launches.

Intuition und nahezu wissenschaftliche Vorbereitung

Mit der pfiffigen Idee allein, Zeitschriftenkonzepte international zu übertragen und dabei an das jeweilige Land chamäleonartig anzupassen, wäre Prisma Presse wohl kaum aus dem Stand heraus der Aufstieg zum zweitgrößten Verlagshaus Frankreichs gelungen.
Bei Prisma Presse entspringt die grundlegende Idee für die Neuentwicklung einer Zeitschrift der Intuition. Anregungen können von überallher kommen, basieren aber immer auf einer intimen Kenntnis und intensiven Beobachtung des

Marktgeschehens. Entsprechende Markt- und Konkurrenzuntersuchungen untermauern die Pläne. Ein Redaktionsteam erarbeitet einen vier- bis fünfseitigen Dummy mit einer bis ins Detail ausgefeilten Mischung aus Texten und Bildern, der zum Beispiel auch typographisch bereits wie vorgesehen gestaltet ist. Anschließend erstellt die Gruppe eine Null-Nummer als Grundlage für intensive Markttests, Gruppendiskussionen sowie Einzelinterviews. Zum Beispiel sprachen bei der Einführung von *Prima* die Marktdaten auf den ersten Blick gegen einen schnellen Erfolg des Objekts. Prisma Presse führte daher ein großes Testprogramm durch – das bislang größte für eine Publikumszeitschrift in Europa –, um die Investitionsentscheidung bestmöglich abzusichern, denn in aller Regel geht es bei einer Neueinführung um eine beträchtliche Summe: In Frankreich liegen die durchschnittlichen Investitionen für eine kleine Zeitschrift zwischen 15 und 30 Millionen Francs, bei mittleren zwischen 30 und 100 Millionen Francs und bei größeren schließlich stehen bis zu 200 Millionen Francs auf dem Spiel.
Im Fall *Prima* fielen die Tests sehr positiv aus. Prisma Presse ermittelte in 11 Départements bei 2,2 Millionen Frauen über 15 Jahren die Kauf- und Wiederkaufrate von *Prima*, die Einschätzung der redaktionellen Qualität, die Wirkung der für die nationale Einführung geplanten Werbekampagne und erhob soziodemographische und ökonomische Daten über die Leser. Das Ergebnis: 500.000 Exemplare könnte der Verlag landesweit verkaufen. Im nachhinein stellte sich die Schätzung als betont vorsichtig heraus: *Prima* wurde bereits 1983, ein Jahr nach der Einführung, „Auflagenmillionär".
Der Erfolg bei Prisma Presse beruht auf einem wichtigen Glaubenssatz: Zeitschriften haben meist sehr wenig mit Marketing zu tun. Erfahrungen und Intuition lassen das Konzept entstehen. Das Produkt muß dann handwerklich schon so gut gestaltet sein, daß spätere Marktforschungsergebnisse es lediglich bestätigen. Denn die Marktforschung ermöglicht

nur kleinere Korrekturen, sie kann nicht die Grundzüge eines Konzeptes vorgeben.
Zwischen sechs Monaten und einem Jahr dauert in der Regel die Einführung eines neuen Prisma-Presse-Titels. Da der Wettbewerbsdruck auf dem französischen Zeitschriftenmarkt erheblich zugenommen hat, wird in letzter Zeit auf eine ausführliche Testphase weitgehend verzichtet. Denn in kürzester Zeit hat ansonsten die Konkurrenz das Konzept imitiert.
Die Testphase umfaßt heute entweder die Einführung auf einem Teilmarkt oder zunächst für eine begrenzte Periode. *Gala* zum Beispiel wurde sechs Monate lang als Monatszeitschrift herausgebracht, bevor sie wöchentlich erschien. Die Testphase lief also, während die Zeitschrift bereits auf dem Markt war.

Kontinuierliche Weiterentwicklung

Axel Ganz begreift Zeitschriftenmanagement als einen permanenten Prozeß der Neuorientierung. Bei ihm gehört Innovation zum täglichen Verlagsgeschäft, ist die Evolution einer Zeitschrift ein Muß.
Soll das Blatt überleben, muß es sich immer wieder dem veränderten Zeitgeist anpassen. Ansonsten ist der Verleger nicht in der Lage, seine Leser zu halten, und er wird letztlich auch die Anzeigenkunden verlieren und die Redaktion demotivieren. Nur wenn es für ein Blatt keinen Markt mehr gibt, würde sich die permanente Innovation nicht auszahlen. So zum Beispiel bei den Strickzeitschriften, die in den siebziger Jahren noch boomten, in den Achtzigern dann zu Ladenhütern wurden.
Prisma Presse versteht permanente Innovation nicht als chirurgischen, abrupten Eingriff, sondern als kontinuierliche Weiterentwicklung. Dabei versucht der Verlag ständig die Bedürfnisse und Wünsche der Leser im Auge zu haben und

Chart 1.10: Lebenszyklus Zeitschriften

die Zeitschriften daran – behutsam – anzupassen. Auch hierbei betreibt Prisma Presse in großem Umfang Marktforschung.

So stellte sich bei der populären Familienzeitschrift *Voici* schon kurz nach der Einführung 1987 heraus, daß eine Neugestaltung (Relaunch) nötig war. Frauen, die sich besonders durch die „vier großen R" – Reportagen, Ratschläge, Reisen, Rätsel – angesprochen fühlten, kauften die Zeitschrift. Der Anteil dieser Themen in *Voici* war jedoch gering. Die Wiederkaufrate blieb niedrig. Nach einer Überarbeitung der Konzeption und einem Relaunch als Frauentitel (1989) verkauft *Voici* heute 800.000 Exemplare.

Permanente Innovation ermöglicht es einer Zeitschrift, jahrzehntelang zu überleben. Dies in die Tat umzusetzen macht jedoch Schwierigkeiten. In der Praxis sind Vorbehalte gegen die Änderung von bestehenden Zeitschriftenkonzepten weit verbreitet – vor allem, wenn es gut läuft. Insgesamt, so Axel Ganz, sei es einfacher, eine Zeitschrift zu starten, als sie über Jahre hinweg in Bestform zu halten. Hier hilft die Unternehmenskultur von Prisma Presse, journalistische Kreativität und Markterfordernisse zu verweben.

Leidenschaft und Beherrschung des Handwerks

Von zentraler Bedeutung ist im Verlagsgeschäft die Personalpolitik, denn gute Mitarbeiter sind rar. Dies gilt gerade im redaktionellen Bereich für anspruchsvolle populäre Presseprodukte. Die Suche nach einem geeigneten Chefredakteur, der sich voll mit seinem Produkt identifiziert, kann manchmal schon über ein Jahr dauern. Erst wenn diese Suche erfolgreich war, nimmt die Idee, ein neues Blatt zu machen, konkrete Formen an. Insbesondere die Passion des Journalisten spielt eine große Rolle, die Beherrschung des Handwerks ist mindestens ebenso wichtig. Gefühl alleine macht noch kein Blatt – es muß auch gekonnt umgesetzt werden.

Eine – vielleicht sogar die – zentrale Rolle bei der Herausgabe eines Presseproduktes spielt der Verleger. Ähnlich wie für Chefredakteure gilt, daß sich gute Verleger voll mit ihrem Produkt identifizieren. Beispiele dafür bietet die Presselandschaft nach dem Zweiten Weltkrieg in Deutschland, wo nach der Lizenzvergabe Heinrich Bauer, Axel Springer, Rudolf Augstein und Franz Burda Produkte herausbrachten, die auf ihre Persönlichkeit abgestimmt und nach ihrem Geschmack maßgeschneidert waren.

Nach diesen Verlegern der ersten Stunde ist eine Lücke entstanden, die heute in der Regel mit gut ausgebildetem Management gefüllt wird. Der Verleger, der aus dem Management kommt, muß daher in höchstem Maße sensibel für das Zeitschriftengeschäft sein, muß über Inhalte Bescheid wissen und eine klare Meinung über Form und Machart des Blattes äußern können. Wächst ein Journalist in die Verlegerrolle hinein, gelten für ihn die umgekehrten Vorzeichen, was die Managementkompetenz anbelangt. Daß Axel Ganz selbst den Weg vom Journalisten zum Medienmanager gegangen ist, trägt mit dazu bei, daß bei Prisma Presse die traditionelle Kluft zwischen Redaktion und Management nicht zu finden ist. Die beiden Lager sind vielmehr eng miteinander verzahnt, Konflikte werden in der Regel über den Austausch von Argumenten und nicht per Autorität gelöst. In Einzelfällen ist es jedoch auch bei Prisma Presse zu der bekannten Konfrontation zwischen Kreativen und „Kaufleuten" gekommen. So wehrten sich einige Chefredakteure anfangs vehement dagegen, die für französische Verlage untypische Vorgehensweise zu übernehmen, ein bereits etabliertes Zeitschriftenkonzept systematisch mit Marktforschungsmethoden abklopfen zu lassen.

Qualität senkt die Flopquote

Für jede Zeitschrift, die Prisma Presse herausbringt, heißt das Ziel: Marktführer im jeweiligen Marktsegment werden. Zunächst strebt Prisma Presse die qualitative Marktführerschaft an. Dies gilt für die Qualität der redaktionellen Beiträge und der optischen Gestaltung der Objekte, ebenso wie für deren physische Ausstattung, sprich Papier, Format, Farbanteil, Druckqualität sowie Seitenanzahl. Außerdem hat Prisma Presse bislang alle Objekte mit einem Preis-Leistungs-Verhältnis eingeführt, das besser war als das der Konkurrenz. Dadurch erreichte der Verlag schnell die zur Amortisation der hohen Anfangsinvestitionen erforderlichen Auflagen. Die qualitative Marktführerschaft wird damit zur Grundlage der quantitativen.
Der hohe Qualitätsstandard wird konsequent beibehalten und – soweit es die Marktverhältnisse erfordern – ausgebaut. Dank der hohen Auflagen kann Prisma Presse es sich leisten, die Preise später und weniger stark als die Konkurrenz zu erhöhen. Dadurch vergrößert sich der Preis-Leistungs-Vorsprung der Prisma-Presse-Objekte gegenüber den Wettbewerbern ständig. Gleichzeitig werden die Markteintrittsbarrieren für neue Wettbewerber höher.

In den meisten Fällen hat Prisma Presse bislang die hohen Marktziele erreicht. Dennoch lassen sich Fehler in einem Markt, in dem die Flopquote hoch ist und jedes Jahr zwei bis drei große Objekte eingehen, nicht immer vermeiden. Ein – relativ unspektakuläres – Beispiel ist das Kultur- und Reisemagazin *Partance,* das sich in der Testphase nicht über Wasser halten konnte und nach knapp drei Jahren wieder eingestellt wurde.

Erst die Leistung, dann das Anzeigen-Vergnügen

Die quantitative Marktführerschaft im Vertrieb erleichtert es Prisma Presse, ihre Preise für Anzeigen durchzusetzen. Anders als in Deutschland gibt es auf dem französischen Anzeigenmarkt keine Preislistentreue. Je schwächer die Position einzelner Anbieter im Vertriebsmarkt ist, desto höher sind die Abschläge, die gewährt werden. Eine Situation, die Prisma Presse vermeiden will. Häufig versuchen Verlage schon in der Einführungsphase eines Objektes Anzeigen, zu akquirieren, um die Investitionen zu senken. Die Gefahr, Anzeigenkunden zu enttäuschen, wenn das Blatt die anvisierte Auflagenhöhe nicht erreicht, ist natürlich hoch.
Deshalb hält sich Prisma Presse mit Anzeigen während der Einführungsphase zunächst zurück. Erst nachdem der Titel eine kritische Auflagenhöhe erreicht hat, beginnt Prisma Presse intensiv mit der Anzeigenakquisition. Die Tarife werden dann aber so hoch gesetzt, daß sie das zu erwartende Auflagenwachstum bereits vorwegnehmen. Das Ergebnis: Von Anfang an konnte der Verlag sowohl einen hohen Anzeigenpreis als auch ein hohes Anzeigenvolumen erzielen.
Entscheidungen fallen informell. Die Flexibilität, mit der sich Prisma Presse auf dem französischen Zeitschriftenmarkt be-

wegt, setzt eine gleichermaßen flexible Organisationsform voraus. Mit insgesamt 564 Mitarbeitern ist Prisma Presse ein kleines Unternehmen im Vergleich zu Wettbewerbern. Betriebliche Funktionen hat der Verlag – soweit möglich – ausgelagert: Er besitzt keine eigene Druckerei, die Abonnenten verwaltet ein anderer Verlag. Bürokratisierungstendenzen konnte das Unternehmen bisher weitestgehend vermeiden. Dazu gehört, daß viele Entscheidungen eher informell getroffen werden, daß an Projekten häufig ressortübergreifend gearbeitet , daß nur wenig schriftlich kommuniziert und die Führungspyramide flach und breit gehalten wird.

Chart 1.11: Organigramm

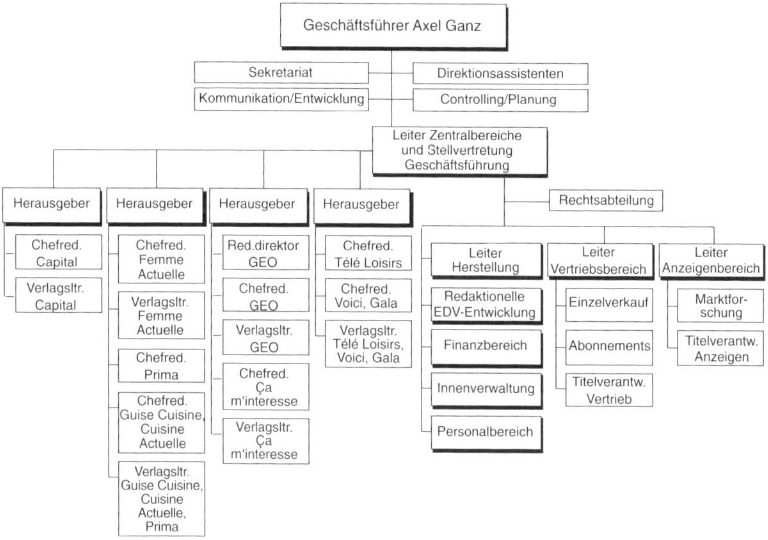

Mit Euromagazinen auf Expansionskurs

Inzwischen zeichnen sich auch in Frankreich langsam eine Marktsättigung und ein noch stärkerer Verdrängungswettbewerb ab. Prisma Presse konzentriert sich daher auf seine Kernkompetenzen und versucht, die Position der bisherigen Objekte in den vier Produktsegmenten Frauen, Natur/Kultur, Entertainment und Wirtschaft zu halten und auszubauen. Im Bereich Wirtschaft plant Prisma Presse einen weiteren Titel und will enger als bisher mit Datenbanken und Wirtschaftsdiensten zusammenarbeiten. Bei den Frauenzeitschriften ist es für Axel Ganz an der Zeit, ein neues „Upmarket"-Blatt herauszubringen. Die Frauen von heute interessieren sich nicht nur für Mode, Kinder und Haushalt, sondern auch für Wirtschaft und politische Zusammenhänge. Den Markt Natur/Kultur will Prisma Presse mit noch stärker spezialisierten Titeln bedienen. Neue Titel plant die französische Gruner + Jahr-Tochter auch im Entertainment-Sektor – insbesondere durch Einführung einer zweiten Fernsehzeitschrift.

Chart 1.12: Die Euromagazine

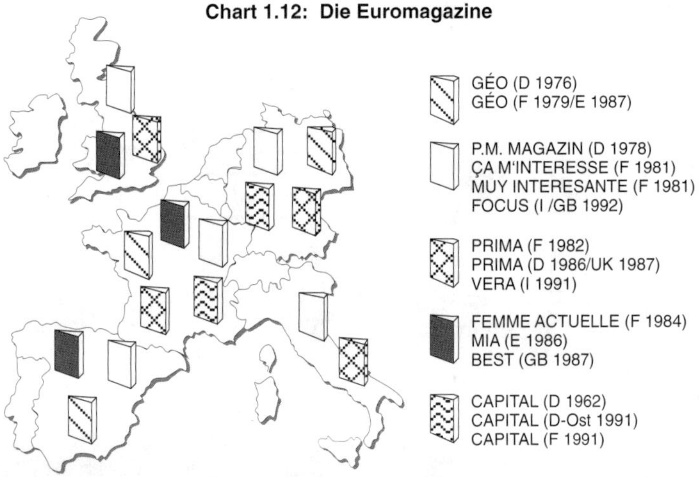

Quelle: Prisma Presse/Roland Berger & Partner

Seit 1990 ist Axel Ganz auch verantwortlich für alle internationalen Zeitschriftenverlage von Gruner + Jahr. Seitdem treibt er die Internationalisierung der Muttergesellschaft mit Hilfe der in Frankreich erprobten Konzepte auch in den anderen Ländern voran. Da zur Zeit fast alle Großverlage weltweit expandieren, kommt es nun darauf an, möglichst vor der Konkurrenz weitere Potentiale in den großen europäischen Märkten zu erschließen.
Auch in den anderen europäischen Märkten hat jede der Gruner + Jahr-Zeitschriften eine eigene nationale, unabhängige Redaktion und einen landesspezifischen Inhalt. Tatsächlich haben zum Beispiel die französische und spanische *GEO*-Ausgabe mit dem deutschen Vorbild bis auf die grüne Farbe auf der Titelseite fast nichts mehr gemein. Es erscheinen, von wenigen Ausnahmen abgesehen, keine aus dem Deutschen übersetzten Texte, sondern meist selbst erarbeitete Storys und Reportagen. Viele länderspezifische Eigenheiten lassen sich aber in der Planung nicht vorhersehen. Sie erschließen sich erst vor Ort, wenn die Objekte im Markt bestehen müssen. Diese Lern- und Anpassungsphase hat Gruner + Jahr in Frankreich Zeit und Geld gekostet, war jedoch für den späteren Erfolg von Prisma Presse eine unabdingbare Grundlage.
Die Übertragung von Ideen und Konzepten für Zeitschriften ist keine Einbahnstraße. Mit *Prima* transferierte Gruner + Jahr 1986 zum ersten Mal ein Zeitschriftenkonzept vom Ausland ins Mutterland, von Paris nach München.
1986 wurde als weiterer Auslandsstützpunkt in Großbritannien G + J UK gegründet, wo die Auflage der im Jahresabstand eingeführten Objekte *Prima* und *Best* – der englischen Version von *Femme Actuelle* – schnell auf über eine Million stieg. Den italienischen Markt erschloß Gruner + Jahr 1989 mit einem Joint-venture zusammen mit Mondadori. Die Frauenzeitschrift *Vera* erreichte 1992 bereits eine verkaufte Auflage von 416.000 Exemplaren.

Im Herbst 1992 hat Gruner + Jahr in England und Italien unter dem Titel *Focus* das jeweilige Gegenstück zu den populärwissenschaftlichen Erfolgstiteln *P. M.* beziehungsweise *Ça m'intéresse* auf den Markt gebracht. Während *Focus* in England seinen Platz noch nicht gefunden hat, verlief die Einführung des Titels in Italien erfreulich und übertraf sogar die Planung.
Bei Gruner + Jahr España erscheinen heute neun Titel, wovon drei Titel als „Euromagazine" auf Konzepten aus anderen europäischen Ländern beruhen. Eingekauft hat sich die Gruner + Jahr-Tochter im Juni 1992 bei der spanischen Ausgabe von *Marie Claire* und der Zeitschrift für Wohnkultur *La Casa de Marie Claire.*
In den USA hat Axel Ganz erfolgreich das Konzept der Mädchenzeitschrift *YM* aufgefrischt, was der Markt prompt honorierte: Innerhalb von 18 Monaten ist die Auflage von 900.000 verkauften Exemplaren auf über 1,6 Millionen gestiegen.
Neuland betrat der Verlag 1992 mit Gruner + Jahr Polska. Die Zentrale in Warschau übernahm im Jahr darauf den bereits zuvor gestarteten Frauentitel *Claudia.* Mit diesem Blatt will Gruner + Jahr im polnischen Markt vor allem im Vertriebs- und Anzeigengeschäft die ersten Erfahrungen sammeln. Schritt für Schritt wird *Claudia* inhaltlich und optisch überarbeitet.
Insgesamt haben die internationalen Zeitschriftenverlage von Gruner + Jahr 1992 mittlerweile einen Umsatz von knapp einer Milliarde Mark erreicht. Dank der „Euromagazine" stehen für Gruner + Jahr auch in Zukunft die Zeichen auf internationaler Expansion.

Eugen von Keller
Gabriela Pfändner

2.

Volksblatt auf dem Boulevard

Die österreichische Neue Kronen Zeitung

Eckdaten des Geschäfts 1992

Tätigkeitsfeld:	Herstellung und Vertrieb einer kleinformatigen Volkszeitung mit spezifischen Ausgaben für alle österreichischen Bundesländer
Gründung:	1959 als Neue Kronen Zeitung (1900 bis 1944 als Kronen Zeitung)
Sitz:	Wien
Gesellschafter:	Mitgründer Hans Dichand, 50%, Westdeutsche Allgemeine Zeitung (WAZ), Essen, 50%
Gesamtauflage:	1,1 Millionen
Mitarbeiter:	200 Redakteure

Kurz und gut

Die Geschichte der Neue Kronen Zeitung *ist die Geschichte von Hans Dichand – und umgekehrt. Nachdem er als Chefredakteur verschiedene Zeitungen für andere ans Laufen bringt, will er 1959 eine eigene, unabhängige Zeitung gründen. Private Geldgeber sollen ihm und seinem bewährten Team beim Start helfen. Finanzangebote von Parteien lehnt er – ungewöhnlich für Österreich – ab.*
Mit Hilfe der Bürgschaft eines in Frankfurt ansässigen polnischen Kaufmanns und der Absicherung des notwendigen Kapitals über Millioneneinlagen in den Sparbüchern des österreichischen Gewerkschaftsbundes (ÖGB), kann Dichand schließlich starten.
Gemeinsam mit dem Kaufmann Kurt Falk (zuvor im Henkel-Marketing) entwickelt sich die Neue Kronen Zeitung *zu einer der erfolgreichsten Tageszeitungen der Welt. Mehr als 40 Prozent aller Österreicher lesen das Boulevardblatt, das keins sein will. Massive Krisen bei Gründern und Finanziers führen schließlich zum Einstieg der deutschen WAZ-Gruppe. Die administrativen und technischen Verlagsbereiche (Druck, Versand, Anzeigen, allgemeine Verwaltung, Rechnungswesen und Einkauf) werden seitdem gemeinsam mit der Tageszeitung* Kurier *(auch hier hat sich die WAZ-Gruppe mit nahezu 50 Prozent eingekauft) betrieben.*
Die Neue Kronen Zeitung *versteht sich als Volkszeitung, als Zeitung für die Masse. Kommentare und Kolumnen sind ihr Markenzeichen. Ausgefeilte Marketingschachzüge kennzeichnen den Weg. Spektakulärste Maßnahme: Weil die Tabakläden, die sogenannten Trafiken, sonntags geschlossen hatten, wurden 40.000 Selbstverkaufstaschen für die Sonntags-*Krone *aufgestellt. Auch wenn heute noch 60 Prozent der Zeitungen gestohlen werden: Es lohnt sich trotzdem für die* Neue Kronen Zeitung.

„Wie kommt man am besten zur Presse?" schrieb Hans Dichand 1935 an die *Kronen Zeitung*. Er solle das Buchdruckergewerbe erlernen, riet ihm ein Redaktionsleiter. Der vierzehnjährige Hans tat's und von da an ging es bergauf. Nachdem er aus der Grazer *Kleinen Zeitung* die „größte Zeitung der Österreichischen Bundesländer" gemacht hatte, wechselte er auf verschiedene Chefredakteursessel. 1959 schließlich gründete Hans Dichand die *Neue Kronen Zeitung*. Heute ist sie nicht nur die auflagenstärkste Tageszeitung in Österreich, sie entwickelte sich auch zu einer gesellschaftlichen Institution. In einem stark konzentrierten Markt als parteiunabhängige Volkszeitung „für alle" angetreten, lautet die Devise: Den Leser ernst nehmen und jeden Tag neu erobern. Sie tut es täglich fast drei Millionen Mal.

Deutsches Geld belebt den Wettbewerb

Nach dem Zweiten Weltkrieg bildete sich in Österreich rasch eine vielschichtige Presselandschaft. Zeitungen wurden neu gegründet, andere wieder aufgenommen. Bereits Ende 1946 hatten sich immerhin 36 Zeitungseinheiten etabliert: Besatzungszeitungen der Alliierten, Parteiblätter und unabhängigere Tageszeitungen existierten nebeneinander. Zehn Jahre später setzte eine starke Pressekonzentration ein. Statt der 36 Tageszeitungen mit Vollredaktion waren es 1990 schließlich nur noch 17. Gleichzeitig verdreifachte sich aber die Gesamtdruckauflage in Österreich auf zirka 3,1 Millionen Exemplare pro Tag (1992).
Eine zweihundertprozentige Auflagensteigerung bei einem Bevölkerungswachstum in diesem Zeitraum von knapp neun Prozent – dies zeigt, daß sich das Lese- und Kaufverhalten der Österreicher erheblich gewandelt hat. Im europäischen Vergleich der Zahl der Zeitungstitel liegt das Land zwar am unteren Ende der Skala: Den 17 selbständigen Titeln stehen

Chart 2.1: Entwicklung publizistischer Einheiten und Druckauflage in Österreich

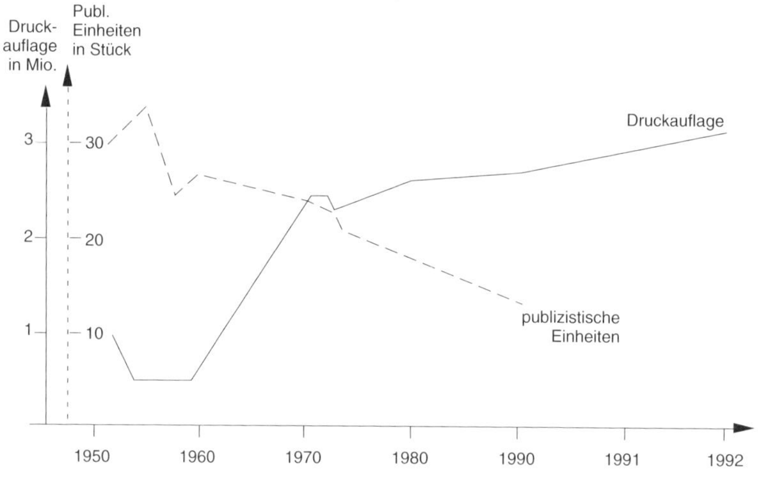

Quelle: Presse in Österreich 1990

zum Beispiel – bei einer ungefähr vergleichbaren Bevölkerungszahl – über 80 Zeitungen in der Schweiz gegenüber. Damit haben die Österreicher eine ähnlich „magere" Auswahl wie die Bulgaren oder Uruguayer. In der Statistik der Tageszeitungen pro Haushalt, findet sich das Alpenland mit Dänemark aber wieder im oberen Drittel – nach Großbritannien und Irland.

Den publizistischen wie ökonomischen Erfolg der großen Tageszeitungen bekamen vor allem die Blätter der österreichischen Parteien zu spüren. Ihr Anteil an der Gesamtdruckauflage sank von knapp 50 Prozent 1953 auf unter vier Prozent 1991 – unter anderem, weil sie inhaltlich mit parteipolitischen Berichten überfrachtet waren und weil Parteifunktionäre die redaktionelle Gestaltung bestimmten. Derart inhaltlich festgelegt, waren sie für die Leser wenig attraktiv.

Die Parteien reagierten auf die sinkenden Auflagenzahlen ihrer Blätter – und damit auch auf den Verlust ihres publizistischen Einflusses –, indem sie versuchten, sich an den

Chart 2.2: Anzahl Tageszeitungen in Europa 1991

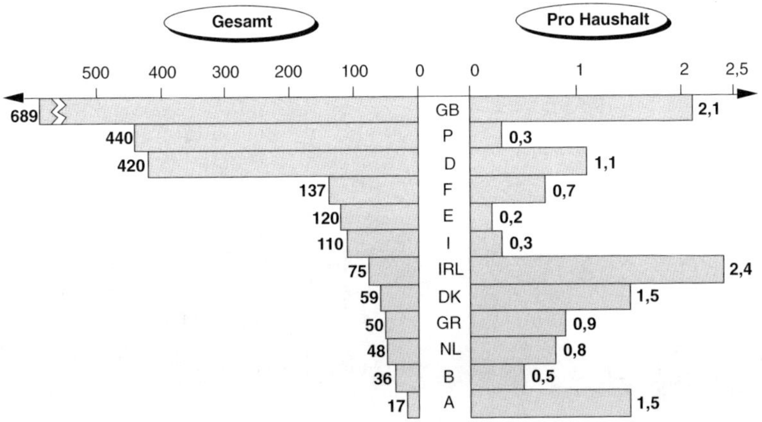

Quelle: Bauer Verlagsgruppe Kommunikations Services

aufstrebenden unabhängigen Tageszeitungen, wie beispielsweise der *Neuen Kronen Zeitung,* zu beteiligen. Die Herausgeber wiesen die Angebote zurück. Für sie war Überparteilichkeit die Voraussetzung, langfristig eine breite Leserschaft zu gewinnen.

Aber auch die unabhängige Tagespresse blieb nicht von Konzentrationserscheinungen verschont. Während die *Kleine Zeitung,* der *Kurier* und vor allem die *Neue Kronen Zeitung* ihre Auflage beständig steigern konnten, schieden bis 1979 sieben Wettbewerber aus. An der wirtschaftlich schlechten Situation vieler Zeitungen konnte auch die 1975 eingeführte und 1984 reformierte Bundespresseförderung zur Unterstützung finanzschwacher Zeitungen wenig ändern.

Nach einer Konsolidierungsphase von 1979 bis 1988 brachten deutsche Medienkonzerne den Markt wieder in Bewegung, indem sie Kapital für die Gründung und Expansion anderer Tageszeitungen in Österreich zur Verfügung stellten. Springer beteiligte sich mit 50 Prozent an der liberalen Tageszeitung *Der Standard,* die bereits kurz nach ihrer Einfüh-

Chart 2.3: Anteilsentwicklung an der österreichischen Tagespresse

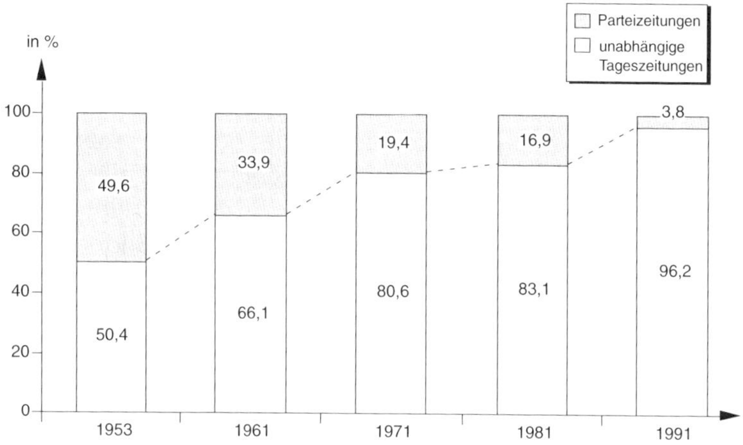

Quelle: Presse in Österreich

rung das führende wirtschafts- und politikorientierte Blatt des Landes wurde. Das Anzeigenblatt *Bazar* gehört zu 100 Prozent der Hamburger Verlagsgruppe Bauer. Weiter beteiligten sich Bertelsmann an der *tele* Zeitschriftenverlagsgesellschaft, Springer mit 74 Prozent an der *Tiroler Tageszeitung* und – das wohl bedeutendste Engagement – die Essener WAZ-Gruppe (*Westdeutsche Allgemeine Zeitung, Neue Rhein-Zeitung* und andere) mit 49,4 Prozent am *Kurier* und mit 50 Prozent an der *Neuen Kronen Zeitung*.

Dieser Kapitalzustrom belebte den Wettbewerb im Tageszeitungsgeschäft. Die verschärfte Konkurrenzsituation zwang die Verleger zu redaktionellen und unternehmerischen Neugestaltungen ihrer Blätter. Zwei Beispiele: Die *Salzburger Nachrichten* brachten eine zusätzliche Österreich-Ausgabe auf den Markt, die *Presse* änderte Layout, Umfang sowie Schriftbild und weitete die Ressorts Politik, Wirtschaft und Kultur aus.

Ein weiteres Beispiel, die überregionale *Täglich Alles*, veränderte mit ihrem Markteintritt die österreichische Tagespresse

noch einmal entscheidend. Das von dem ehemaligen Mitherausgeber der *Neuen Kronen Zeitung* und Partner von Hans Dichand, Kurt Falk, gegründete Blatt steht 1992 mit einer Reichweite von 17 Prozent hinter der *Neuen Kronen Zeitung* (40 Prozent Reichweite) an zweiter Stelle. Möglich wurde dies pikanterweise mit dem Geld, das die WAZ-Gruppe beim Einstieg in die *Neue Kronen Zeitung* an Falk zahlte. *Täglich Alles* versteht sich als Tagesillustrierte und unterscheidet sich durch die Schwerpunkte farbige Bildberichte und Zeitschriftenlayout. Sie wurde mit einem Dumpingpreis von umgerechnet zirka 40 Pfennig am Markt eingeführt, weniger als die Hälfte des Preises der *Neuen Kronen Zeitung*. Die traditionellen Zeitungsverlage versuchten erfolglos, juristisch dagegen vorzugehen.
Während sich die Leserentwicklung bei der *Neuen Kronen Zeitung* und der *Kleinen Zeitung* kaum veränderte, kam der langjährige Auflagenzweite *Kurier* unter Druck. Positionierungsprobleme zwischen den beiden Boulevardblättern

Chart 2.4: Auflagenentwicklung der österreichischen Tageszeitungen

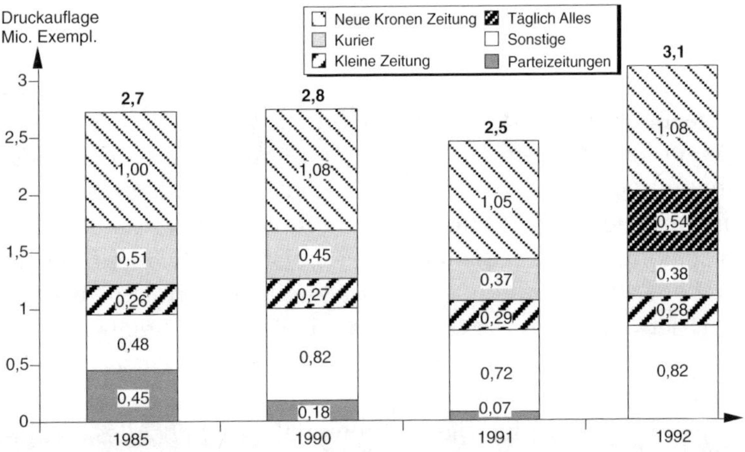

Quelle: Pressehandbuch

Neue Kronen Zeitung und *Täglich Alles* und den großformatigen Wirtschafts- und Politikzeitungen *Standard* und *Presse* ließen die Auflage sinken.

Hans Dichand – ein eigenes Kapitel in der österreichischen Pressegeschichte

„*Neue Kronen Zeitung:* die Geschichte eines Erfolges", lautet denn auch der Titel des Buches, das der Miteigentümer und Begründer des Blattes Hans Dichand 1977 veröffentlichte. Es beschreibt ein eigenes Kapitel in der österreichischen Pressegeschichte. 1959 von Hans Dichand und Kurt Falk wiederbegründet, entwickelt sich die kleinformatige Tageszeitung innerhalb kurzer Zeit zur auflagenstärksten Zeitung Österreichs. Europaweit nimmt sie mit ihrer Auflage den siebten Platz unter den Tageszeitungen ein und läßt, gemessen an der Reichweite von über 2,7 Millionen Lesern – das sind 42,2 Prozent der Gesamtbevölkerung Österreichs –, solche Auflagenriesen wie *Asahi Shimbun, USA Today, Daily Mirror* oder *Bild,* deutlich hinter sich.
Es war Hans Dichands Kindheitstraum, Journalist zu werden. Auch die Wehrpflicht und der Kriegseinsatz in der Kriegsmarine brachten ihn nicht von seinem Traumberuf ab. Nach dem Kriege war seine erste journalistische Station der britische Nachrichtendienst. Dort bekam er die Verantwortung für eine (wenn auch kleine) Zeitung, die in Judenburg erscheinende *Murtaler Zeitung.* Dichand wurde zum ersten Mal Chefredakteur. Weitere Stationen waren das *Steirer Blatt* sowie die *Neue Wiener Tageszeitung* und schließlich die *Kleine Zeitung* in Graz. Kennzeichnend für Dichand waren stets seine unkonventionellen Methoden: Als er sich als Chefredakteur bei der *Kleinen Zeitung* bewirbt, leidet diese gerade unter dem Streik der APA (Austria Presseagentur). Er verblüfft die ratlosen Redaktionsmitglieder mit dem Vor-

schlag, die Tageszeitung auch ohne Nachrichtendienst zu machen, respektive auf andere Nachrichtenquellen zurückzugreifen. Diese Idee hilft ihm in den Sessel des Chefredakteurs. Als die APA nach einiger Zeit ihren Boykott wieder aufheben will, geht Hans Dichand auf das Angebot nicht mehr ein: Inzwischen kommt er tatsächlich besser und billiger an die Nachrichten. Unter Dichands Führung setzte sich die *Kleine Zeitung* gegen die in der Steiermark damals besonders gut etablierten Parteiblätter durch und konnte sich bald die „größte Zeitung der Bundesländer" nennen.
Übrigens arbeitet auch die *Neue Kronen Zeitung* heute noch immer ohne Meldungen der APA. Damit hebt sie sich erstens von den anderen Tageszeitungen ab, die zum großen Teil APA-Meldungen verarbeiten, und spart zweitens als „Nebeneffekt" fast 10 Millionen Schilling pro Jahr.
Bei der Planung zu einem Nachfolgeblatt des *Wiener Kurier* wurden auch die Verantwortlichen in Wien durch die Erfolge der *Kleinen Zeitung* auf Hans Dichand aufmerksam. Er wechselte unter einer Bedingung dorthin: Er wollte einen Teil seiner Grazer Mannschaft nach Wien mitnehmen, weitere Kollegen sollten folgen. Der „Dichand-Clan" machte den *Kurier* von 1954 bis 1958 zur auflagenstärksten Zeitung Österreichs. Die damalige Redaktion war ein eingeschworenes Team, das sich durch hohe Professionalität, Hingabe zum Beruf, zum Blatt und letztlich zum Chefredakteur Hans Dichand selbst auszeichnete.
Die Zusammenarbeit mit dem Herausgeber des *Kurier* hingegen war durch lang schwelende Spannungen belastet. Im Jahr 1958 kam es zum endgültigen Zerwürfnis, als der *Bildtelegraph* – eine zweite dem Herausgeber gehörende Zeitung – aus wirtschaftlichen Gründen eingestellt wurde. Die Tatsache, daß ihm eine Mitsprache in dieser Frage abgelehnt sowie eine vorgeschlagene Beteiligung verweigert wurde, führte Hans Dichand die Ohnmacht eines Chefredakteurs deutlich vor Augen.

Zweimal hatte er als Blattmacher entscheidend mitgeholfen, Zeitungen auch finanziell erfolgreich zu machen. Er und seine Kollegen aber hatten trotz ihres engagierten Einsatzes kaum etwas davon gehabt. Zudem gab es genügend Versuche, sie in bestimmte politische Richtungen zu drängen. Zukünftig wollte Hans Dichand eine eigene, unabhängige Zeitung machen. Und so erwarb er zunächst die Titelrechte der *Illustrierten Kronen Zeitung*, die am 1. Januar 1900 zum ersten Mal erschienen war. Er versuchte, private Geldgeber zu finden, um die alte *Kronen Zeitung* wiederzubeleben, obwohl es ihm und seinem Team klar war, daß man in Österreich ohne eine gewisse Anlehnung an die wesentlichen politischen Kräfte keine Tageszeitung herausbringen konnte. Dennoch lehnten sie Angebote der großen Parteien ab, glaubten eher mit hartnäckigem Fanatismus an die Durchsetzbarkeit ihrer Idee: eine unabhängige *Neue Kronen Zeitung* oder keine.

In Fachkreisen gab es erhebliche Zweifel: War die Idee der *Kronen Zeitung* überhaupt noch lebendig? Konnte sich ein solches Blatt in einer inzwischen stark veränderten Welt erneut durchsetzen? Wer riskierte bei solcher Ungewißheit schon die geschätzten 10 Millionen Schilling?

Hans Dichand gelang es trotz aller Skepsis, den damals einflußreichen Gewerkschaftsvertreter Franz Olah von den Erfolgschancen der *Neuen Kronen Zeitung* zu überzeugen. Olah vermittelte die Absicherung der Finanzierung des notwendigen Kapitals über Millioneneinlagen in den Sparbüchern des Österreichischen Gewerkschaftsbundes (ÖGB) sowie die Bürgschaft eines in Frankfurt ansässigen polnischen Kaufmannes. Franz Olah brachte den Journalisten Hans Dichand auch mit dem Kaufmann Kurt Falk zusammen, der bis dahin sehr erfolgreich für den Waschmittelhersteller Henkel tätig gewesen war. Der Vertrag beließ 50 Prozent der Anteile an der *Neuen Kronen Zeitung* beim Geldgeber und teilte die anderen 50 Prozent zwischen dem

Herausgeber und Chefredakteur. Die 1944 das letzte Mal erschienene Zeitung wurde vorsichtig modernisiert – der veraltete Titelkopf sowie die gezeichneten Illustrationen weggelassen. Der Anfangserfolg war beachtlich. Doch dann sank die Auflage von 165.000 Exemplaren auf etwa 30.000 täglich – für den Anfang nicht schlecht, dennoch war die ursprüngliche Zuversicht des Redaktionsteams arg gedämpft.

Auflagenriese mit Kulissenkämpfen

In den folgenden Jahrzehnten machte das Gespann Hans Dichand und Kurt Falk die *Neue Kronen Zeitung* zu einer der erfolgreichsten Zeitungen der Welt. Die erhebliche Auflagensteigerung der österreichischen Presse ist zum guten Teil auf die *Krone* zurückzuführen. Allein die Mediaanalyse aus den Jahren 1965 und 1976 zeigt, daß die *Krone* innerhalb dieser elf Jahre eine Million Tageszeitungsleser zusätzlich ansprechen und gewinnen konnte.

Chart 2.5: Auflagenentwicklung *Neue Kronen Zeitung*

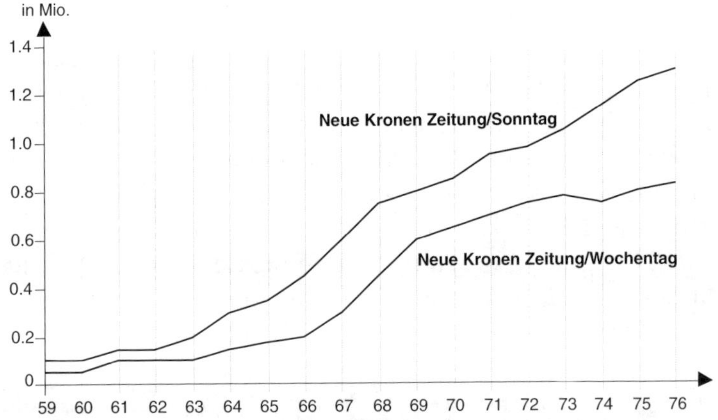

Quelle: Kronen Zeitung – Die Geschichte eines Erfolges

Setzt man diese Entwicklung in Relation zu der anderer Medien, wie Fernsehen, Tageszeitung gesamt oder Hörfunk, zeigt sich der enorme Erfolg der *Neuen Kronen Zeitung* bei der Reichweite. Bezogen auf die 8 Millionen Österreicher liegt sie bei spektakulären 42,2 Prozent; die zweitplazierte Zeitung, der *Kurier,* erreicht dagegen mit 14,6 Prozent nur ein Drittel der Reichweite.

Diese enormen Erfolge wurden allerdings begleitet von lange Jahre dauernden, heftigen Auseinandersetzungen um die Eigentumsrechte an dem Blatt. 1965 gab es die erste Krise, als sich herausstellte, daß Gewerkschaftsführer Franz Olah bei der Zeitungsgründung verbotenerweise Sparbücher des Gewerkschaftsbundes als Pfand hinterlegt hatte. Seine Begründung: Nur so sei der zur Wiederbelebung der *Neuen*

Chart 2.6: Reichweite und Effektivität österreichischer Tageszeitungen mit Ausnahme von *Täglich Alles*

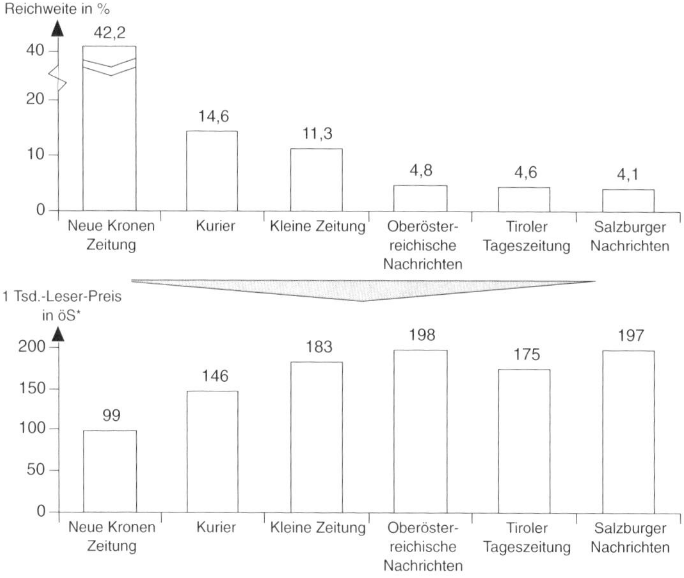

* öS = Österreichischer Schilling

Quelle: Neue Kronen Zeitung

Kronen Zeitung notwendige Kredit in Höhe von mehr als 11 Millionen Schilling gewährt worden. Nun sah der Österreichische Gewerkschaftsbund (ÖGB) endlich eine Möglichkeit, Einfluß auf das erfolgreicher werdende Blatt zu nehmen, und leitete daraus einen Anspruch auf 50 Prozent an dem Verlag ab.

Aber selbst durch Drohungen, Zeitungsbeschlagnahme und Suspendierung vom Dienst ließen sich Hans Dichand und Kurt Falk nicht von ihrer Linie abbringen. In einem großen Strafprozeß wurde Franz Olah zwar verurteilt, im Hauptanklagepunkt *Neue Kronen Zeitung* jedoch freigesprochen. Der ÖGB und der Zeitungsverlag Dichand und Falk Gesellschaft mbH & Co. schlossen 1969 dann einen Vergleich, indem beide für einen Betrag von knapp 1 Million Schilling dem ÖGB die restlichen 50 Prozent der *Neuen Kronen Zeitung* abkauften. Die Auseinandersetzungen mit dem ÖGB setzten sich auch in den folgenden Jahren fort und konnten erst 1972 mit einem weiteren Vergleich endgültig beigelegt werden.

Der Auflagenentwicklung hatte dieser Kampf um die *Kronen*-Anteile jedoch eher gutgetan. Indem sie mit offenem Schreibstil die politische Einflußnahme auf die Zukunft einer unabhängigen Zeitung anprangerte, stieg das Ansehen des Blattes in der Bevölkerung weiter.

Auch intern gab es Kontroversen und Auseinandersetzungen. Weil Kurt Falk 1974 jede Form der Selbst- und Mitbestimmung von Mitarbeitern oder Redakteuren ablehnte, kam es zu einem tiefen Zerwürfnis zwischen beiden Partnern. Als Falk immer wieder versuchte, intensiv in die Redaktion einzugreifen, stellte Hans Dichand sich gegen ihn – und gewann. Falk schied als Herausgeber und Geschäftsführer unter bestimmten Bedingungen aus: Hans Dichand wurde alleiniger Geschäftsführer bis 1984; aber in dieser Zeit durfte die Auflage der *Neuen Kronen Zeitung* nur um maximal zehn Prozent abnehmen und Falks Gewinnanteil mußte wenig-

stens 30 Millionen Schilling betragen. Ansonsten würde Falk Dichands Stelle einnehmen. Falk gründete dann die neue Wochenschrift *Die ganze Woche*. Daran entfachte sich ein neuer Streit, der zu einem Vergleich führte, der die weitere Zukunft der *Neuen Kronen Zeitung* bestimmen sollte: Man einigte sich darauf, dem jeweils anderen Partner die Hälfte der Zeitung für 2,2 Milliarden Schilling (zirka 314 Millionen Mark) zu verkaufen. Jeder bekam ein halbes Jahr Zeit, das Geld aufzutreiben.
Nach langen Verhandlungen mit den deutschen Verlagshäusern Axel Springer und Bauer sowie dem Ringier Verlag aus der Schweiz kam Dichand Ende November 1987 zum Abschluß mit der WAZ-Gruppe. Sie kaufte Kurt Falk den 50-Prozent-Anteil für einen geschätzten Betrag von 500 Millionen Mark ab. Die Wahl fiel auch deshalb auf die WAZ, weil so das redaktionelle Profil der Zeitung und die journalistische Freiheit der Redaktion erhalten blieben. Gleichzeitig war es mit Hilfe des starken Partners möglich, die „Backup Services" zeitungswirtschaftlich zu optimieren. Die Bereiche Anzeigen, Verwaltung und Vertrieb wurden von dem neuen Gesellschafter übernommen.

Das Glück und der richtige Riecher

Die Erfolgsgeschichte der *Neuen Kronen Zeitung* klingt ungemein amerikanisch. Und in der Tat hatte Hans Dichand auch häufig Glück im richtigen Moment und dazu noch den richtigen „Riecher": Die drei Tageszeitungen, die er zu den jeweils größten ihres Genres oder ihrer Zeit gemacht hatte, produzieren heute noch fast 60 Prozent der österreichischen Gesamtauflage.
„Sei immer anders, wenn du dich leichter durchsetzen willst", lautet einer der Glaubenssätze Hans Dichands. Deshalb behielt er das Kleinformat der alten *Kronen Zeitung* bei.

Später übertrug er es auch auf die *Hamburger Morgenpost*, deren Herausgeber er seit 1988 ist. Umfragen bestätigen, daß sich zum Beispiel 60 Prozent der *Bild*-Leser ebenfalls ein Kleinformat wünschen würden. Das heute oftmals recht unhandliche Standardformat hat seinen Ursprung im 19. Jahrhundert. Damals gab es eine Zeitungssteuer, die sich nach der Seitenanzahl richtet – so wurden die Zeitungsseiten größer.

Obwohl die *Neue Kronen Zeitung* als Boulevardzeitung angesehen wird, ist sie das für Dichand nicht. Als Volkszeitung nutzt sie alle Tageszeitungsvertriebswege: Sie wird ausgetragen, ist im Abonnement zu beziehen, wird durch Kolporteure auf Straßen und Plätzen verteilt, und in den Tabakläden verkauft. Außerdem, so Dichand, spielten sensationell aufgebaute Schlagzeilen für den Erfolg seiner Zeitung keine Rolle, sie werde über den journalistisch so vielfältigen Inhalt verkauft, der den Vergleich mit anderen Tageszeitungen nicht zu scheuen brauche.

Inhaltlich gesehen verwendete die *Neue Kronen Zeitung* ein simples, aber ungemein erfolgreiches Rezept: „Die Summe der Meinungen ihres Herausgebers und der Redakteure" – so das Impressum über die Richtung des Blattes. Die Krone verwirklicht ein Prinzip, das den großen amerikanischen Fernseh-Networks erst sehr viel später Popularität und Bedeutung sicherte: das Prinzip der „Anchormen", der großen Kommentatorpersönlichkeiten, an deren Bekanntheitsgrad man das Schicksal eines ganzen Programmes, ja Senders, verankern kann. Hans Dichand sammelt Kolumnisten als Anchormen für die *Krone*. Sein Prinzip: Da Radio und Fernsehen stets aktueller sind, kann eine Zeitung nicht von der Aktualität allein leben. Die *Krone* erklärt in Kolumnen und Kommentaren, was hinter den Nachrichten steckt. Die Masse der Leser will klare Aussagen, die Kolumnisten und Kommentatoren liefern sie.

Die *Neue Kronen Zeitung* ist meinungsfreudig geschrie-

benen. An der Spitze der Kolumnisten steht Richard Nimmerrichter, der unter dem Pseudonym „Staberl" schreibt. In seiner Volkstümlichkeit ist er wohl eine einmalige Erscheinung in der österreichischen Presse. Eine weitere Kolumne ist diejenige von Ernst Trost: „Was dahinter steckt". Komplizierte außenpolitische Themen werden kurz und dennoch sehr klar gestaltet. Der Autor „Adabei" vermittelt den Lesern amüsante Einblicke in das Leben von Prominenten durch kleine anekdotenhafte Geschichten. Vergleicht man den „Staberl" mit Trosts Kolumne „Was dahinter steckt" und mit dem „Adabei", ergibt sich daraus die ganze journalistische Bandbreite der heutigen *Krone*.
Die Leserschaft ist dabei nicht eine bestimmte, abgegrenzte Zielgruppe – angesprochen werden sollen „alle"! Die *Krone* ist eine Zeitung für die Masse. „Dem Volk aufs Maul schauen" oder: „Die Nase hart am Wind des Lesers führen" waren seit Beginn die wichtigsten redaktionellen Grundregeln.

Der Schachzug mit der Selbstverkaufstasche

Mit ein Grund für die Beliebtheit der *Neuen Kronen Zeitung* ist, daß sie gleich von Anfang an auch sonntags erschien. Im Gegensatz zu normalen Sonntagszeitungen war und ist sie dabei tagesaktuell. Ein Problem war jedoch der Vertrieb. Da die Tabakläden sonntags nicht öffnen, wurden 40.000 Selbstverkaufstaschen für die Sonntags-*Krone* aufgestellt – einer der wichtigsten Marketingschachzüge in der Anfangszeit. Auch wenn 60 Prozent der Zeitungen gestohlen werden, lohnt sich das für die *Neue Kronen Zeitung* noch immer.
Die Regionalisierung ist ein weiterer wichtiger Baustein des Erfolgs. Während andere Zeitungen wie zum Beispiel die *WAZ* lediglich ein paar Seiten für die Regionalausgabe montieren, hat die *Neue Kronen Zeitung* eine eigene Ausgabe für jede Region. Hans Dichands Auffassung: Eine Zeitung muß

die Seele eines Bundeslandes treffen. Diese Nähe zum Leser läßt sich gerade durch Bodenständigkeit herstellen. Das geht so weit, daß in die Kärntner Ausgabe keine Inserate Wiener Firmen aufgenommen werden. Aufgrund der konsequenten Regionalisierung erstellt in fast jedem Bundesland eine Vollredaktion die Zeitung. Die Regionalausgaben werden in der eigenen Druckerei in Wien, und als Lohndruck in Graz und Salzburg gedruckt.

Chart 2.7: Konstruktion der Mediaprint

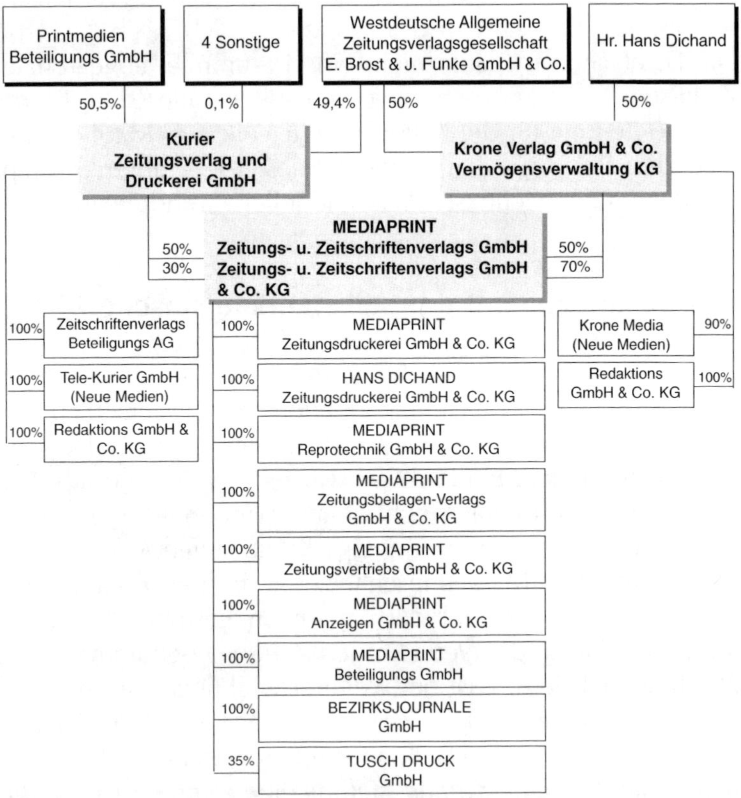

Quelle: Mediaprint GmbH & Co. KG

Mit der 49,4-Prozent-Beteiligung der WAZ-Gruppe am Kurier-Verlag wurden Druck, Versand, Anzeigenverwaltung, allgemeine Verwaltung sowie Rechnungswesen und Einkauf in eine eigene Gesellschaft ausgelagert. Die Mediaprint GmbH & Co. KG, eine einhundertprozentige Tochter von *Kronen Zeitung* und *Kurier* für gemeinsame Medienaktivitäten, ist heute Österreichs größtes Druckmedienimperium.
Hauptaufgabe der Mediaprint ist es, die Tageszeitungen *Neue Kronen Zeitung* und *Kurier* zu vermarkten. Inzwischen erwarb sie aber auch 74 Prozent der Anteile des ehemaligen sozialistischen Vorwärts-Verlages und ist außerdem mit 35 Prozent an dem hochmodernen Druckereibetrieb Tusch-Druck beteiligt. Der Mediaprint-Konzern mit seiner publizistischen wie ökonomischen Schlagkraft von über 3.500 Mitarbeitern und einem Umsatz von zirka 4,5 Milliarden Schilling ist in der österreichischen Öffentlichkeit bis heute starker Kritik ausgesetzt. Die WAZ-Gruppe allerdings sieht mit diesem Modell eine Möglichkeit, die betriebswirtschaftliche Rentabilität von *Krone* und *Kurier* durch Kooperation zu verbessern.

Am Gewinn beteiligt: Vom Redaktionsboten bis zur Ressortleiterin

Hans Dichands Führungsstil räumt der Meinungsvielfalt hohen Stellenwert ein. So hat er ein Redaktionsstatut eingeführt, das jeden Beschäftigten davor schützt, etwas gegen seine Überzeugung schreiben oder behaupten zu müssen. Auch Hans Dichand persönlich garantiert Meinungsvielfalt. Redaktionelle Einmischung ist ihm noch nie vorgeworfen worden. Jeder Mitarbeiter, vom Redaktionsboten bis zur Ressortleiterin, erhält eine Beteiligung am Gewinn. Mit diesen Eckdaten hat er als Verleger das verwirklicht, was ihm als Chefredakteur nicht gelang.

Auf Loyalität legt Hans Dichand bei seinen Mitarbeitern – insbesondere bei seinen engsten – besonderen Wert. Mit der kleinen Gruppe von sechs Redakteuren, die einst mit ihm, wie mit einem Kondottiere, von Zeitung zu Zeitung zogen – von der *Kleinen Zeitung* zum *Kurier* und von dort zur *Neuen Kronen Zeitung* – sind die meisten noch heute aktiv an seiner Seite.
Kennzeichnend für den Führungsstil Dichands war immer die „offene Tür" und die ständige Auseinandersetzung mit den Redakteuren. Dies hat er sich bis heute bewahrt und sieht darin den halben Erfolg der *Krone*.

Straßenbahnfahren fördert den Kontakt zum Leser

Die Nähe zum Leser ist eine der Voraussetzungen, vielleicht die wichtigste, um eine erfolgreiche Zeitung zu machen. Jeden Tag muß der Leser neu erobert werden. Hans Dichand fährt oft Bus oder Straßenbahn, um mit seinen Lesern Kontakt zu haben. Seiner Meinung nach ist der Massenjournalismus darauf angewiesen, diese Nähe zu finden und zu bewahren. Dabei gilt es, den Leuten nicht nach dem Mund zu reden, sondern ihnen eine halbe Nasenlänge voraus zu sein – gerade soviel, daß sie sich noch mit dem Geschriebenen identifizieren können. Der Zeitgeist bestimmt den Lauf der Dinge. Journalisten müssen in der Lage sein, ihn zu erfühlen und vorauszusehen.
Die *Neue Kronen Zeitung* gilt heute als gesellschaftliche Institution, die mit ihrem Einfluß eigene Ideen und Anschauungen in massiven Kampagnen vertreten kann, selbst wenn diese noch nicht von der Allgemeinheit getragen werden. So rüttelte sie die Österreicher wach, um den Bau des Kraftwerks Hainburg zu vereiteln. Die sozialistische Regierung warf ihr damals sogar vor, den Staat aus den Angeln heben

zu wollen. In einem solchen Fall kehrt sich der Leitsatz um, und „der Leser schaut dem Blatt aufs Maul". Die enorm starke Leser-Blatt-Bindung ist nicht zuletzt darauf zurückzuführen, daß es die *Neue Kronen Zeitung* in den vier Jahrzehnten ihres Bestehens immer wieder geschafft hat, den Nerv der Leser zu treffen.

Gabriela Pfändner

3.

Markenprodukte in aller Welt

Der deutsche Verlag Langenscheidt

Eckdaten des Geschäfts 1993

Tätigkeitsfeld:	Verlag von Büchern und anderen Medien
Gründung:	1856
Sitz:	Berlin und München
Gesellschafter:	Familie Langenscheidt
Gesamtumsatz:	ca. 350–400 Millionen Mark (geschätzt)
Mitarbeiter:	ca. 1.300
Programm:	ca. 6.000 Titel, ca. 25 Millionen Exemplare Auflage pro Jahr

Kurz und gut

„Wir sollten alles tun, was mit Sprachen verbunden ist." Seit fast 140 Jahren lebt die Familie Langenscheidt nach diesem Leitspruch. Ausgelöst durch Verständigungsprobleme des Urgroßvaters im europäischen Ausland, entstand das erste enzyklopädische Wörterbuch mit der neuen praktischen Lautschrift. Bald folgte die handliche Ausgabe eines „Notwörterbuches für Reise, Lektüre, Konversation", das Langenscheidt Taschenwörterbuch.
Seitdem wird weiterentwickelt und dazugekauft. Markenbewußt. Hier Duden, Brockhaus, Polyglott, Baedeker, da einige amerikanische Kartographiefirmen, dort eine asiatische Verlagsgruppe. Der in Schwierigkeiten geratene Sprachcomputerhersteller Hexaglot, auch er paßt gut ins Konzept.
Das Buch als Markenartikel! Die Förderung von Dachmarken verhilft zur breiten Präsenz im Fachhandel. Sie wird von den Konsumenten als Qualitätsmerkmal betrachtet. Gleichzeitig werden neue Wege im Buchmarketing beschritten.

Es ist schwer, einander zu verstehen. Das erlebte schon Gustav Langenscheidt, als er Mitte des 19. Jahrhunderts zu Fuß durch Europa wanderte: „Ein wahrhaft peinliches Gefühl." Der Ahn der jetzigen Verlegergeneration des Langenscheidt-Konzerns wollte nicht stumm-staunender Zuhörer bleiben. Er entwickelte Sprachkurse für den Selbstunterricht auf Basis einer Lautschrift und darauf aufbauend *Enzyklopädische Wörterbücher,* die er selbst verlegte. Leider waren sie zu schwer und zu teuer für die Reise. Ein kleines *Notwörterbuch für Reise, Lektüre, Konversation* mußte her. Das erste Taschenwörterbuch war geboren, der Grundstock für den Erfolg der Langenscheidt-Gruppe gelegt. Heute – fast 140 Jahre später – gehören dazu so klangvolle Markennamen wie Brockhaus, Duden, Polyglott, Hexaglot oder auch Baedeker.

Kulturelle Verantwortung vor ökonomischem Kalkül

Langenscheidt heute, das ist eine vielseitige und internationale Verlagsgruppe, mit Partnern in England, Frankreich, den USA oder Hongkong. Aber Langenscheidt blieb ein Familienunternehmen, das im Verlagsgeschäft wuchs, indem es Synergien nutzte. Stets gründeten oder kauften die Inhaber nur solche Verlage, die das Sprachprogramm in Richtung allgemeine Nachschlagewerke, Reisen und Kartographie sinnvoll ergänzten.

Es begann 1856. Gustav Langenscheidt gründet einen Verlag und vertreibt zunächst einen Französisch- und dann einen Englischkurs. Zur Ergänzung der Lernmittel konzipierte er umfassende Wörterbücher mit der von ihm entwickelten neuen Lautschrift. Aber da es sich um enzyklopädische Wörterbücher handelte, unterschätzte er die Entwicklungszeit. Erst 1880 lag das *Enzyklopädische Wörterbuch der französischen und deutschen Sprache* von Sachs und Villatte vor. Es war das bis dahin umfangreichste zweisprachige Wörterbuch. 1901 folgte das englische Pendant, der *Muret-Sanders*.

Von Anfang an standen bei Langenscheidt-Produkten die Ansprüche der Benutzer im Vordergrund, denn die waren letztendlich für den Verkaufserfolg entscheidend. Die großen enzyklopädischen Bände aber waren als Reisebegleiter zu unhandlich und schwer und außerdem für viele Sprachinteressierte zu teuer. Aus diesem Grund wurden auf Basis der Großausgaben kleinere Hand- und Schulausgaben herausgegeben, die ersten Vorläufer der erfolgreichen Langenscheidt-Taschenwörterbücher.

Der Sohn des Gründers, Carl Langenscheidt, machte den Verlag zum führenden deutschen Wörterbuchverlag. Sprache um Sprache erweiterte er das Programm. Alle wichtigen Sprachen gehörten dazu, ebenso ganz seltene, wie zum Beispiel Ful (Nordkamerun). Bei solchen Exoten lohnten sich zwar die dafür notwendigen Investitionen nicht immer, aber Langenscheidt setzte hier das kulturelle Verantwortungsgefühl vor das ökonomische Kalkül.

Als Karl-Ernst Tielebier-Langenscheidt, gelernter Verlagsbuchhändler und Betriebswirt, 1948 in das Familienunternehmen eintrat, hatte Langenscheidt zwar einen guten Namen im Buchhandel und besaß ein differenziertes Wörterbuchprogramm, war jedoch noch ein kleiner Betrieb mit 25 Angestellten. Während der Berlin-Blockade baute Karl-Ernst Tielebier-Langenscheidt in Berchtesgaden eine Niederlassung auf. 1952 übernahm er, 31 Jahre alt, als geschäftsführender Gesellschafter die Leitung des Verlages.

Getreu dem Leitspruch des Großvaters „Wir sollten alles tun, was mit Sprachen verbunden ist", erkannte Karl-Ernst Tielebier-Langenscheidt die Möglichkeiten, die das Nachkriegsdeutschland für das Buchgeschäft, nicht nur im Wörterbuchsektor, bot. Zwar steckte der Tourismus damals noch in den Kinderschuhen, und entsprechend unbedeutend war der

Markt für Reiseführer im Vergleich zur Belletristik. Aber Tielebier-Langenscheidt sah die enormen Wachstumspotentiale auf diesem Gebiet. Und er zögerte nicht, als sich 1959 die Chance zur Übernahme des Polyglott Verlages bot. Eine im nachhinein richtige Einschätzung. Mit dem Tourismusboom in Deutschland entwickelten sich die Reiseführerverlage Polyglott als deutscher Marktführer und der Anfang der achtziger Jahre zu 50 Prozent erworbene Karl Baedeker Verlag, zu einem wichtigen Standbein der Langenscheidt-Gruppe. Die länderspezifischen Reiseführer, heute rund 330 Titel, haben eine direkte Verbindung zum Wörterbuchgeschäft.
1961 gründete Langenscheidt die Niederlassung München und akquirierte eine Reihe weiterer Verlage: den Humboldt Taschenbuchverlag, der ein komplettes Programm an Ratgebern für Beruf, Sprachen, Freizeit, Hobby, Sport und Kochen besitzt; den Mentor Verlag für Lernhilfen und Repetitorien in den wichtigsten Schulfächern sowie den Axel Juncker Verlag, spezialisiert auf Grammatiken, Wörterbücher und Spezialsprachführer.

Manager müssen zur Familie passen

Im Familienunternehmen Langenscheidt haben die zwei geschäftsführenden Gesellschafter, Karl-Ernst Tielebier-Langenscheidt und sein Sohn Andreas Langenscheidt, abgegrenzte Aufgabengebiete. Struktur und Unternehmenskultur verlangen jedoch Zusammenarbeit in allen Bereichen. Der Vorteil liegt in der möglichen Flexibilität bei wichtigen Unternehmensentscheidungen, während sonst aufwendigere Aufsichtsgremien eingeschaltet werden müßten. Nicht nur Familienmitglieder, auch das Langenscheidt-Management ist eng an das Unternehmen gebunden. So verließen der Finanzchef nach 23 Jahren und der Vertriebschef nach 18 Jahren Betriebszugehörigkeit aus Altersgründen die Langenscheidt-

Gruppe. Um hier Kontinuität zu gewährleisten, legte die Familie Langenscheidt viel Sorgfalt auf die Auswahl und Einarbeitung der für den Generationswechsel im Management vorgesehenen Führungskräfte. Die Manager der Langenscheidt-Gruppe sollen nicht nur über das notwendige Know-how verfügen, sie müssen auch zur Familie passen.
Der Familienname steht heute nicht mehr nur für einen Fachverlag für Sprachen/Fremdsprachen. Die vielschichtige und internationale Verlagsgruppe stützt sich im wesentlichen auf vier Produktbereiche: Fremdsprachen- und Tourismusbücher, Nachschlagewerke und Kartographie.
Der Fremdsprachensektor bleibt das wichtigste Standbein des Unternehmens. Hinzu kommen die Reiseführer. Mit der 50-Prozent-Beteiligung an der APA-Hoefer-Publishing Group Hongkong/Singapur wurde dieser Bereich im Jahr 1992 weiter ausgebaut. Die asiatische APA-Verlagsgruppe (150 Mitar-

Chart 3.1: Langenscheidt-Verlagsgruppe

Sprachen

Langenscheidt KG
- Wörterbücher, Sprachführer, Lehrmaterialien

Axel-Juncker-Verlag KG
- Wörterbücher, Sprachführer, Grammatiken

Mentor-Verlag KG
- Lernhilfen, Repetitorien

Humboldt-Taschenbuch-Verlag KG
- Ratgeber, Sprachkurse (300 Titel), Reiseführer

Langenscheidt-Sprachenschulen GmbH

Hexaglot-Gruppe

Reise

Polyglott-Verlag KG
- > 300 Reiseführer

Karl Baedeker GmbH (Gemeinsamer Verlag mit Mairs Geographischer Verlag)
- > 100 Reiseführer

APA-Hoefer Group (50% Beteiligung)
- 600 Reiseführer in vielen Sprachen

Lexika

Bibliographisches Institut & F. A. Brockhaus AG (Mehrheitsbeteiligung)
- achschlagewerke, einsprachige Wörterbücher, Wissenschaft

Kartographie USA

American Map Corp.
- Landkarten, Atlanten

Hagstrom Map Inc.
- Stadtpläne, Atlanten

Creative Sales Corp.
- Atlanten, Straßenkarten

Trakker Maps Inc.
- Stadtpläne, Straßenkarten

Arrow Map Corp.
- Stadtpläne

ADC. Inc.
- Stadtatlanten

Quelle: Langenscheidt KG

beiter weltweit – 1970 von dem Deutschen Hans Hoefer gegründet), ist einer der größten Reiseführer-Verlage überhaupt. Sie hat über 600 Reiseführer in verschiedensten Sprachen herausgebracht, die als „Insight Guides“ weltweit publiziert werden. Zur APA-Gruppe gehören weiter eine internationale Fotoagentur sowie eine Druckerei in Singapur.

Mit der Mehrheitsbeteiligung an der Bibliographisches Institut & Brockhaus AG im Jahr 1988 etablierte sich die Langenscheidt-Gruppe als führender Verlag im Bereich Nachschlagewerke. Ein vierter, allerdings auf die USA beschränkter Produktbereich ist die Kartographie. Daneben bedient der Verlag verschiedene Nischen, die aber alle eine Verbindung zu einem der vier Produktbereiche haben – zum Beispiel Ratgeber, Sprach- und Lernhilfen oder etwa eine Sprachenschule in München, der Einstieg in den Direktkontakt mit Lernenden. Stark ist auch die Stellung im Segment Neue Medien, die durch den Erwerb des Sprachcomputer-Herstellers Hexaglot weiter ausgebaut wurde.

Das Basisprogramm, die Wörterbücher, hat Langenscheidt kontinuierlich weiterentwickelt. Es umfaßt heute neun zielgruppenspezifische Programmlinien, die sich in Umfang,

Chart 3.2: Funktionale Struktur der Langenscheidt KG

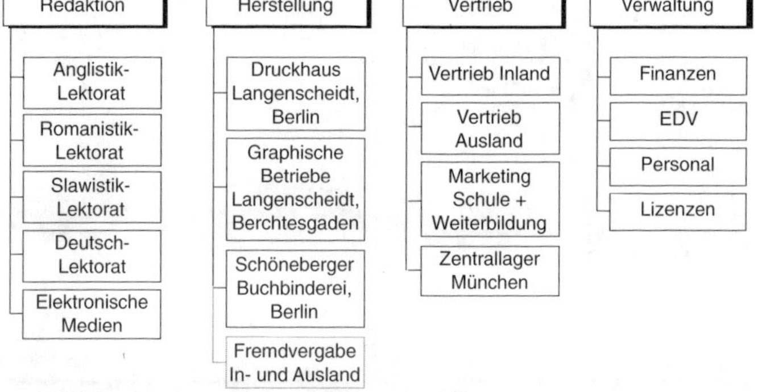

Quelle: Langenscheidt KG

Format und Preis unterscheiden. Durch diese Differenzierung setzte Langenscheidt auch hohe Markteintrittsbarrieren für potentielle Konkurrenten. Während im Wörterbuchmarkt neben Langenscheidt nur noch Klett-Pons eine bedeutende Rolle spielt, müssen sich andere Verlage mit Nischenmärkten, zum Beispiel im Segment für professionelle Anwendungen in Wirtschaft und Verwaltung, begnügen.

Traditionsreiche Marken und historischer Ort

Entscheidend für den Erfolg der Gruppe war, daß das Unternehmen trotz starken Wachstums und Ausweitung in andere Produktbereiche nach wie vor eine weitgehend homogene Einheit bildet. Langenscheidt hat immer nur Verlage gegründet oder erworben, die die Kernkompetenzen sinnvoll ergänzten.

Dies gilt auch für die 1988 erworbene Mehrheitsbeteiligung an den fusionierten deutschen Traditionsverlagen Bibliographisches Institut und F. A. Brockhaus. Deren Programm um-

Chart 3.3: Umsatzentwicklung Bibliographisches Institut & F. A. Brockhaus AG 1988–1992

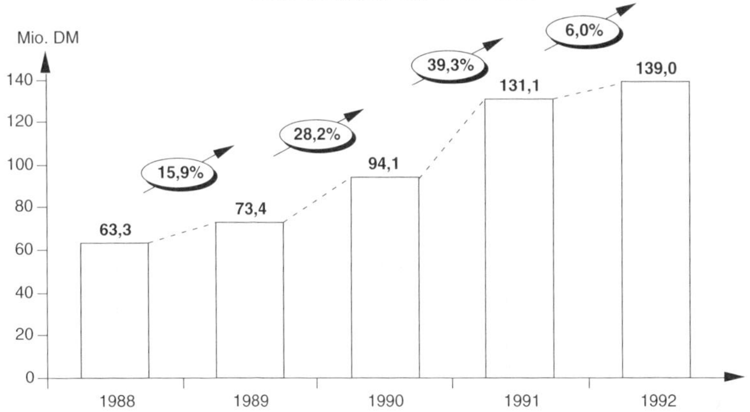

Quelle: Bibliographisches Institut & F. A. Brockhaus AG

Chart 3.4: Jahresüberschußentwicklung Bibliographisches Institut & F. A. Brockhaus AG 1988 –1992

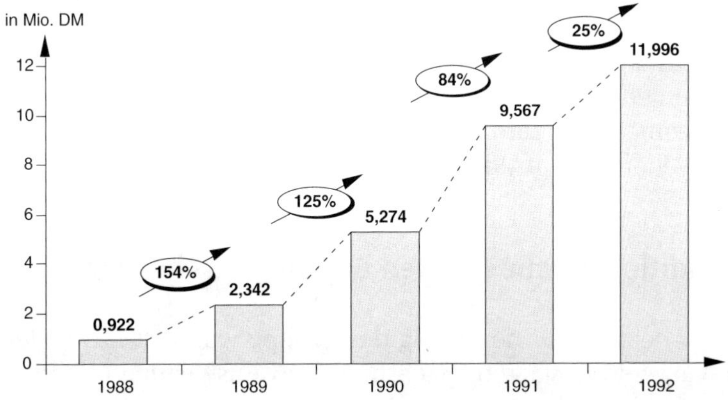

Quelle: Bibliographisches Institut & F. A. Brockhaus AG

faßt die bekanntesten deutschen Nachschlagewerke: den Duden, die Brockhaus-Enzyklopädie und die Meyer-Nachschlagewerke.

Die Beteiligung war für Langenscheidt eine große Herausforderung, denn die Bibliographisches Institut & F. A. Brockhaus AG ist, was Umsatz und Mitarbeiterzahl betrifft, mit der Langenscheidt-Gruppe Deutschland vergleichbar. Die AG hat sich unter dem seit 1988 durch Andreas und Dr. Florian Langenscheidt erweiterten Vorstand überaus positiv entwickelt, unter anderem, weil der Nachholbedarf in Ostdeutschland nach der Wiedervereinigung gewaltig war.

Indem die Bibliographisches Institut & F. A. Brockhaus AG 1991 zusätzlich das ostdeutsche Bibliographische Institut und den ostdeutschen F. A. Brockhaus AG Verlag in Leipzig erwarb, baute der Verlag die Marktführerschaft im Lexikasektor weiter aus und gewann zugleich ein Standbein in der ehemaligen Buchmetropole.

„Deutsch als Fremdsprache" erobert die Nischenmärkte

Ebenso erweiterte Langenscheidt seinen Fremdsprachensektor und engagierte sich vor allem in den letzten 20 Jahren direkt im Ausland. Das begann in den siebziger Jahren mit eigenen Auslandsniederlassungen, meist in Kooperation mit etablierten Verlagen aus den jeweiligen Ländern: Für den Markt englischer Lehrmaterialien wurde 1972 zusammen mit Longman das Joint-venture Langenscheidt-Longman gegründet; 1978 folgte die Zusammenarbeit mit Hachette in dem gemeinsamen Unternehmen Langenscheidt-Hachette für französische Lehrmaterialien.
Auch Deutsch wurde zur „Fremdsprache", denn durch die zunehmende Zahl der Gastarbeiter entstand in dieser Zeit neuer Bedarf an Lehrmaterial. Langenscheidt gründete eine eigene Abteilung, die systematisch nach den besten Lehr- und Lernmethoden forscht und mit dem audiovisuellen Lehrwerk *Deutsch aktiv* ein Standardwerk schuf. Gezielt ver-

Chart 3.5: Langenscheidt Wörterbuch/Lehrmittel - Internationalisierung

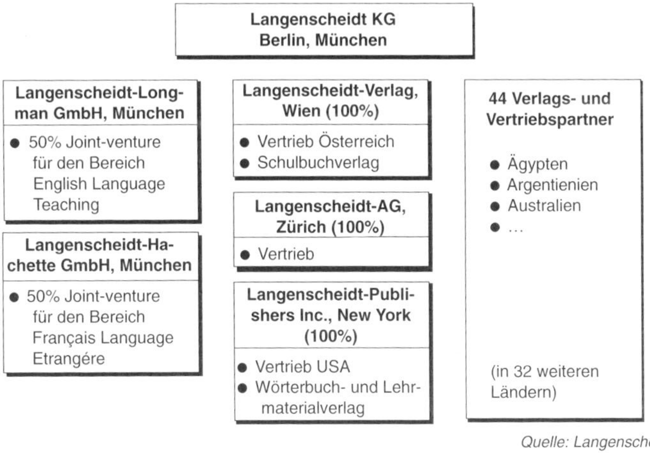

Quelle: Langenscheidt KG

marktet der Verlag dieses Produkt international. Heute wird es in über 60 Ländern eingesetzt.
Der größte Markt in Übersee sind die USA. Nachdem über 75 Jahre lang amerikanische Partner Langenscheidt-Wörterbücher vertrieben haben, gibt es seit 1983 eine eigene Niederlassung: die Langenscheidt Publishers Inc., New York. Das Ziel war nicht nur die Übernahme der Alleindistribution von Langenscheidt-Produkten, sondern es sollte auch ein eigenes Programm verlegt und die Marke Langenscheidt durch den Einsatz der eigenen Marketingkonzepte besser gefördert werden. Es entstand ein Entwicklungszentrum für US-orientierte Produkte. Jährlich etabliert Langenscheidt Publishers Inc. eine neue Reihe: zum Beispiel *Quick and Easy,* ein eigens entwickelter Sprachkurs für fünf Sprachen; die *Jiffy Phrase Books,* das Gegenstück zu den Langenscheidt Sprachführern in mehreren Sprachen; oder die englischen Ausgaben der Polyglott-Reiseführer. Mit dem etwa 350 Titel umfassende Angebot für "Deutsch als Fremdsprache" erreichte Langenscheidt in den USA eine führende Marktposition. Dabei hat dieser Markt eher Nischencharakter. Die am weitesten verbreiteten Fremdsprachen in den USA sind Spanisch und Französisch, Deutsch belegt mit weitem Abstand den dritten Platz.

Andere Länder – andere Erfolgsfaktoren

Das USA-Engagement beschränkte sich nicht nur auf den Sprachensektor. Gezielt kaufte die Langenscheidt-Gruppe solche Verlage, die mit ihrem Programm das Angebot der neuen Mutter um den Bereich Kartographie erweiterten. Ursprünglich wollte Karl-Ernst Tielebier-Langenscheidt Ende der siebziger Jahre in den USA einen Reiseführerverlag kaufen. Aber der Preis war zu hoch. Dafür sah er dann große Chancen auf dem Markt für kartographische Produkte, der damals noch stark regional fragmentiert war. Die Suche nach geeigneten Unternehmen übernahm der Sohn Andreas Langenscheidt, der zu dieser Zeit gerade sein MBA-Studium in Kalifornien beendet hatte und 1978 in die Geschäftsführung der Langenscheidt KG eintrat.

Noch im selben Jahr erwarb Langenscheidt die American Map Corporation, einen auf Atlanten und Organisationskarten für Verkauf und Marketing spezialisierten Verlag, und die Hagstrom Map Corporation, den größten Verlag für Stadt- und Landkarten sowie Atlanten an der Ostküste der USA. Von Anfang an wollte das deutsche Unternehmen nicht nur regional sondern auch national eine starke Marktstellung erlangen. Und das sowohl bei lokal ausgerichteten Stadtplänen/Gebietslandkarten, als auch bei den überregionalen Landkarten und Atlanten. Durch Programmerweiterung der bestehenden Unternehmen und Zukäufe erschloß man Region um Region:

- 1987 die Creative Sales Corporation, Chicago, ein Verlag mit einem breitem Programm von überregionalen Straßenatlanten und -karten;
- 1988 das Unternehmen Trakker, Miami, mit der das kartographische Engagement auf den Süden der USA ausgedehnt und ein weiterer wichtiger Vertriebspunkt erschlossen wurde;
- Arrow Map Inc., Boston, die die Marktführerposition an der Ostküste verstärkte;
- ADC Inc., Washington, größter kartographischer Verlag für die Mid-Atlantic-Staaten, mit eigener Druckerei.

Die einzelnen Verlage operieren mit einem eigenen Programm und unter eigenen Namen. Auf jedem Produkt verweisen sie jedoch auf die Zugehörigkeit zur Langenscheidt-Gruppe, zum Beispiel: „American Map: Part of the Langenscheidt Publishing Group". So etabliert sich Langenscheidt für den Fachhandel langfristig als Dachmarke.

Langenscheidt Publisher Inc. und die Verlage American Map

Corporation und Hagstrom Map Corporation zogen in New York in ein gemeinsames Gebäude, um Verbundvorteile auszuschöpfen. Heute ist die Kartographie-Unternehmensgruppe der zweitgrößte Kartenhersteller der USA und setzt mit 330 Mitarbeitern umgerechnet mehr als 50 Millionen Mark um.
Derartige US-Engagements haben sich für eine ganze Reihe von deutschen Mittelständlern und Großunternehmen als Fiasko erwiesen. Zum Beispiel für Wienerwald-Jahn oder Bertelsmann mit den Doubleday-Buchklubs. Dies war unter anderem darauf zurückzuführen, daß der US-Markt und die Verbrauchergewohnheiten sich, ebenso wie Produktgestaltung und Vertrieb, stark von deutschen Verhältnissen unterscheiden. Deutsche Standards können nicht einfach auf den amerikanischen Markt übertragen werden. Es nutzt nichts, wie Andreas Langenscheidt anmerkt, „die deutsche Gründlichkeit zu exportieren, wenn sie nicht bezahlt wird".
Wesentlicher Erfolgsfaktor für Langenscheidts kartographische Verlage war die Führung der Geschäftstätigkeit durch ein rein amerikanisches Management, denn so konnte am ehesten eine Anpassung an amerikanische Marktverhältnisse gewährleistet werden.

Mit Lifestyle in die Elektronik

Schon der Verlagsgründer setzte modernste Methoden ein, um fremde Sprachen zu erlernen: Gustav Langenscheidt ließ Ende des 19. Jahrhunderts einen Phonographen aus Amerika kommen, um ihn für den Einsatz bei Sprachkursen zu testen. 1902 brachte Langenscheidt dann tatsächlich als erster Schallplatten-Fremdsprachenkurse heraus, für die aber in der ersten Hälfte des Jahrhunderts in Deutschland nur ein begrenzter Markt bestand. Erst nach dem Zweiten Weltkrieg erschienen mehr und mehr Sprachkurse mit Sprachplatten, doch erst die Audiokassettenkurse brachten in den siebziger Jahren den Durchbruch. Es folgten die großen Fernseh- und Medienverbundkurse, wie *Follow me, Avec plaisir, Avanti! Avanti!* und *Viaje al Español*. Im Herbst 1991 erschien das Begleitmaterial zu *Russisch, bitte*, dem ersten Russischkurs für deutsche Fernsehzuschauer.

1983 stellte die Gruppe das erste *Elektronische Wörterbuch Alpha 8* für Englisch vor – eine Weltsensation. Auf der langwierigen Suche nach Entwicklungspartnern wurden Konzerne wie Texas Instruments oder Siemens angesprochen. Letztlich erfüllte nur der japanische Elektronikkonzern Sharp die Anforderungen. Der zweisprachige Mikrocomputer *Alpha 8* mit 8.000 Wörtern hatte rückblickend eher „Spielzeugcharakter". Trotzdem war er der Ausgangspunkt für sechs Fremdsprachenversionen und Exportausgaben für den amerikanischen, arabischen und französischen Markt. Die 1988 erschienene neue Generation des Wörterbuchcomputers *Alpha 40*, jetzt mit 40.000 Wörtern und einer verbesserten Produktergonomie, entwickelte sich zum meistverkauften Wörterbuchcomputer.

1994 setzt der Verlag mit *Langenscheidts Wörterbuch-Computer Alpha 120* einen neuen Standard im Handheld-Bereich. Dieser Lifestyle-Sprachcomputer stammt aus der Designer-Werkstatt von Professor Hartmut Esslinger („frogdesign"). Zum ersten Mal wurde hier ein bekanntes und umfangreiches Wörterbuch (das bewährte Taschenwörterbuch Englisch mit insgesamt 120.000 Stichwörtern) mitsamt Lautschrift auf ein handliches Gerät zum Mitnehmen übertragen. Das Erscheinungsbild der Einträge entspricht dem des gedruckten Werkes. Die speziell entworfenen Schriften sind auf dem Bildschirm optimal lesbar.

Ein Jahr zuvor übernahm Langenscheidt die in Liquiditätsschwierigkeiten geratene Sprachcomputerfirma Hexaglot und eroberte sich damit die führende Stellung im Sprachcomputermarkt. Die Ziele: Langenscheidt will die im Handel

eingeführten Produktlinien der Marke erhalten und pflegen und die internationalen Hexaglot-Vertriebsgesellschaften unter anderem in Frankreich ausbauen.
Fremdsprachen-Software für den PC-Markt ergänzt das Langenscheidt Medienprogramm. Dazu zählen Vokabelprogramme für Textverarbeitungen und Rechtschreib-Korrektursysteme, die teilweise mit einem großen US-Verlag entwickelt wurden. Das Know-how in den elektronischen Medien nutzt Langenscheidt auch für Beteiligungen an anderen Projekten. So entwickelte man eine CD-ROM-Version, die eine einzigartige Kombination des einsprachigen Wörterbuchs von Duden und einer Enzyklopädie von Meyer darstellt, die *Langenscheidt-Duden-Meyer CD-ROM-Bibliothek.* Bei der Einführung des Data-Discman im September 1991 kooperierten Langenscheidt und Bertelsmann exklusiv mit dem Hardwarehersteller Sony. Mit den Gütersloher Konkurrenten wurde bei der Entwicklung und Verbesserung der Datenstrukturen intensiv zusammengearbeitet.
Bei der Positionierung der neuen Medienprodukte orientiert sich die Langenscheidt-Gruppe tendenziell am traditionellen Buchprogramm. Die *PC-Bibliothek* der Bibliographisches Institut & F. A. Brockhaus AG zielt auf den professionellen und studentischen Nutzer. Die Preise der neuen Medien kalkuliert die Langenscheidt-Gruppe so, daß die Kosten für die Erstredaktion in Buchform ebenfalls anteilig berücksichtigt werden. Die elektronische Verwertung gilt nicht als Abfallprodukt, sondern als eigenständige Produktlinie, die auf der Investition in die Datensubstanz aufbaut. Nur so kann langfristig der Qualitätsanspruch aufrechterhalten werden.

Die Marke „Langenscheidt"

Für Langenscheidt ist das Buch ein Markenartikel. Entsprechend hohe Anforderungen stellt das Unternehmen an Pro-

duktqualität, -preis, -image und -design. Da die Expansion der Gruppe gleichzeitig immer den Erwerb von Marken und Kompetenzen bedeutete, kaufte Langenscheidt nur Marken mit hohem Qualitätsanspruch und Image. Beispiele hierfür sind die Brockhaus Enzyklopädie, der Duden als „imperative Instanz" für die deutsche Sprache oder die Polyglott-Reiseführer. Bei der inhaltlichen Überarbeitung der Angebotspalette ist es das Ziel, den Bedürfnissen der Zielgruppen zu entsprechen, gleichzeitig aber konstante Proukteigenschaften und eine Wiedererkennbarkeit zu garantieren. Dies bedeutet oft eine Gratwanderung zwischen Markenprägung und innovativer Modifizierung. Für Langenscheidt sind das Layout und die Wiedererkennbarkeit so wichtig, daß zum Beispiel die Veränderung der Umschlaggestaltung bzw. des Corporate Designs Sache der Geschäftsleitung ist.
Der Vorteil derart eingeführter Buchmarken ist, daß der Buchhandel sie immer vorrätig hält – vergleichbar mit den Produkten des täglichen Bedarfs im Lebensmitteleinzelhandel. Dies führt dazu, daß Langenscheidt in den Buchregalen stark präsent ist, und geht soweit, daß es eigene Langenscheidt-Verkaufsbereiche gibt, in denen die Novitäten des Verlagsprogrammes als Bodenverkaufsstöße geschichtet werden. Die starke Präsenz als „Volkswörterbuch" ist für Konsumenten wiederum ein Qualitätsmerkmal.

Chart 3.6: Bibliographisches Institut & F. A. Brockhaus AG

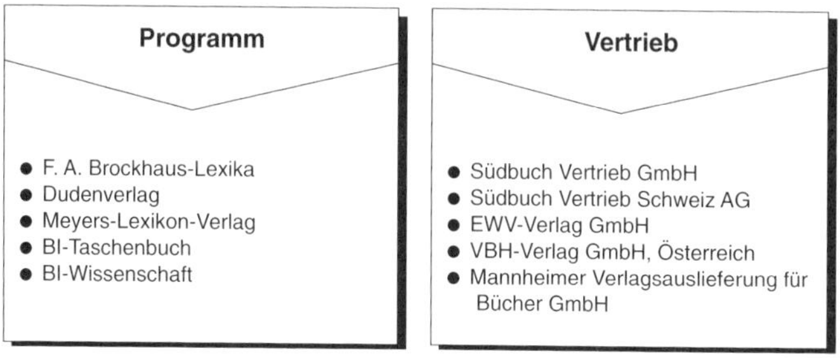

Quelle: Bibliographischen Institut & F. A. Brockhaus AG

Ein Beispiel für ein innovatives Marketing ist die Vermarktung des neuen Englisch-Wörterbuches für „Kids". Dafür kaufte der Verlag die Lizenz für *Super Mario* ein. *Super Mario* steht für die Figur eines italienischen Klempners, der als Held vieler Nintendo-Gameboy-Spiele bei der Zielgruppe dieses Lexikons, den zehn- bis zwölfjährigen, einen höheren Bekanntheitsgrad besitzt als *Micky Maus*. Langenscheidt zeigt damit eine für die Verlagsbranche neue Dimension im Merchandising-Geschäft auf: Die Lizenz *Super Mario* soll als Identifikationsfigur den Verkauf bei der Zielgruppe steigern. Diese aus der Konsumartikelbranche bekannte Methode wurde bei Büchern bisher fast nur im Jugendbuchsektor eingesetzt. Langenscheidt setzte sie sehr schnell um: Im Februar 1993 hatte der Verlag die Merchandising-Agentur angesprochen, im Juli war das Buch bereits auf dem Markt.

Innerhalb der Gruppe versucht man, die eigene Marketingphilosophie auch in den zugekauften Verlagen umzusetzen. Beim Einstieg von Langenscheidt bei der Bibliographisches Institut & F. A. Brockhaus AG stellte sich beim Vertrieb der Brockhaus Enzyklopädie eine Reihe von Problemen. Der Absatz der Enzyklopädien stagnierte: Das 24bändige Werk kostete je nach Ausführung bis zu 6.000 Mark und ließ sich nur begrenzt über den Buchhandel absetzen.

Ein weiteres Problem war das schlechte „Klinkenputzer-Image" sowie die Qualifikation der Vertreter. Das alles entsprach nicht dem hohen Qualitätsanspruch der Brockhaus Enzyklopädie, die auch heute noch als „Königin der Lexika" gilt. Der neue Vorstand mit Andreas und Dr. Florian Langenscheidt gründete nach dem Einstieg für die Abwicklung des Vertriebs eigens Tochterfirmen, die Lieferverträge von Reise- und Versandbuchhändlern ankaufen und die Auslieferung übernehmen. Der Direktvertrieb erfolgt heute zumeist über die EWV – Enzyklopädisches Wissen Verlagsgesellschaft, an der die Bibliographisches Institut & F. A. Brockhaus AG mehrheitlich beteiligt ist. Zudem wurden Anspracheweg und Auftreten der Vertreter vollkommen neu konzipiert. Mit potentiellen Kunden, die bereits bei Direct-Mailing oder anderen Aktionen Interesse gezeigt haben, werden telephonisch Vertretertermine vereinbart. Erst bei Zustimmung erfolgt der Besuch durch einen speziell geschulten Vertreter. Auch heute gilt noch: „Eine Enzyklopädie wird nicht gekauft, sondern verkauft.“

Die Gefahr mit den Lorbeeren

Die Langenscheidt-Gruppe ist über einen langen Zeitraum außerordentlich erfolgreich – nicht nur im Kerngeschäft sondern auch in ihrer Diversifikation. Die Unternehmensführung hat dabei die Erfahrung gewonnen, daß der Einstieg in neue Geschäfte um so mehr Erfolg verspricht, je höher der „Verwandtschaftsgrad“ der zusammengeführten Geschäfte ist. Langenscheidt hat deshalb immer schon synergetisch diversifiziert, das heißt, nur Verlage gegründet oder zugekauft, die das Sprachenprogramm in Richtung allgemeine Nachschlagewerke, Reisen, Freizeit und Kartographie sinnvoll ergänzen. Das wird auch in Zukunft so sein, denn es zeichnet sich ab, daß bei steigenden Entwicklungskosten – zum Beispiel bei neuen Medien – nicht nur national, sondern auch international eine führende Marktstellung notwendig ist.
Entsprechend setzt Langenscheidt zum einen die Internationalisierung fort – wie sie zum Beispiel im Reisebuchbereich durch die APA-Hoefer-Akquisition vollzogen wurde. Zum anderen sollen verstärkt mögliche Synergien zwischen den einzelnen Gruppenunternehmen genutzt werden.
Zwei Beispiele:

- Die Bibliographische Institut & F. A. Brockhaus AG in Mannheim und die Münchner Langenscheidt-Verlage legten ihre Buchauslieferung zusammen. Neuer Standort der zentralen Auslieferung ist die Stadt Gotha in Thüringen.

Das Logistikzentrum der Langenscheidt-Gruppe umfaßt 50.000 Quadratmeter Grundfläche und kostete über 25 Millionen Mark. Von dem neuen Standort aus werden jährlich etwa 25 Millionen Bücher an die Buchhandlungen ausgeliefert werden. Das Zentrum wird im Frühjahr 1995 fertig.

- Mit der 1992 erfolgten Beteiligung an der APA-Hoefer-Publishing Group begann auch eine Zusammenarbeit bei Redaktion, Herstellung und Marketing von Reiseführern. Insbesondere wird das APA-eigene, große Fotoarchiv für Reisethemen auch für Polyglott-Produkte genutzt.

Die größte Gefahr – so die Verleger – ist, „daß wir einschlafen und uns auf den Lorbeeren ausruhen". Aber davon kann wohl in den nächsten Jahren keine Rede sein.

Gernot A. Wunderle

4.

Die Töchter müssen selbst denken

Der britisch-niederländische Printmedienkonzern Reed Elsevier

Eckdaten des Geschäfts 1993

Tätigkeitsfeld:	Medien- und Informationssektor, weltweit größter Printmedienkonzern
Gründung:	Reed International 1903, Fusion mit Elsevier 1993
Hauptsitz:	London, Amsterdam
Umsatz:	2.790 Millionen Pfund
Betriebsergebnis:	558 Millionen Pfund
Operativer Cash-flow:	550 Millionen Pfund
Beschäftigte:	ca. 25.000

Kurz und gut

Das Rezept, das der neue Mann an der Spitze 1986 seiner Firma verordnet, klingt denkbar schlicht und einfach: Alle Geschäftsbereiche auf ihre zukünftige Wachstumsrate hin durchleuchten, die eigenen Fähigkeiten schonungslos mit denen der Wettbewerber vergleichen, dann Konsequenzen ziehen.
So wird aus dem stark diversifizierten Konglomerat Reed International ein auf das Verlags- und Informationsgeschäft konzentrierter Konzern. Mehr als 20 Unternehmen werden für diese neue Ausrichtung weltweit hinzugekauft. Unzählige – von der Tapetenproduktion bis zum Sanitärhandel – werden abgestoßen. Die Belegschaft schrumpft von 40.000 auf 9.000 Mitarbeiter.
1992 ist die Refokussierung auf das Kerngeschäft abgeschlossen. Eine erneute Strategieanpassung ist fällig: Nahezu die Hälfte der obersten Führungsebene wird für vier Monate in eine spezielle Projektgruppe eingebunden. Aufgabe: herausfinden, wo und warum Reed erfolgreich ist. Das Ergebnis: Die besten Renditen erwirtschaften die Fach- und Wirtschaftstitel. Hier bestehen die besten Erfolgsaussichten auf dem Markt. Es beginnt die Suche nach einem großen Akquisitionskandidaten. Er wird in dem niederländischen Wissenschaftsverlag Elsevier gefunden. Fusion! Gemeinsam bilden sie nun die drittgrößte börsennotierte Verlagsgesellschaft der Welt.
Ausgeprägte Managementregeln und eine flexible Organisationsstruktur bei Reed erleichtern das Zusammenwachsen der Firmen. Alle Abteilungen der beiden Konzerne werden genau verglichen und analysiert, die jeweils erfolgreichere übernimmt die Regie im fusionierten Gesamtunternehmen Reed Elsevier.

Medizinische Fachzeitschriften und Tapeten, Sanitäranlagen und Satellitenfernsehen – das Angebot der Reed International hatte eine gewisse Vielseitigkeit. Und so traf den englischen Mischkonzern die Krise Anfang der achtziger Jahre hart. Die tausendköpfige Bürokratie der Zentrale reagierte zunächst schwerfällig. Dann aber handelte das Management entschlossen. In einer radikalen Schlankheitskur verkaufte Reed alle Geschäftsbereiche außerhalb der Kernaktivitäten im Mediensektor. Die Mitarbeiterzahl sank von 40.000 auf 9.000. Das war der Weg zurück zum Erfolg. 1993 fusionierte Reed mit dem niederländischen Wissenschaftsverlag Elsevier NV. Gemeinsam sind sie, mit 69 Tochterunternehmen und einem Umsatz von 2,79 Milliarden Pfund, die drittgrößte börsennotierte Verlagsgesellschaft der Welt.

Vom Mischkonzern zum Verlagshaus in Reinkultur

Drei Jahre nach der Jahrhundertwende wurde Reed International in London gegründet. Damals noch unter dem Namen Albert E. Reed & Co. Ltd. deckte das Unternehmen bald die gesamte Wertschöpfungskette des Zeitungs- und Zeitschriftengeschäfts ab – von Produktionsstätten für Papier und Farben über Verlage und Druckereien bis hin zu Vertriebsgesellschaften. In den siebziger Jahren – inzwischen in Reed International Ltd. umbenannt – entwickelte sich der Konzern entsprechend dem Zug der Zeit zu einem Konglomerat von kaum miteinander verwandten Firmen. Die Produktpalette reichte von Farben, Do-it-yourself-Produkten, Teppichböden, Kunststoff- und Pappverpackungen, über Papier, Sanitäranlagen und Heizungen bis zu Büchern und Zeitschriften. 80 bis 90 Prozent des Gesamtumsatzes wurden in den USA und Großbritannien erwirtschaftet.
Die starke Diversifikation des Unternehmens stellte das Management schon bald vor Probleme. Der im aristokratischen

Stil der Pressebarone geführte Konzern baute für die direkte Führung der Tochterunternehmen eine schwerfällige Bürokratie auf. Hier arbeiteten allein 1.000 der insgesamt 40.000 Mitarbeiter des Konzerns. Zusätzlich erschwerten Konflikte zwischen den einzelnen Sparten die Führung des gesamten Konzerns; eine gemeinsame Unternehmenskultur gab es nicht. Die ineffiziente und damit kostenintensive Führung hatte negative Folgen für die Gewinnentwicklung des Gesamtunternehmens, die mit dem starken Umsatzwachstum nicht Schritt halten konnte – und dies, obwohl die meisten Töchter im Vergleich zu den Wettbewerbern in der jeweiligen Branche überdurchschnittlich hohe Profite abwarfen.
Charakteristisch für die damalige Portfoliostrategie war das Jahr 1984. Reed verkaufte unter anderem den Zeitungskonzern Mirror Group, seine Tapetenproduktionsfirmen, eine Außenwerbungsagentur und stellte seine Sanitäranlagenunternehmen zur Disposition. Gleichzeitig kaufte der Konzern in den Bereichen Farben und Do-it-yourself sowie Zeitschriften- und Verpackung Unternehmen hinzu.
Als 1986 Peter Davis zum Chief Executive Officer von Reed International berufen und ein neues Management eingesetzt wurde, stand die Hauptaufgabe des Führungsteams bereits fest: das Konglomerat verschlanken und Randgeschäfte abbauen. Doch schon bald wurde dem Marketingspezialisten Davis – einem Neuling im Verlagsgeschäft mit Erfahrungen vor allem im Handel – bewußt, daß darüber hinaus eine grundsätzlich neue strategische Ausrichtung nötig war. Auch in leicht abgespeckter Form wären Erhalt und Ausbau der einzelnen Bereiche des Reed-Konzerns bald nicht mehr finanzierbar gewesen, die schwerfällige Zentrale war überfordert. Der immer stärkere internationale Wettbewerb setzte Reed in sämtlichen Sparten unter großen Investitionsdruck – auch im Verlagsgeschäft, in dem sich Reed im Wettbewerb etwa mit United Newspaper, News Corporation, Bauer und Bertelsmann/Gruner + Jahr behaupten mußte.

Die Entscheidung des Reed-Managements in dieser Situation: Die Konzentration auf nur einen Bereich, auf das Verlags- und Informationsgeschäft. Der Konzern bündelte alle Ressourcen, um dieses Kerngeschäft strategisch neu auszurichten und zu verstärken. Auch die Organisationsstruktur wurde an die Bedürfnisse dieses Bereiches angepaßt.

Die Auswahl

Zwei Kriterien bestimmten die neue Portfoliostrategie und die Auswahl des künftigen Kerngeschäftes: zum einen die erwartete zukünftige Wachstumsrate des Marktes, wobei auch die übrigen Faktoren der Marktattraktivität sowie die Möglichkeit einer Internationalisierungsstrategie im jeweiligen Geschäftsbereich analysiert wurden. Der Konzern verglich schonungslos seine eigenen Fähigkeiten und Potentiale mit denen der Wettbewerber in den jeweiligen Hauptmärkten, um die Wettbewerbsvorteile herauszufinden. Kriterium zwei war der erwartete Cash-flow. Daraus ergab sich eine neue, an den Kernkompetenzen ausgerichtete, wertorientierte Akquisitions- und Desinvestitionsstrategie.
Bei der Konzentration auf das Verlags- und Informationsgeschäft als Kernaktivität bezog das Management mit Weitblick gleich das elektronische Informationsgeschäft als Zukunftsmarkt in die Strategie mit ein – obwohl Reed International zu diesem Zeitpunkt in diesem Bereich kaum aktiv war. Alle anderen Aktivitäten, darunter auch hochprofitable Geschäfte, wurden desinvestiert, mögliche Synergieeffekte bewußt vernachlässigt. In einer künftig eher dezentralen Struktur sollten die Erfolge klar zuzuweisen sein. In allen Märkten seines Kerngeschäfts strebt der Konzern seitdem eine führende Marktstellung an. Für das Verlags- und Informationsgeschäft gilt – wie für viele andere Branchen auch –, daß hohe Marktanteile meist mit hohen Gewinnen einhergehen.

Die Konzentration

Die Konzentration auf das Kerngeschäft war für Reed International eine radikale Schlankheitskur. Durch den Verkauf von Geschäftsbereichen sank der Konzerngewinn zwischen 1985 und 1988 auf ein Drittel und der Konzernumsatz sogar auf ein Viertel seines früheren Wertes.
Die Mitarbeiterzahl ging von 40.000 auf 9.000 zurück. Nachdem das Haus die Mischkonzernstrategie überwunden hatte, sollte jetzt jedoch kein Medien-Mischkonzern entstehen. Also restrukturierte Reed auch sein Verlags- und Informationsgeschäft und richtete es neu aus, indem man sich auf fünf übergreifende Bereiche konzentrierte:

- Consumer Magazines: Die einhundertprozentige Tochter IPC Magazines gibt 56 Titel heraus und ist in England unangefochtener Marktführer. Zu den General-Interest-Titeln von IPC Magazines gehört beispielsweise *TV-Times*, zu den Special-Interest-Titeln unter anderem *Golf monthly.*
- Regionalzeitschriften: Bei Reed Regional Newspapers erscheinen 108 Regionalzeitschriften mit einer täglichen Gesamtauflage von 5,7 Millionen Exemplaren.
- Business Europe/USA: Reed Business Publishing Group und Cahners Publishing Company geben 177 Wirtschaftszeitschriften und -zeitungen heraus.
- Messe- und Veranstaltungsmarkt: Reed Exhibition Companies richten über 270 Messen und Ausstellungen auf der ganzen Welt aus.
- Buchmarkt: Reed International Books ist der führende Verlagsverbund in England und nimmt eine hervorragende Stellung in den USA und Australien ein. Die bibliographischen und rechtswissenschaftlichen Verlage R. R. Bowker und Martindale-Hubbel sind im angelsächsischen Raum jeweils Marktführer.

Die Verstärkung des Kerngeschäftes

Mit den außerordentlichen Erträgen aus den Verkäufen trieb das Management das interne und externe Wachstum im Verlags- und Informationsgeschäft voran. Zwischen 1986 und 1992 kaufte Reed für insgesamt mehr als 1,5 Milliarden Pfund weltweit über 20 Unternehmen und verringerte dadurch seine Abhängigkeit vom angelsächsischen Markt. Im Bereich Messen und Konferenzen kamen Unternehmen in Frankreich, Spanien und Österreich dazu, im Bereich Zeitschriften faßte Reed auf den Märkten Italien, Spanien, Frankreich, Kanada und Brasilien Fuß. Gleichzeitig zog sich Reed beispielsweise vom Markt für Satellitenfernsehen zurück und verkaufte seine Anteile am Sender BSB, um sich ganz auf das Verlags- und Informationsgeschäft zu konzentrieren.

Die Refokussierung auf das Kerngeschäft war damit erst einmal abgeschlossen. 1992 leitete Peter Davis aber eine erneute Strategieüberprüfung ein. Eine unternehmensweite Analyse der Produkte und Leistungsprozesse sollte die Frage beantworten. Wo und warum ist Reed erfolgreich? Dazu wurden 40 Prozent des Senior Managements für drei bis vier Monate in eine spezielle Projektgruppe eingebunden. Sie untersuchten unter Leitung des stellvertretenden Vorsitzenden von Reed International, Ian Irvine, sämtliche Geschäfte mit Blick auf ihre Markt- und Ergebnispotentiale, auf ihre Internationalisierbarkeit und ihren langfristigen Wertzuwachs. Eine Beurteilung der Wettbewerbsposition und der Managementressourcen sowie des notwendigen Investitionsbedarfs zur Sicherung und zum Ausbau der eigenen Position gehörte ebenfalls dazu.

Das Projekt lief auch während der Fusion mit dem niederländischen Zeitungs- und Wissenschaftsverlag Elsevier NV und wurde auf dessen Geschäft ausgedehnt. Ergebnis war, daß die Stärken von Reed in erster Linie bei den Fach- und Wirtschaftstiteln lagen, hier besaß Reed die besten Erfolgschancen im Markt und erwirtschaftete die höchsten Renditen. Die Weiterentwicklung des Konzerns wird sich an diesem Ergebnis ausrichten.

Anpassung der Organisationsstruktur

Der Wandel vom Mischkonzern zu einem Presse- und Informationskonzern verlangte auch eine neue Organisationsform. Die frühere zentralistische Ausrichtung paßte nicht zum neuen strategischen Konzept. „Flexible Organisation" lautet nun die Devise. Die Zentrale begnügt sich jetzt mit einem Minimum an Führungskompetenz. Sie versteht sich als Finanzholding, die ihren Töchtern lediglich einen strategischen Rahmen vorgibt, ohne das Tagesgeschäft und insbesondere die journalistische Ausrichtung beeinflussen zu wollen. Damit kam das Management dem Wunsch der verschiedenen Herausgeber entgegen, möglichst eigenständig zu arbeiten und unternehmerisch zu handeln.

In der Zentrale, die auf 120 Mitarbeiter verringert wurde, blieben nur wenige Abteilungen erhalten:

- Finanzen: strikte finanzielle Steuerung des Budgets und der finanziellen Ziele; Cash- und Währungsmanagement,
- Recht: Auch hier wird geprüft, ob der Einsatz externer Rechtsberater nicht insgesamt kostengünstiger wäre,
- Unternehmensentwicklung: Prüfung von Akquisitionen und Investitionen,
- Public Relations,
- Pensionsvereinbarungen,
- Immobilienmanagement,
- Entwicklung des Führungsnachwuchses.

Diese Organisation der Zentrale spiegelt wider, daß Synergieeffekte kein vorrangiges Unternehmensziel sind. Zum einen sind Märkte für Presseprodukte meist zu verschieden, zum anderen soll die Zusammenarbeit zwischen den Geschäftseinheiten nicht von oben verordnet werden, sondern sich selbst entwickeln. Ein Forum dafür sind die regelmäßigen Treffen der Manager der Tochterunternehmen. Synergien nutzte Reed zum Beispiel bei der geografischen Diversifikation des Konzerns, als wichtige Teile des britischen Produktionskonzeptes auch in Italien und Spanien umgesetzt wurden.

Mit dem Modell der „flexiblen Organisation" hatte Reed gute Erfahrungen gemacht. Das Modell diente daher auch bei der nächsten großen Restrukturierung des Konzerns als Leitlinie: bei der Fusion von Reed International mit Elsevier NV.

Die Fusion

Da sich dank der Konzentration auf das Kerngeschäft der Erfolg schnell einstellte, schaute Reed sich schon bald nach größeren Akquisitionskandidaten um. In dem niederländischen Verlag Elsevier fand der Konzern 1992 einen maßgeschneiderten Partner, mit dem Reed wieder zu seiner früheren Größe wachsen kann. Zum 1. Januar 1993 fusionierten die beiden Gesellschaften und werden seitdem gemeinsam geführt. Mit rund 25.000 Mitarbeitern und einem Umsatz von 2,8 Milliarden Pfund bilden sie nunmehr die drittgrößte börsennotierte Verlagsgesellschaft der Welt – eine spektakuläre Verschmelzung. Mit einem Betriebsergebnis von 558 Millionen Pfund, das heißt, einer Umsatzrendite von 20 Prozent vor Steuern gehören sie zu den bestverdienenden Medienunternehmen der Welt.

Durch die Fusion kamen zwei Erfolgsunternehmen zusammen, denn auch Elsevier gehört zu den Spitzenreitern unter den Medienunternehmen in bezug auf Profit und Cash-flow, was nicht nur auf das Geschäft mit Zeitungen und wissenschaftlichen Publikationen zurückzuführen ist, sondern auch auf die gezielte und konsequente Kostenreduzierung in allen

Tochterunternehmen. Durch den Aktientausch mit Elsevier gelang Reed die Diversifikation in den gewinnträchtigen Bereich der Wissenschaftspublikationen und eine weitere geographische Diversifikation. Aber auch Elsevier überwand dadurch ein wesentliches Wachstumshindernis. Bis dahin expandierte der Konzern nämlich hauptsächlich, indem er wissenschaftliche Fachverlage kaufte. Mit dem Kauf von Pergamon in England, aus der Konkursmasse von Maxwell, hatte Elsevier zwar seine Stellung als weltweit führender Verlag im Bereich wissenschaftlicher Publikationen mit einem Marktanteil von etwa 40 Prozent gestärkt, aber zugleich auch seine Akquisitionsmöglichkeiten in diesem Bereich erschöpft. Piere Vinken, Elsevier-Chairman, sah bereits Anfang der 80er Jahre die Notwendigkeit, sein Unternehmen international weiter zu diversifizieren. Als die Fusionsverhandlungen zwischen Elsevier und dem englischen Zeitungskonzern Pearson scheiterten, kam für Peter Davis und Reed die Chance.
Mit der Fusion bieten Reed und Elsevier ein stark diversifiziertes Portfolio, das Wissenschafts-, Fach-, Wirtschafts- und Publikumstitel umfaßt und eine Reihe von Synergien erlaubt: besonders bei den Fach- und Wirtschaftspublikationen, deren Geschäftsbereiche zusammengelegt werden. Das spart vor allem Personalkosten. Außerdem wird sich der Zusammenschluß der Finanzabteilungen beider Konzerne positiv auswirken.
Nachdem sich die Verhandlungen lange hingezogen hatten, führten beide Unternehmen die Fusion schließlich rasch durch. Im September 1992 verkündeten Reed und Elsevier ihre Fusionsabsicht, die endgültige Genehmigung durch die Wettbewerbsaufsicht lag bereits zwei Monate später vor. Beide Firmen werden weiterhin an der Börse notiert. Sie übernehmen je 50 Prozent an zwei neuen Firmen, der Reed Elsevier (die 100 Prozent der zusammengelegten Betriebsstätten darstellt) und der Elsevier Reed Finance (100 Prozent der Finanztöchter). Aufgrund der unterschiedlichen Größe der

Chart 4.1: Strukturschema

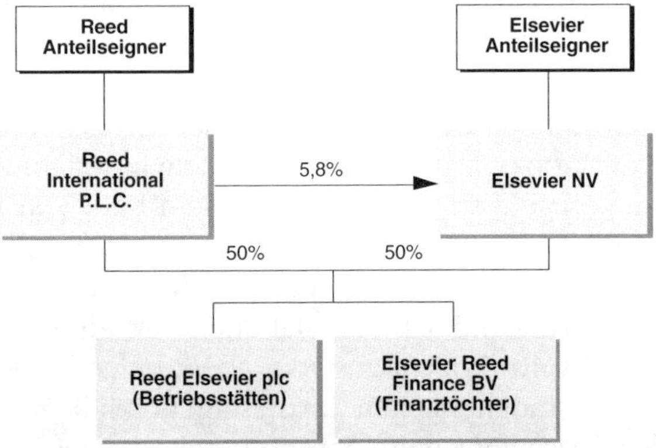

Quelle: Reed Elsevier

zwei Verlage erhält Reed zusätzlich einen 5,8-Prozent-Anteil an Elsevier.

Bei der Integration der Firmen in den ersten Monaten nach der Fusion zahlte sich die „flexible Organisation" von Reed erneut aus. Die wissenschaftlichen Titel in Großbritannien wurden unter die Führung Elseviers gestellt und in den USA viele Geschäftsbereiche zusammengeschlossen. Auch bei den medizinischen Fachverlagen konnten die erforderlichen organisatorischen Maßnahmen für ein Management auf einheitlicher Basis schnell eingeleitet werden.

Konzernweite Benchmarking-Projekte ermittelten und verglichen die Leistungsfähigkeit der Bereiche in beiden Firmen. Die jeweils effizientere Abteilung erhielt die Gesamtverantwortung im nun fusionierten Unternehmen. Auch die zentralen Finanzorganisationen wurden zusammengeführt, wobei sich der Aufbau der Kontrollstellen an der „best practice" orientierte. Für den größten Teil der Umstrukturierung zeichnet der für das operative Geschäft zuständige Leitungsausschuß verantwortlich, der sich jeweils aus den Vorsitzenden des Vorstands und deren Stellvertretern bei Elsevier und

Reed zusammensetzt. Er untersuchte bereits vor der Fusion zusammen mit den jeweiligen Bereichsmanagern alle wichtigen Unternehmenszweige und entwickelte Vorschläge für die Umstrukturierung des Gesamtkonzerns.
Trotz aller Anstrengungen ist die Restrukturierung noch nicht abgeschlossen. Insbesondere bei der strategischen Weiterentwicklung des Verlagsriesen benötigt das Management Zeit, um sich einig zu werden. Zwar unterscheiden sich Elsevier und Reed nicht in ihrem Firmenziel, den Unternehmenswert langfristig zu erhöhen. In den beiden Häusern herrschen aber verschiedene Auffassungen über die Richtung der strategischen Weiterentwicklung, die erst in einem schwierigen Prozeß zusammengeführt werden müssen. Vor allem aber gibt es in beiden Unternehmen eine unterschiedliche Organisations- und Managementkultur, die sich auch auf den Planungsprozeß auswirkt.

Managementregeln

Peter Davis ist als einer der wichtigsten Väter des Erfolgs anzusehen. Er hat mit seiner Persönlichkeit die Firma stark beeinflußt und auch wesentlich dazu beigetragen, daß es einen spezifischen Reed-Stil gibt – dessen Existenz bestreitet er allerdings mit Blick auf die zwangsläufigen Unterschiede innerhalb des Konzerns. Die 69 Niederlassungen decken ein sehr großes Spektrum in der Verlagsbranche ab und sind über die ganze Welt verteilt – nur noch die Hälfte des Geschäftes spielt sich in Großbritannien und in den USA ab. Dennoch gibt es einige Managementprinzipien, die die Grundlage für den Erfolg von Reed Elsevier darstellen. Dies gilt insbesondere für das Persönlichkeitsprofil der Manager, den Führungsstil, den Innovationsprozeß und das Vorgehen bei Akquisitionen.

Persönlichkeitsprofil der Manager

Effektivität und Professionalität sind die wichtigsten Charakteristika, die einen Manager bei Reed Elsevier auszeichnen sollen. In der jüngsten Rezession, in der der Konzern einen harten Kurs einschlug, mußte sich Reed auf ein effektives Management verlassen können. Die Verantwortlichen mußten Kosten kürzen und gleichzeitig investieren, um das zukünftige Geschäft zu entwickeln. Deshalb legt Reed Elsevier großen Wert auf die Aus- und Weiterbildung des Personals. Im „alten“ Reed-Konzern wurden jährlich zwischen zehn und fünfzehn Manager auf Langzeit-Ausbildungskurse nach Amerika oder Europa geschickt. Ein internes Schulungsprogramm sollte Führungsnachwuchs finden und fördern. Ziel der Personalstrategie ist es auch heute, das Niveau der Professionalität bei Reed Elsevier ständig zu heben.
Die Mitarbeiter honorieren diese Art von Investition: Die Manager bleiben sehr lange bei der Firma. Die drei wichtigsten Executive Directors zum Beispiel sind im Durchschnitt 20 Jahre bei Reed, obwohl sich der Konzern in den letzten sieben Jahren völlig verändert hat. Ein Merkmal der Personalpolitik ist auch der hohe Anteil von Frauen auf der Führungsebene. 36 Prozent aller Reed-Manager sind weiblich. Auf der obersten Führungsebene sind es immerhin noch sieben Prozent.

Führungsstil

Zu einem professionellen und effektiven Management gehört für Peter Davis auch ein Führungsstil, der von Offenheit, Vertrauen, Flexibilität und Respekt voreinander geprägt ist – Eigenschaften, die er vorzuleben versucht. Mitarbeitern Freiraum zu geben und ihnen zuzuhören sind Schlüsselelemente dieses Führungsstils, den er von sich selbst und allen ande-

ren Managern fordert. So gelang es auch nach der Fusion, die Stilunterschiede zwischen Reed und Elsevier zu überbrücken und Eckpfeiler für den gemeinsamen Führungsstil zu setzen.
Peter Davis erlaubt es sich und den übrigen Managern, Fehler zu machen – aber sie müssen zugegeben werden. In den Meetings, die meist wenig förmlich, sondern eher in einem lockeren Interviewstil ablaufen, werden Entscheidungen zur offenen Diskussion gestellt – für Davis ein positives Ergebnis des amerikanischen Einflusses. Dies darf aber nicht darüber hinwegtäuschen, daß Peter Davis das Heft des Handelns stets fest in der Hand hält. In Sachfragen läßt er sich zwar manchmal von den Argumenten der anderen überzeugen – die letzte Entscheidung liegt aber bei ihm.
Strategisch brachte die Fusion von Reed Elsevier Vorteile, da die Unternehmen in verwandten Bereichen operieren. Die Führungsstile allerdings wichen erheblich voneinander ab. Zum einen gab es einen Altersunterschied im Management, zum anderen aber auch historisch gewachsene kulturelle Unterschiede. Während Reed ein flexibles und teamorientiertes Management aufgebaut hatte, war Elsevier eher konservativ hierarchisch organisiert. Peter Davis beschreibt die Beziehung als die eines alten Ehepaares: Man weiß, daß es nicht nur eine richtige Art und Weise gibt, Dinge zu tun. Die Umgangsform ist nicht dogmatisch. Im Gegenteil, Flexibilität, Vertrauen und Respekt für den anderen charakterisieren die neue Firmenführung. Zuhören zu können, ist für Davis eine der wertvollsten Eigenschaften: Es hat keinen Sinn, gute Leute zu haben, wenn man nicht hört, was sie sagen.
Dabei bleibt Peter Davis ein leidenschaftlicher Verfechter des Subsidiaritätsprinzips und läßt daher den Tochterunternehmen viel Freiraum. Die Mutterunternehmen kontrollieren zwar die 69 Firmen der Reed-Elsevier-Gruppe finanziell und strategisch, haben aber keine Herausgeber- oder Verlegerkompetenz und wollen diese auch in Zukunft nicht an sich

ziehen. In der äußerst dezentralen Struktur von Reed Elsevier sind starke Verleger, meist Executive Directors, für ihre Geschäfte verantwortlich. Es gibt keine zentrale Qualitätskontrolle.
Auch wenn bei den Töchtern Probleme auftreten, hält sich die Zentrale zurück. Reed Elsevier unterstützt das Management vor Ort zunächst mit einer Ad-hoc-task-Force, einem Team von Managern aus vergleichbaren Firmen oder Abteilungen des Konzerns. Diese werden von ihren eigenen Aufgaben freigestellt, haben aber ein großes Interesse, das Problem schnellstmöglich zu lösen, damit sie in ihren Verantwortungsbereich zurückkehren können. Greift diese Unterstützung nicht und erholen sich die Geschäfte nicht nach kurzer Zeit, werden weitere Führungskräfte eventuell auch aus der Zentrale in die betroffene Niederlassung geschickt. Aber auch zu diesem Zeitpunkt genießt das alte Management noch das Vertrauen der Zentrale. Erst wenn sich die Situation dann immer noch nicht bessert, wechselt die Konzernleitung das Führungsteam aus, stellt neue General Manager und andere Executive Directors ein.

Akquisitionsstil

Reed Elsevier setzt Akquisitionen gezielt ein, um das Kerngeschäft zu stärken und weiteres Wachstum zu erzielen. Dabei hält sich der Verlagskonzern an drei klare Kriterien:

- Es muß eine „Nähe“ zu den Reed-Elsevier-Geschäften geben, denn das Haus will „bei dem bleiben, was es kann“.
- Es müssen ausreichende Managementkapazitäten verfügbar sein, um das neue Geschäft zu betreiben und zu integrieren.
- Die neuen Geschäfte müssen mindestens die Durchschnittsrentabilität des Konzerns erreichen, möglichst aber darüber liegen.

Es gibt bei Reed Elsevier keine festen Regeln dafür, wer mit Akquisitionen beauftragt wird. Aber normalerweise sind es nicht die Mitarbeiter in den Zentralabteilungen. Der Kauf von Edition Technique, Frankreichs größtem Rechtsverlag, ist laut Peter Davis ein gutes Beispiel für das, was durch die Fachbereiche der beiden Firmen bei Akquisitionen geleistet werden kann. In den Geschäftsbereichen von Reed und Elsevier ist soviel Geschäftskompetenz vorhanden, daß Akquisitionen am besten von ad hoc zusammengestellten Teams aus verwandten Geschäften beurteilt und mit etwas Unterstützung durch die Zentrale durchgeführt werden können. Im Fall von Edition Technique waren es Mitarbeiter vom Fachzeitschriftenbereich des amerikanischen Special-Interest-Verlages Cahners und von Elsevier, die das Projekt weitestgehend eigenständig abwickelten und denen die Zentrale lediglich einen Projektmanager zur Seite stellte.

Innovationsstil

Entsprechend der dezentralen Struktur ist im Konzern jedes Einzelunternehmen für Innovation verantwortlich; die Zentrale fordert lediglich, daß Entwicklungsetats als ein getrennter Posten im Budget erscheinen. Es gibt weder ein zentrales Innovationsteam noch eine zentrale Innovationsabteilung. Auch kann die Zentrale das Entwicklungsbudget der Töchter nicht kürzen oder gar streichen, wenn die Lage schwierig wird.

Die IPC Magazines mußten das beispielsweise in einem schwierigen Prozeß lernen, nachdem Anfang der achtziger Jahre Erfolge ausblieben und die Lage sich zusehends verschlechterte. Nur mit neuen Konzepten und hohem Innovationsaufwand konnten die verlorengegangenen Marktanteile zurückgewonnen werden.

Die Bedeutung der Innovationen für Reed zeigt sich darin,

daß der Gewinn in den neunziger Jahren um 30 bis 40 Millionen Pfund höher ausgefallen wäre, wenn man auf Innovationen verzichtet hätte.

Ein Blick in die Zukunft

Um den Unternehmenswert weiter zu steigern, setzt Reed Elsevier langfristig an drei Punkten an: Der Konzern will sich in bereits erschlossenen Geschäftssegmenten weiter spezialisieren, er will geographisch expandieren und in neue, weniger stark von der Konjunktur abhängige Geschäftssegmente investieren.
Ein großes Potential für ein weiteres organisches Gewinnwachstum sieht Peter Davis, indem er – neben weiteren Effizienzverbesserungen – neue Produkte einführt und bestehende weiterentwickelt. Dabei will sich das Verlagshaus auf seine bisherigen Stärken konzentrieren: Fach- und Wirtschaftsveröffentlichungen in englischer Sprache sowie wissenschaftliche und medizinische Veröffentlichungen.
Die Konzentration auf Wirtschaftspublikationen hat allerdings einen Nachteil: Der Erfolg ist wegen des großen Wer-

Chart 4.2: The Reed/Elsevier Pyramid

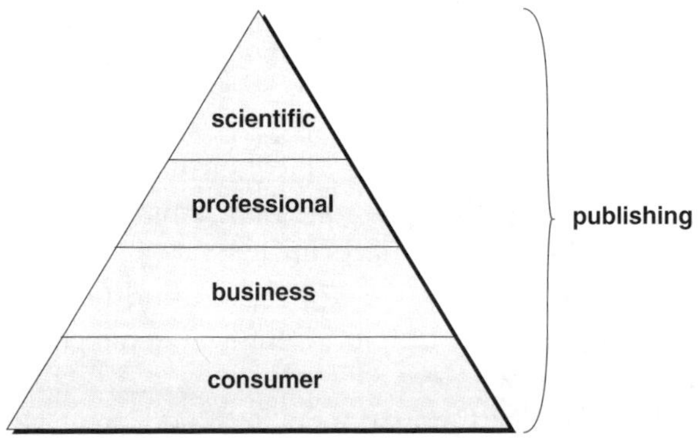

Chart 4.3: Umsatz nach Regionen und Vertriebswegen

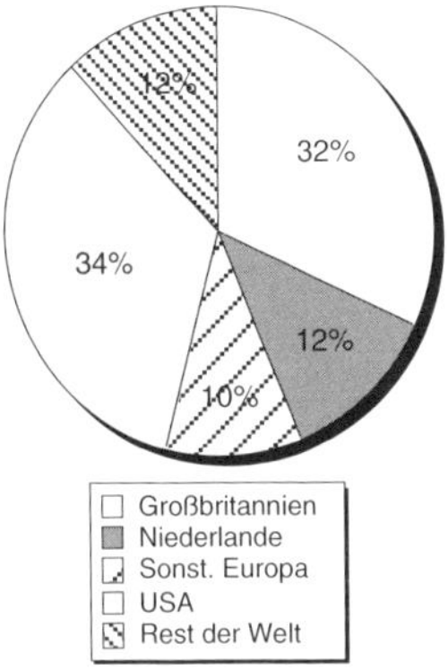

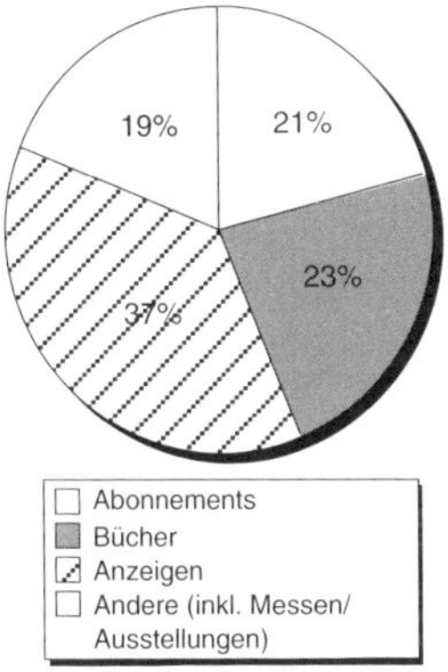

Quelle: Reed Jahresbericht 1992

beanteils dieser Medien stark von der Konjunktur abhängig. Das spürte Reed zu Beginn der neunziger Jahre während der Rezession in den USA und Großbritannien deutlich. Bis der Aufschwung einsetzte, konnte der Konzern seinen Gewinn nur dadurch halten, daß er gezielt Kosten senkte.

Langfristig jedoch will man das Geschäft mit Titeln, die kaum oder keine Werbung enthalten, erhöhen, um so die Konjunkturabhängigkeit abzuschwächen. Das war einer der Gründe, warum Reed Elsevier die Official Airline Guides (OAG) erwarb. Mit der OAG, bei der Reiseindustrie und Geschäftsreisende Flugpläne und Hotelinformationen abonnieren können, versucht Reed Elsevier unabhängiger vom Werbegeschäft zu werden.

Bei den Fachveröffentlichungen sieht Reed Elsevier außerdem große Chancen, international zu expandieren. Die einzelnen Fachverlage zeichnen sich zwar meist durch hohe Gewinne und einen starken Cash-flow aus, bedienen aber überwiegend nur nationale Märkte. Die Akquisition von weiteren nationalen Verlagen ist für Reed Elsevier daher sehr attraktiv.

Aber trotz der geplanten internationalen Expansion bleiben die USA für den gesamten Konzern der Schlüsselmarkt. Gegenwärtig beträgt der Geschäftsanteil dort 34 Prozent. Die Bedeutung von Kontinentaleuropa soll allerdings stark wachsen: Deutschland, Frankreich, Spanien und Italien sind, in dieser Reihenfolge, die derzeit wichtigsten Zielmärkte. In den Niederlanden und in Großbritannien ist Reed Elsevier schon ausreichend vertreten.

Geringere Priorität haben Asien und Osteuropa. In Asien und Australien erzielt Reed Elsevier bereits 12 Prozent des Umsatzes. Es gibt Niederlassungen in Japan, Hongkong, Singapur, Taiwan, Thailand und China, wo der Konzern zwei Büros hat. In Osteuropa hält sich Reed Elsevier bislang zurück und will – als ersten Schritt – Wissenschaftstitel auf dem polnischen Markt anbieten. Wenn mit dem zu erwartenden Aufschwung auch dort immer mehr potentielle Kunden über ausreichende Finanzmittel verfügen, könnte es sich hier um ein interessantes Zukunftsgeschäft handeln.

Eugen von Keller
Gabriela Pfändner
Gernot A. Wunderle

5.

„Auslandssender“ schlüpft durch Gesetzeslücke

Der private niederländische Fernsehsender RTL 4

Eckdaten des Geschäfts 1993

Tätigkeitsfeld:	Sender von zwei TV-Vollprogrammen, ein Radio-Vollprogramm
Gründung:	1989
Sitz:	Luxemburg, Niederlassung Hilversum/NL
Gesellschafter:	EMI (VNU), 38,0%; CLT, 37,27%; Etudes et Projets, 10,01%; SNCI (National Investment Bank Luxembourg), 10,0%; Clinvest & Euroclinvest (Crédit Lyonnais), 3,5%; Philips, 1,22%;
Nettowerbeumsatz:	450 Millionen Gulden
Umsatzrendite:	ca. 18 %
Technische Reichweite:	> 93% in den Niederlanden, 80 Prozent in Luxemburg, Hörfunk 70 % Reichweite in den Niederlanden
Programme:	RTL 4 (früher RTL Veronique), RTL 5 (seit Okt. 1993), RTL 4 Radio
Mitarbeiter:	254

Kurz und gut

Ganz vorsichtig tastet sich Henri Roemer mit der Studiengesellschaft Etudes et Projects in die niederländische Medienlandschaft ein. Werbemarkt, Programmstruktur, rechtliche Situation sowie die Entwicklung von Zulassungsstrategien werden erforscht.
Die Entdeckung einer Gesetzeslücke sprengt die „geschlossene Gesellschaft" Niederlande. Ausländische Sender dürfen ihre Programme zwar in die Kabelnetze einspeisen, aber bis zu diesem Zeitpunkt hatte dies nur niemand in holländischer Sprache getan. Deutsche, französische oder britische Sender waren im niederländischen Netz allein in ihrer jeweiligen Landessprache zu empfangen.
Zunächst unter dem Namen RTL Veronique, der später in RTL 4 geändert wurde, startet der Sendebetrieb 1989 von Luxemburg aus. Neben der Compagnie Luxembourgeoise de Télédiffusion (CLT) bringen kapitalstarke holländische Presseverlage die notwendigen Aufbaukosten für TV-Station und Programm in Höhe von 45 Millionen Mark auf. Für das bald auf Familien ausgerichtete Programm nimmt Roemer die beiden größten Produzenten des Landes unter Vertrag: Joop van den Ende und John de Mol.
Innerhalb nur eines Jahres verdreifacht sich der Marktanteil von 7,9 auf 26,6 Prozent. Kräftiges Selbstmarketing hilft dem Sender, seine Führungsrolle schnell zu erreichen.
Und weil es so gut läuft, haben die Gesellschafter gleich noch ein zweites Programm gegründet: RTL 5, ein Nischenkanal für junge, männliche und anspruchsvolle Zuschauer.

Der Zufall half nach. Weil seine Gattin mehrere Holländischkurse belegt hatte, verbrachte Henri Roemer, ehemals Luxemburger Konsul in Paris und nun Manager des Multimediaunternehmens Compagnie Luxembourgeoise de Télédiffusion (CLT), des öfteren seinen Urlaub in den Niederlanden. Zur Ferienlektüre dort gehörten auch immer wieder Artikel über die Medienlandschaft des Nachbarn. Das Thema ließ ihn nicht mehr los. Schließlich schätzte Roemer die Marktaussichten für einen privaten Sender in niederländischer Sprache so positiv ein, daß er seinen Chef, den damaligen CLT-Vorstandsvorsitzenden Gaston Thorn, überzeugen konnte, es zumindest einmal zu versuchen.
Der Start war furios: Nur ein Jahr nach der Gründung war RTL 4, der erste kommerzielle Fernsehsender der Niederlande, in der Zuschauergunst die Nummer eins. Bereits nach zwei Jahren erreichte die Tochter der Luxemburger CLT den Break-Even. Dank einer Gesetzeslücke gelang es den Fernsehmachern von RTL 4, den bis dahin brachliegenden niederländischen Werbemarkt zum Leben zu erwecken und einen satten Anteil zu erobern. Seitdem segelt das dynamische und junge Team auf Erfolgskurs. Für die Zuschauer ist der Sender mit seinen innovativen Programmstrukturen genauso attraktiv wie für seine wesentliche Einnahmequelle – die Werbewirtschaft.

Fernsehstationen für Europa: die CLT-Gruppe

Ende der achtziger Jahre begann CLT die Radio- und TV-Landschaft Europas zu verändern. Die Luxemburger nutzten die Deregulierung der nationalen Fernsehmärkte und bauten europaweit eine Kette von Fernsehstationen auf. Heute erreicht die CLT-Gruppe mit sieben Fernseh- und 14 Radiosendern, von denen die meisten die Abkürzung RTL (Radio Tele-

Chart 5.1: Aktionäre und Aktivitäten der Compagnie Luxembourgeoise de Télédiffusion (CLT)

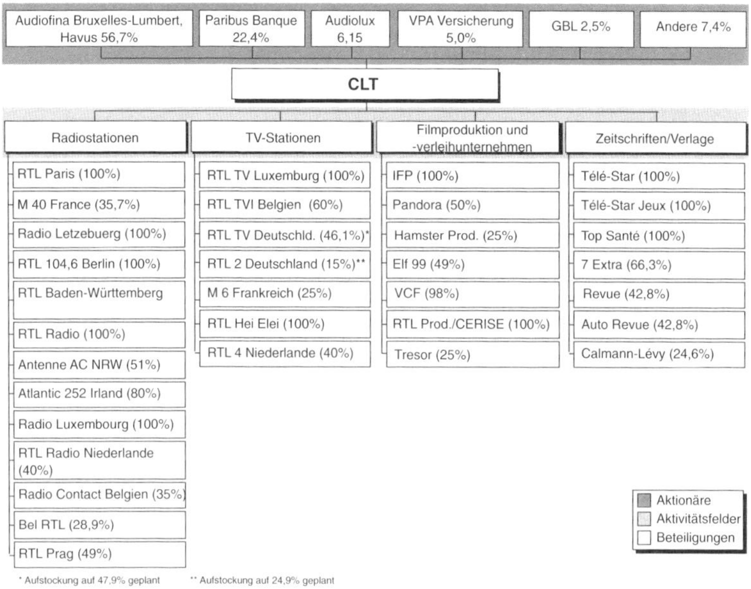

Quelle: CLT

vision Luxembourg) im Namen führen, rund 150 Millionen Europäer.

Den Strategen von CLT war von Anfang an klar, daß sie mit den Rezepten der übrigen, Ende der achtziger Jahre entstandenen paneuropäischen Satellitenprogramme ihr Ziel nicht erreichen würden. Mit Fernsehsendern, die auf das jeweilige Land zugeschnitten sind, wollten die Luxemburger in den europäischen Schlüsselländern Marktführer werden. So wurden in Luxemburg RTL Télévision, in den Niederlanden RTL Veronique (später umbenannt in RTL 4), in Deutschland RTL-plus Television (später RTL Television) und RTL 2, in Belgien RTL TVi und in Frankreich der Sender M 6 gegründet. RTL 4 entwickelte sich zum wirtschaftlich erfolgreichsten Sender der Gruppe.

Kabeldichte hält Interesse wach

Dieser Erfolg war für die Luxemburger Fernsehmacher kaum absehbar. Der TV-Markt in den Niederlanden war in den achtziger Jahren gesetzlich reglementiert. Eine Sendeerlaubnis besaßen nur die drei öffentlich-rechtlichen Sender Nederland 1, 2 und 3, auf deren Frequenzen nur öffentliche Programmmvereine ausstrahlten. Die Werbezeit war auf ein Minimum beschränkt: Nederland 2 standen 32 Werbeminuten pro Tag zu, Nederland 1 insgesamt 26 und Nederland 3 sogar nur 5 Minuten – kaum tragbare Bedingungen für einen privaten Anbieter. Neben den öffentlichen Sendern konnten Holländer aber noch eine Reihe ausländischer Fernsehprogramme empfangen, wie zum Beispiel deutsche, belgische, französische und englische Sender.
Dennoch wurden Mitte der achtziger Jahre die Stimmen immer lauter, die ein privates niederländisches Vollprogramm forderten. Sie blieben aber in der Minderheit. Noch 1988 kam eine Studie über die einzelnen europäischen Fernsehmärkte zu dem Ergebnis, daß in den Niederlanden die politische Unterstützung für einen privaten Fernsehsender fehlen würde. Potentielle Investoren schätzten die Realisationschancen für Privatfernsehen entsprechend gering ein. Der hohe Stand der Verkabelung in den Niederlanden, wo 1988 bereits über 65 Prozent aller Haushalte angeschlossen waren, hielt das Interesse aber wach.

Auf der Suche nach der Lücke

CLT-Chef Gaston Thorn und Henri Roemer einigten sich bei ihrem Niederlande-Engagement schließlich darauf, die Anfangsinvestitionen möglichst gering zu halten. CLT begnügte sich zunächst damit, zusammen mit mehreren Partnern die Studiengesellschaft Etudes et Projets zu gründen. Ihr Zweck:

die Erforschung von Werbemarkt, Programmstruktur und rechtlich-politischer Situation sowie die Entwicklung von Eintrittsstrategien und Pilotprojekten. Schlüsselfrage für den Juristen und Ex-Diplomaten Roemer war, ob der Sender tatsächlich Zulassungschancen hatte. Für die Programmkonzeption versuchte CLT, mit Minimalmitteln auszukommen, überzeugt, daß mit Hilfe der TV-Erfahrungen aus anderen Ländern, in kürzester Zeit ein Programm auf die Beine gestellt werden könnte.
Nachdem auch Etudes et Projets bestätigte, daß ein privater Sender in den Niederlanden gute Erfolgsaussichten habe, gründete CLT die Fernsehgesellschaft RTL Veronique. In den Gesellschafterkreis der Vorläuferin von RTL 4 bezog CLT gezielt niederländische Partner ein, um eine möglichst starke Lobby zu bilden: Banken, Industrieunternehmen und einige ausgewählte Privatinvestoren.
Dennoch wäre das Projekt kurz vor der Kabelzulassung beinahe gescheitert. Die niederländische National Investment Bank, einer der wesentlichen Gesellschafter, stieg aus. Henri Roemer mußte bluffen, um die anderen Gesellschafter bei der Stange zu halten: Er habe bereits einen potentiellen Nachfolger, der seit längerem interessiert sei und sofort einspringen könne, verkündete Roemer, während er in Wirklichkeit noch auf der Suche nach einem neuen Geldgeber war. Und tatsächlich gelang es ihm, die Clinvest, Tochter der in Frankreich führenden Crédit Lyonnais, für die Übernahme der Anteile der National Investment Bank zu gewinnen.
Im Oktober 1989 erhielt RTL Veronique die Sendeerlaubnis, genauer: die Genehmigung, über Kabel zu senden. Eine der wesentlichen Zulassungsbeschränkungen hatten die Fernsehmacher mit einem Trick überwunden. Offiziell galt RTL Veronique als „ausländischer" Sender, denn der Sitz war Luxemburg, dort waren auch die Sendeeinrichtungen. Und das obwohl RTL Veronique fast ausschließlich in Niederländisch sendete.

Umgerechnet 45 Millionen Mark stellten die Gesellschafter für den Aufbau der TV-Station und die Programmgestaltung zur Verfügung. Einigen Privatinvestoren ging dieses Engagement zu weit – sie stiegen aus. Dafür gelang es CLT, kapitalstarke Neugesellschafter zu gewinnen: die beiden großen holländischen Presseverlage VNU (via EMI, European Media Investors) und Elsevier.

Von Veronique zur Taste 4

Bereits wenige Tage nach der Zulassung ging RTL Veronique auf Sendung. In den Studios arbeiteten noch die Handwerker, vieles war improvisiert. Das Programm der ersten Woche beschreibt Programm-Manager Ruud Hendriks so: Unser Hauptziel war, daß irgend etwas gesendet wurde, ganz egal wie gut oder wie schlecht es war. Zu Anfang zielte RTL Veronique auf ein jugendliches Publikum. Die Einschaltquoten allerdings waren mager. Kein Wunder: Der Sender strahlte überwiegend Material aus, das er preisgünstig von anderen RTL-TV-Stationen kaufte.

Zwei Faktoren verhalfen schließlich zum Durchbruch. Zum einen bedeutete die Beteiligung der zwei großen Teilhaber VNU und Elsevier eine deutliche Stärkung der Gesellschaft, zum anderen kam RTL Veronique mit Joop van den Ende, dem größten niederländischen Produzenten, ins Geschäft. Van den Ende produzierte bislang vor allem für öffentlich-rechtliche Sender und suchte nach einem festen Standbein im Privatfernsehen. Zwar hatte er als einer der Initiatoren von TV 10 – einem Konkurrenzprojekt zu RTL Veronique – viele Stars und Experten aus dem öffentlich-rechtlichen Fernsehen abgeworben, TV 10 erhielt allerdings letztendlich keine Sendeerlaubnis. Es wurde nicht als „ausländischer" Sender anerkannt. Außer Joop van den Ende konnte RTL Veronique auch John de Mol, den zweitgrößten niederländischen

Produzenten, durch langfristige Verträge an sich binden. Jetzt war der Weg frei für ein „richtiges Programm". Ruud Hendriks richtete das zunächst jugendorientierte Programm mit den neuen Schwerpunkten Unterhaltungsshows und Serien stärker auf die ganze Familie aus. Acht Monate später, nach nur einem Jahr Sendebetrieb, war RTL Veronique bereits das meistgesehene Fernsehprogramm in den Niederlanden. In nur einem Jahr verdreifachte sich sein Marktanteil von 7,9 auf 26,6 Prozent. Kräftiges Self-Marketing half dabei. Beispielsweise änderte der Sender seinen Namen von RTL Veronique auf RTL 4. Denn traditionsgemäß hatte der niederländische Fernsehzuschauer die ersten drei Tasten seiner Fernbedienung mit den öffentlich-rechtlichen Sendern programmiert. Taste 4, so die RTL-Strategen, sollten die Zuschauer nun mit RTL 4 belegen. Bei insgesamt 32 über Kabel empfangbaren Sendern ist eine günstige und gedanklich logische Plazierung enorm wichtig. Teil der Werbekampagne für den neuen Namen war eine Gewinnaktion, bei der Kamerateams sich vor Ort die Speicherbelegung in den Haushalten anschauten. Marktuntersuchungen belegten den außerge-

Chart 5.2: Entwicklung des RTL-4-Marktanteils (in %)

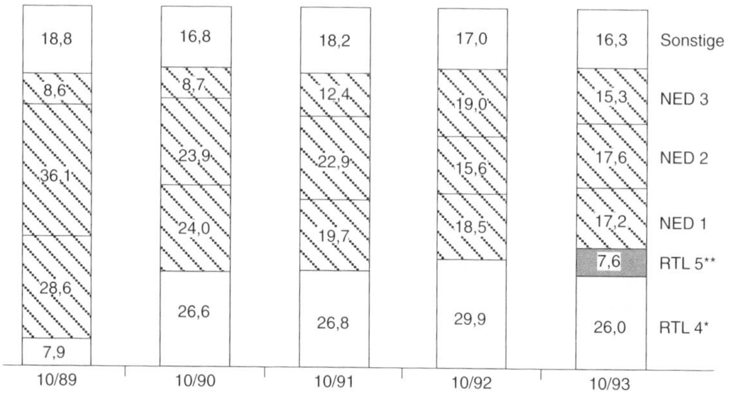

* Der RTL-4-Marktanteil in 09/93 betrug 33,4%

** RTL 5 ging in 10/93 auf Sendung

Quelle: RTL 4

wöhnlichen Erfolg der Kampagne. Bereits nach zwei Wochen hatten über die Hälfte der niederländischen Haushalte (55 Prozent) RTL 4 auf der vierten Programmtaste gespeichert. Ein weiterer Pluspunkt: Waren bei Sendebeginn rund 80 Prozent der niederländischen Haushalte verkabelt, stieg die Zahl später auf über 95 Prozent.

„Hopp oder top": Fernseh-Youngsters ins Programm

Händeringend suchte RTL nach Mitarbeitern, als sich 1989 abzeichnete, daß der Sender die Zulassung erhalten würde. In kürzester Zeit mußte die Station aufgebaut werden. Ohne Lizenz, ohne Geschäft und ohne Reputation waren die Chancen bei der Personalbeschaffung gering. Nahezu alle Holländer mit Fernseherfahrung arbeiteten bei den öffentlich-rechtlichen Sendern und waren kaum zum Sprung ins

Chart 5.3: Organigramm RTL 4

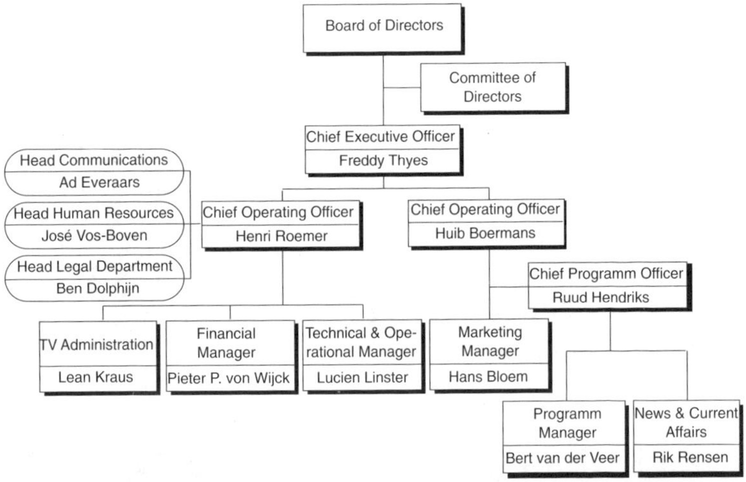

Quelle: RTL 4

kalte Wasser zu bewegen. RTL setzte deshalb auf ein junges Team, das sich sein Know-how von den bereits bestehenden RTL-Fernsehstationen holen sollte. Die Devise für die Fernseh-Youngsters hieß „hopp oder top", so Ruud Hendriks, damals mit 28 Jahren Programmdirektor von RTL: „Wir wurden ins Wasser geschmissen, und jeder mußte Schwimmen lernen."

Eine Reihe von Mitarbeitern lernte das Schwimmen nicht. Erst als sich RTL 4 etabliert hatte, konnte der Sender anerkannte Experten von anderen Fernsehstationen abwerben. Zum Beispiel den Kommunikationsfachmann Ad Everaars oder den Programmanager Bert van der Veer. Das Durchschnittsalter der Mitarbeiter von RTL 4 liegt mit 29 Jahren aber weiterhin niedrig.

Auch die anderen Strukturen bildeten sich erst allmählich. Mitarbeiter, die von öffentlichen Sendern kamen, schätzten die Schnelligkeit und Flexibilität in der Programmarbeit. Konzepte, die an einem Tag ausgearbeitet wurden, konnten schon eine Woche später umgesetzt werden. Das Management war dabei zwar immer beteiligt, entschied aber schnell.

Ein großes Stück vom Werbekuchen

Der niederländische Fernsehmarkt gehörte in den achtziger Jahren in Sachen Werbung zu den Schlußlichtern in Europa. Der Grund: Die Werbezeiten in den öffentlich-rechtlichen Sendern waren strikt reglementiert.

Das Gesetz begrenzte die Werbezeit, und an Sonn- und Feiertagen war überhaupt keine Werbung erlaubt. Für die neun öffentlichen Programmvereine wie AVRO, TROS oder NCRV ist Werbung auch nur eine von mehreren Einnahmequellen. Sie finanzieren sich durch Mitgliederbeiträge und erhalten einen Anteil aus den Gebühren- und Werbeein-

Chart 5.4: Anteil der Fernsehwerbung an den Gesamtwerbeausgaben1988

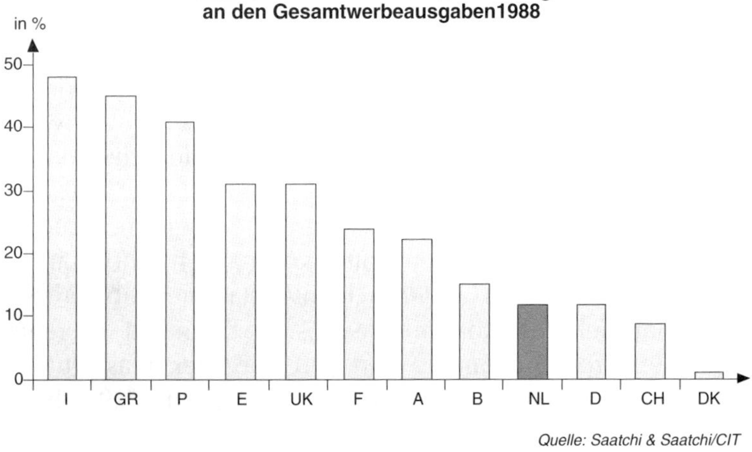

Chart 5.5: Anteil der Fernsehwerbung an den Gesamtwerbeausgaben1993

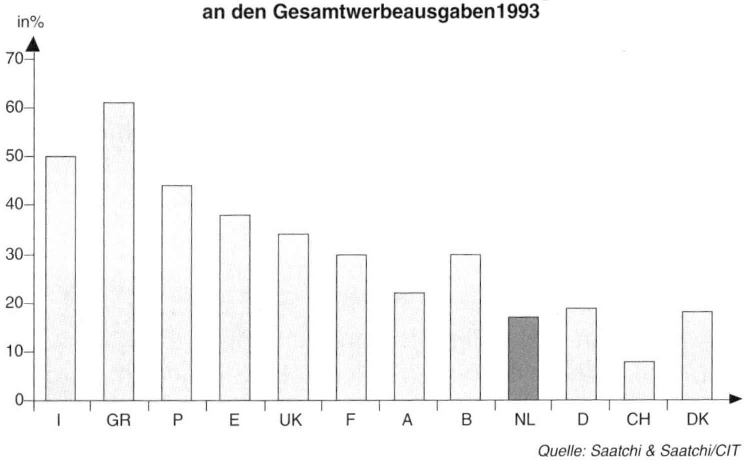

nahmen der öffentlich-rechtlichen Sender. Die Programmvereine selbst dürfen auch keine Fernsehwerbung verkaufen. Dies ist Aufgabe von STER, einer wiederum öffentlich-rechtlichen Non-profit-Organisation. Zwischen 1980 und 1989 entwickelte sich das Fernsehwerbeaufkommen in den Nie-

derlanden denn auch nur sehr verhalten. Durchschnittliches Wachstum: 4,9 Prozent. Mit dem Markteintritt von RTL 4 stiegen die Ausgaben für Fernsehwerbung um 16,4 Prozent pro Jahr.
Es zeigte sich einmal mehr der Wert der aufwendigen Studien der Projektgesellschaft Etudes et Projets. RTL 4 konnte sein Programm von Anfang an auf die Anforderungen der Werbetreibenden ausrichten. So wuchs nicht nur der Marktanteil, sondern auch die Einnahmen schnellten nach oben. 1992 verbuchte RTL 4 mit 400 Millionen Gulden fast 80 Prozent der Werbegelder aller Sender auf sein Konto. Dem Erfolg des Programms folgte – mit einer gewissen Verzögerung – auch der wirtschaftliche.
Offensichtlich verlagerte die Werbewirtschaft ihre Aufträge auf den privaten Sender, je höher die Einschaltquoten kletterten. Die Aufwärtsentwicklung setzte sich auch in den Folgejahren fort. RTL 4 bot wesentlich attraktivere Werbezeiten als die öffentlich-rechtliche Konkurrenz. Dabei kostete 1992 beispielsweise ein 30-Sekunden-Werbespot zur Hauptsendezeit bei RTL 4 mit etwa 25.000 Gulden nur 2.000 Gulden

Chart 5.6: Entwicklung Werbeumsätze RTL 4

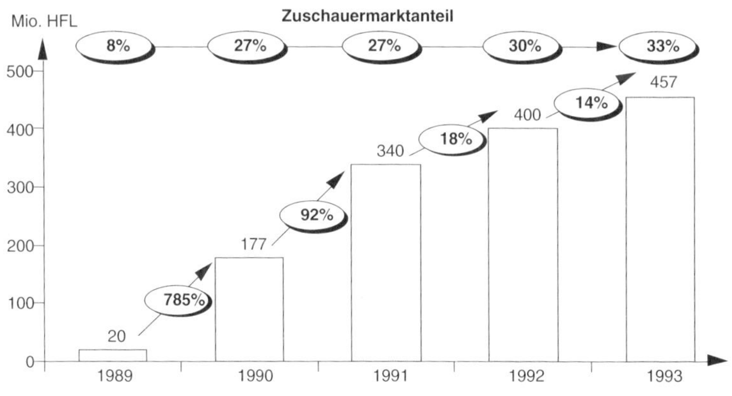

Quelle: Zenith Media, RTL 4

Chart 5.7: Vergleich der Werbepreise für einen 30-Sekunden-Spot in der Hauptsendezeit (in HFL)

Sender	Preis (absolut)	Einschaltquote (in %)	Kosten pro 1.000 Zuschauer
Nederland 2	23.000	6,7	26,4
RTL 4	25.000	10,3	19,7

Quelle: RTL 4, STER

mehr als der gleiche Spot bei Nederland 2. Gemessen an den Werbekosten pro Zuschauer war es dank der Einschaltquote wesentlich günstiger, in RTL 4 zu werben.

Darüber hinaus bietet RTL 4 vielfältigere Präsentationsformen. Unterbrecherwerbung ist möglich; es gibt sponsorträchtige Spielshows; Sponsorenprogramme wie die Wettervorhersage, die Zeitansage und Sportsendungen gehören ebenso zum Angebot wie Werbespots mit einer Länge von über 60 Sekunden.

Trotzdem unterschätzen die RTL-4-Manager die öffentlich-rechtlichen Programmanbieter nicht. Diese haben nachgezogen und richten sich ebenfalls verstärkt auf die Werbewirtschaft aus. Allerdings sieht RTL 4 darin noch keine ernsthafte Gefahr.

Zunächst erwartet der Privatsender einen Einnahmeschub durch Umbuchungen von den Printmedien in den Fernsehbereich, denn verglichen mit anderen europäischen Ländern ist der Anteil der Fernsehwerbung in den Niederlanden immer noch gering (siehe Charts 5.4 und 5.5.). Außerdem setzt der Sender auf ein zweites Programm: Mit RTL 5, im Jahr 1993 gegründet, macht er der Werbewirtschaft ein weiteres Angebot.

Mit wenig Aufwand einen Sender mehr: RTL 5

Die Entscheidung für RTL 5 fiel in einer Zeit der wirtschaftlichen Rezession, mit entsprechenden Anspannungen im Werbemarkt. „Wir mußten diesen Schritt wagen, um die TV-Werbung weiterzuentwickeln und den Kunden neue Möglichkeiten zu bieten", so RTL in einer offiziellen Mitteilung. Hinter beiden Programmen steht – anders als in Deutschland, wo RTL Television und RTL 2 unterschiedliche Gesellschafter haben – ein Sender.

Entsprechend optimistisch ist das Management: In der zweiten Hälfte der neunziger Jahre soll RTL 5 einen Marktanteil von 10 Prozent erreichen. Wenn diese Rechnung aufgeht, bedeutet das zwar einen leichten Verlust von Werbeanteilen für RTL 4. Da aber gleichzeitig der Anteil am Werbeaufkommen für beide Programme zusammen von derzeit rund 46 auf etwa 51 Prozent steigt, bedeutet das – heutige Bedingungen zugrundegelegt – 55 Millionen Gulden zusätzliche Werbeeinnahmen.

Und so ist RTL 5 bewußt als ein Nischenkanal konzipiert, der sich in erster Linie an junge, männliche und anspruchsvolle Zuschauer richtet: eine Zielgruppe, die das Publikum von RTL 4 ergänzt. Das kommt der Werbewirtschaft entgegen, die mehr an Kontakten mit speziellen Zielgruppen interessiert ist als an großen Sender-Marktanteilen über viele Gruppen hinweg. Dennoch beweist der Sender mit diesem Konzept Mut. Das Risiko eines zielgruppenorientierten Fernsehprogramms liegt höher als bei anderen Medien. Zeitungskäufer zum Beispiel sind ihrem Blatt treu, entscheiden sich in der Regel bewußter für einen bestimmten Titel. Beim Fernsehen genügt für den Programmwechsel ein Knopfdruck.

Wesentlicher Vorteil der Konzeption mit zwei Programmen eines Senders: Es kann kaum zu Überlappungen kommen, weil für beide Programme nur eine Person, Bert van der Veer, verantwortlich ist. Zusätzlich erschließt RTL 5 nicht nur ein neues Zuschauerpotential, sondern sendet auch kostengünstig. Der neue Sender nutzt Studios und Einrichtungen von RTL 4 und greift auf vorhandenes Programm-Material zurück. Nur 30 bis 40 neue Mitarbeiter mußten für das neue Programm eingestellt werden.

„Man nehme“: holländische Zutaten

„Think european – act local“, das ist die Maxime der CLT-Gruppe. Der Erfolg in den Niederlanden war nicht nur eine Frage des Programmkonzeptes, der Improvisationskunst und der Entwicklung des Werbemarktes. Das herausragende RTL-4-Merkmal ist der nationale Zuschnitt des Programms. Der überwiegende Teil der Sendezeit besteht aus Eigenproduktionen in niederländischer Sprache.
Bei der Programmgestaltung griff RTL 4 zunächst auf die Erfahrungen der CLT-Gruppe zurück. Eine Neuerung für das niederländische Fernsehen war die Einführung des „horizontal programming“. Fast jeden Tag wird zur selben Zeit eine Serie oder Show ausgestrahlt. Der Zuschauer soll an das Programm gewöhnt werden.

Chart 5.8: Anteile der Eigenproduktionen an der Sendezeit von RTL 4

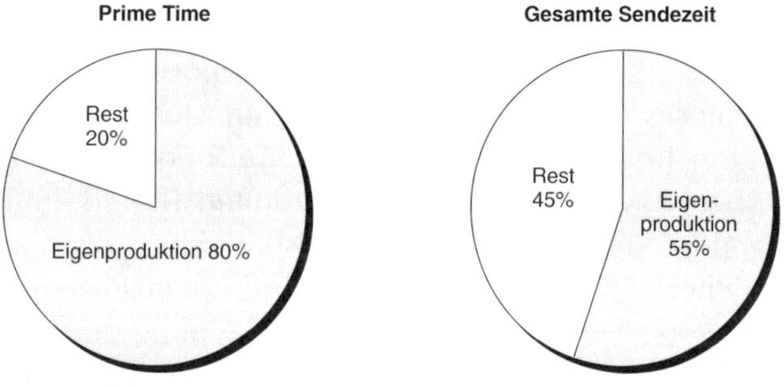

Quelle: RTL 4

Chart 5.9: Prime Time RTL 4*: Horizontale Programmgestaltung

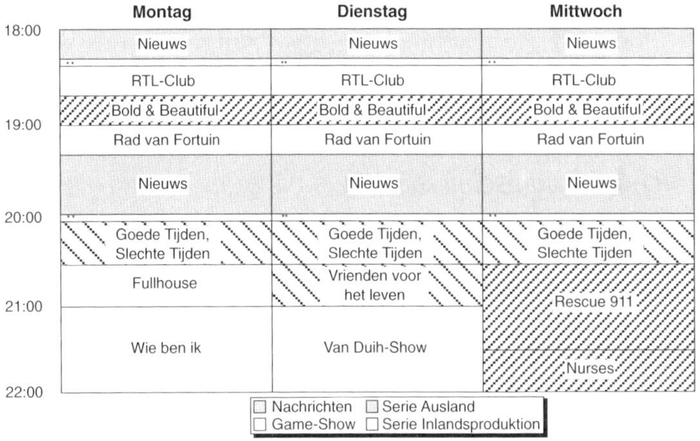

* Ausschnitt aus 24-h-Programm Okt. 1993
** Wetter

Quelle: RTL 4/Roland Berger & Partner

Die tägliche Game Show *Glücksrad (Rad van Fortuine)* in der Hauptsendezeit war der Auftakt für das „horizontal programming". Später kamen niederländische Eigenproduktionen wie *Gute Zeiten – schlechte Zeiten* dazu. Um die Zuschauer an den Sender zu binden, wurden um diese eigenen Sendungen mit hohen Einschaltquoten populäre Game Shows und amerikanische Serien gruppiert.

Die Konzepte der Serien stammten von erfolgreichen Vorbildern vor allem aus den USA. Dennoch sind sie durch und durch niederländisch. Die Drehbücher wurden nicht einfach übersetzt, sondern von einheimischen Autoren neu verfaßt. Alle Schauspieler, Drehorte und die Regie sind ebenfalls niederländisch – beste Voraussetzungen dafür, daß sich die Zuschauer mit den Serienhelden weitgehend identifizieren.

Dabei war die Serienproduktion in der Landessprache ein großes wirtschaftliches Risiko, denn die Investitionen für diese Eigenproduktionen sind sehr hoch. Sie liegen für die Serie *Gute Zeiten – schlechte Zeiten* bei etwa 3.000 Mark pro produzierter Minute. Das ist zwar 20 Prozent günstiger als bei der gleichnamigen deutschen Produktion, setzt man die Produktionskosten aber in Relation zu den Zuschauerzahlen, fällt der Vergleich schlechter aus. Aufgrund des kleinen niederländischen Sprachgebietes sind die Kosten pro Zuschauer fast viermal so hoch wie bei vergleichbaren deutschen Sendern. Auf teure Unterhaltungsproduktionen, wie *Tatort* oder *Traumschiff,* hat RTL 4 daher bis heute verzichtet.

Nachrichten aus dem Europanetz

Mindestens ebenso wichtig wie die Unterhaltungssendungen sind die Nachrichten. RTL 4, das war anfangs gleichbedeutend mit leichter Unterhaltung. Dem Sender wurde die Kompetenz für Information und Reportagen abgesprochen. Dieses Image ist inzwischen überwunden, denn bei den Nachrichtensendungen setzt RTL 4 auf Seriosität und Aktualität. Ein Manko: Als nicht öffentlich-rechtlicher Sender kann man nicht auf das europaweite Nachrichtennetz der European Broadcasting Union (EMEX) zugreifen. Deshalb gründete CLT einen selbständigen Nachrichtenpool, der der EMEX mittlerweile in nichts nachsteht. Über den Golf-Krieg konnte RTL 4 sogar aktueller als die öffentlich-rechtliche Konkurrenz berichten. Für die Zuschauer, so eine Universitätsstudie, sind die Nachrichtensendungen von RTL 4 heute denen der öffentlich-rechtlichen Konkurrenz ebenbürtig. Dieser Erfolg bedeutet nicht nur hohe Einschaltquoten, sondern verbessert auch das Image des Senders.

Programm für die Zuschauer – nicht für den Produzenten

Trotz der enormen Schnelligkeit, mit der RTL 4 zum Marktführer avancierte, ist die Entwicklung nicht durch sprunghaf-

te Investitionen, sondern durch einen schrittweisen Aufbau von Sender und Programm geprägt. Neben Wirtschaftlichkeit und sorgfältiger Abwägung der Chancen und Risiken kennzeichnen zwei Leitsätze die Entscheidungen des Managements:
„Don't cry – be creative": Vor allem in der Startphase von RTL war die Kunst gefragt, aus wenig Material viel Programm zu machen. Und: „Programmqualität ist die durch den Zuschauer wahrgenommene Qualität." Will heißen: Das Programm soll der Mehrheit der Zuschauer gefallen und nicht hauptsächlich den ästhetischen Ansprüchen der Produzenten genügen, wie es bei öffentlich-rechtlichen Sendern häufig der Fall ist.
Etwa 75 Prozent der Ausgaben, das ist ein RTL-4-Grundsatz, gehen direkt in das Programm. Die Mittel für Büro- und Produktionsinventar sind auf ein Minimum beschränkt. Auf repräsentative Gebäude und eine üppige Personalausstattung wird bewußt verzichtet. So genügen 254 Mitarbeiter, um

Chart 5.10: Zentrale Erfolgsbausteine RTL 4

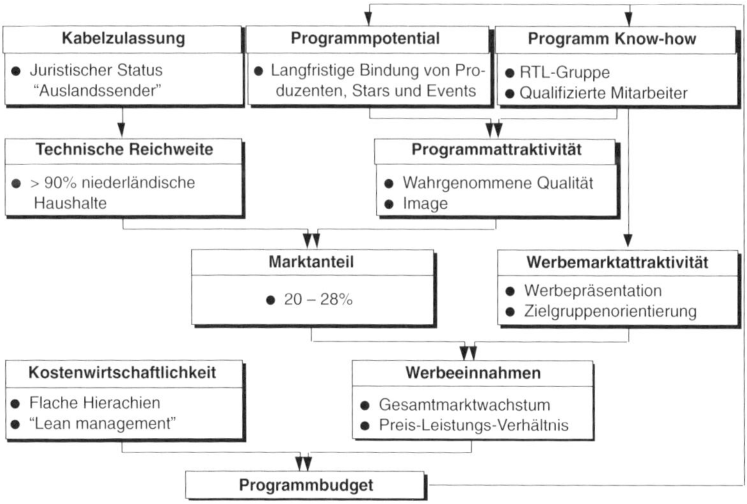

zwei komplette Fernsehprogramme und ein Radioprogramm auszustrahlen. Lediglich dort, wo keine geeigneten Sub-Unternehmer gefunden werden konnten oder das Haus mit eigener Kompetenz Flagge zeigen muß, baute RTL 4 eigene Abteilungen auf. Zum Beispiel bei den Nachrichten. Die meisten Programme kauft der Sender ein. Der Anzeigenverkauf liegt bei der Havas-Tochter IP, und alle Services, wie Security, Kantine oder Bühnenbau werden an Subunternehmer vergeben.

Dabei hat jede Abteilung ein festes Budget, und es ist nicht erlaubt, Mittel von Abteilung zu Abteilung zu verschieben. Die Haushaltsdisziplin wird hochgehalten, auch wenn die Einnahmen weit über den angestrebten Zielen liegen. In allen Bereichen des Unternehmens wird der Return on Investment als Zielgröße propagiert. Das bedeutet: RTL strebt in den Niederlanden nicht per se Marktanteile an. „Unsere Aktionäre fragen nicht danach", so Henri Roemer, „sondern es ist der Erfolg, der zählt." In den Ferienmonaten Juli und August setzte RTL 4 beispielsweise konsequent die teuren eigenproduzierten Serien aus und nahm bewußt einen zeit-

Chart 5.11: Gewinnentwicklung RTL 4: Break-Even im zweiten Jahr

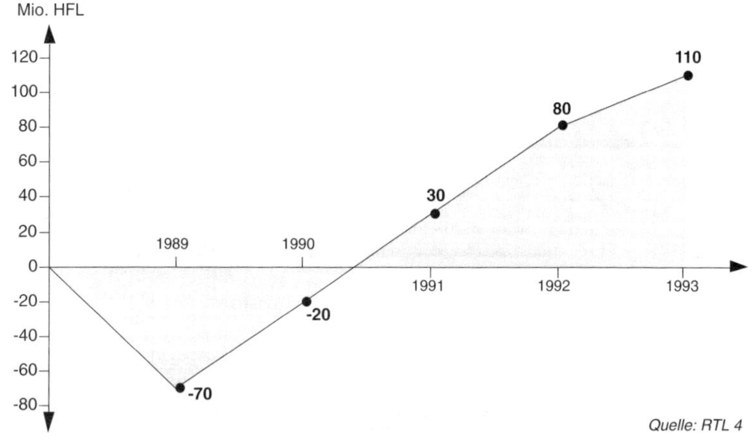

Quelle: RTL 4

weisen Rückgang der Einschaltquoten von sieben bis acht Prozent in Kauf. Damit sparte der Sender aber kurzfristig 35 Millionen Gulden, denn gleichzeitig blieben die Werbepreise stabil. Um kostengünstig zu senden, greift RTL 4 auch auf Wiederholungen zurück, was bei den öffentlich-rechtlichen Sendern eher verpönt ist. Erstaunlich ist, daß etwa bei der Wiederholung einer *Glücksrad*-Sendung noch Einschaltquoten erzielt werden, die nur zehn Prozent unter der Quote der Erstausstrahlung liegen.

Warum nicht Olympia?

Mit zwei Vollprogrammen scheint der Erfolg von RTL 4 gesichert. Der Wettbewerb auf dem niederländischen Fernsehmarkt wird allerdings aggressiver, denn die öffentlich-rechtlichen Sender haben die Zeichen der Zeit erkannt und ihre Programmstrukturen geändert. Sie versuchen heute mit Konzepten, wie sie RTL 4 eingeführt hatte, Marktanteile zurückzugewinnen. Der Wettbewerb um Produktion, Stars und Events ist härter, was die Kosten für die Programme in die Höhe treibt. RTL 4 versucht, sich mit einem qualitativ hochwertigen Programm weiter abzusetzen. Schon heute strahlt der Sender mehr klassische Musik und Nachrichtensendungen aus als die öffentlich-rechtliche Konkurrenz.
Darüber hinaus kann das Management innerhalb der CLT-Gruppe noch große Synergieeffekte nutzen – beispielsweise beim Einkauf und bei der Produktion von Programmen. Der sonst eher zurückhaltende Programmchef Ruud Hendriks gerät da regelrecht ins Schwärmen: „Die RTL-Stationen sind zusammen das größte europäische Fernsehunternehmen. Warum sollten sie nicht die Rechte an den nächsten Olympischen Spielen kaufen?"

Gernot A. Wunderle

6.

Wie eine gutgeölte Maschine

Der französische private Hörfunksender NRJ

Eckdaten des Geschäfts 1993

Tätigkeitsfeld:	Herstellung und Verbreitung von Radioprogrammen
Gründung:	1981 als Verein
Sitz:	Paris
Gesamtumsatz:	430 Millionen Francs
Gewinn:	111 Millionen Francs

Kurz und gut

„Das Leben ist zu kurz, um auf die Uhr zu schauen" – das Motto eines Menschen, der sich nicht von Regeln oder Konventionen an die Kette legen läßt. Einer, der aus Ideen Tatsachen schafft: Jean-Paul Baudecroux. Da privater kommerzieller Hörfunk in Frankreich zum damaligen Zeitpunkt nicht zugelassen ist, gründet er einen Radioverein. Mit geschicktem Lobbying bringt er seine Ideen zur richtigen Zeit unter das Volk. Und wenn alle Stricke reißen, mobilisiert er 100.000 demonstrierende Menschen, die sich für den Erhalt seines Radiosenders stark machen.
1984. Radiowerbung wird erlaubt. NRJ ist schon lange vor den großen Medienmultis auf dem Markt. Inzwischen besitzt NRJ eigene Übertragungs- und Sendeeinrichtungen. Das ermöglicht unmittelbar die ständige technische Qualitätskontrolle, und außerdem können diese Einrichtungen noch an die Konkurrenten vermietet werden. So senden beispielsweise Nostalgie, Fun oder Europe 2 über Anlagen, die von der NRJ-Dienstleistungsfirma Sogetec betrieben werden.
Baudecroux kreiert nach und nach drei Senderketten mit insgesamt 191 Radiostationen: die Hauptmarke NRJ mit zumeist englischsprachiger Popmusik, das Chérie-Netzwerk mit überwiegend französischer Musik als Nischenradio und „Rire et Chansons", ein humorvolles Gute-Laune-Programm mit abwechslungsreicher Musik.
Ob die Programme ankommen, überläßt Baudecroux nicht mehr, wie zu Beginn, dem Zufall. Täglich werden in Telefoninterviews Wünsche und Akzeptanz der Hörer abgefragt.
Inzwischen exportiert NRJ sein Konzept auch in die Nachbarländer. Heute ist NRJ schon in der Schweiz, Belgien, Deutschland und Schweden mit Radiosendern vertreten.

Werbung verboten! So wollte es das Gesetz für Privatradios Anfang der achtziger Jahre in Frankreich – und damit galten sie als chancenlos. Dennoch gründete Jean-Paul Baudecroux in Paris einen „Radioverein". Aus NRJ sollte – mit viel „énergie", denn schon der Sendername war ein Wortspiel – ein erfolgreicher kommerzieller Sender werden. Das war das feste Ziel des leidenschaftlichen Musikfans. Inzwischen ist die kleine Radiostation zum größten französischen Radiosender gewachsen. 191 Stationen gehören heute zum NRJ-Netz. Der Erfolg des auf populärer Popmusik, lokaler Redaktion und unpolitischer Stimmung aufbauenden Programmkonzeptes wurde seit 1988 auch in die Schweiz, Belgien, Deutschland und Schweden exportiert. 111 Millionen Francs konnte die Gruppe 1993 als Gewinn verbuchen.

Das Rezept aus der Garage heraus: Leidenschaft und Ausdauer

Als Jean-Paul Baudecroux 1981 mit der freien Radiostation NRJ startete, war er 36, besaß weder Radioerfahrung noch ein Universitätsdiplom oder die Unterstützung eines Medienkonzerns. Was er besaß, war der Traum von einem Radio mit viel Musik für junge Leute: „Ich war begeisterter Musik- und Radiohörer und habe mich als Jugendlicher immer geärgert, daß in den drei existierenden Monopol-Radios (RTL, Europe 1, RMC) meine bevorzugte Musik nicht oder nur selten gespielt wurde. Als ich NRJ gründete, wollte ich das Radio schaffen, das mir immer gefehlt hatte."

Dabei war es den „Privaten" Anfang der achtziger Jahre per Mediengesetz verboten, sich durch Werbung zu finanzieren. Bis 1984 blieb es unsicher, ob das Mediengesetz zugunsten der sogenannten „freien Radios" geändert werden würde. Investoren fanden sich in dieser Zeit nur mit Mühe, denn die großen Medienkonzerne interessierten sich wegen des Wer-

beverbotes nicht für ein Engagement bei den Privatfunkern. Die unsicheren Perspektiven machten es zudem schwer, professionelle Mitarbeiter für die Kleinen zu gewinnen.
Dennoch brachte Jean-Paul Baudecroux NRJ mit einer Anfangsinvestition von 200.000 Francs auf den Weg. Aber dem Sender mangelte es an allen Ecken an Geld: für die Übertragungsgebühren, das Marketing und die technische Ausstattung. Aus einem Ministudio nahm NRJ im Jahr 1981 dennoch den Sendebetrieb auf. Daß er immer aufrechterhalten werden konnte, war vor allem einer ausgeprägten Improvisationsfähigkeit und vielen freiwilligen Mitarbeitern zu verdanken. Baudecroux hat nach eigenen Worten „natürlich weder einen Businessplan noch eine Marketingstudie erstellt". Finanziell überleben konnte das neue Radio in den schwierigen Jahren zwischen 1981 und 1984 nur dadurch, daß Baudecroux nebenher noch ein kleines Unternehmen für Hotelreservationen besaß, Elysées 12.12.
Aber trotz der düsteren Aussichten ließ sich Baudecroux nicht von seinem Vorhaben abbringen: „Meine Freunde sagten immer wieder, daß ich meine Zeit verschwende, und der Staat den freien Radios nie das Recht der Werbefinanzierung gestatten würde. Tatsächlich waren die ersten vier Jahre sehr entbehrungsreich." Seine Ausdauer aber hat sich gelohnt: Als 1984 schließlich die Werbung in Privatsendern erlaubt wurde und damit auch andere in diesen nun attraktiven Markt drängten, hatte NRJ durch seine Stellung bei den Hörern nun gegenüber den Medienkonzernen bereits einen enormen Vorsprung. Baudecroux verkaufte Elysées 12.12, um sich ganz auf das Radiomachen zu konzentrieren.
Mit Erfolg – was nicht zuletzt auf das unternehmerische Talent des Gründers Jean-Paul Baudecroux zurückzuführen ist. Nicht nur, daß er den richtigen Riecher für ein erfolgreiches Programmformat und die geeignete Marketingstrategie hatte, er verstand es auch immer, sich mit den richtigen Leuten zu umgeben und „an die richtigen Türen zu klopfen".

Baudecroux sagt selber, daß „der Erfolg hart erkämpft werden mußte. Jede Etappe unserer Entwicklung ist die Geschichte eines Kampfes gegen Widerstände". Seine Intuition und Durchsetzungsfähigkeit halfen ihm, wenn er auch nicht immer sanfte Mittel einsetzte.
Zum Beispiel, indem er NRJ kurzerhand als Verein gründete, weil eben kommerzielle Radios damals noch nicht zugelassen waren. Erlaubt wurde ihm dies, da er den zuständigen politischen Stellen glaubhaft versicherte, daß NRJ weder Werbung machen noch ein Sendenetzwerk aufbauen würde, also nicht kommerziell ausgerichtet wäre. Entgegen dieser offiziellen Versicherung war es natürlich von Anfang an sein Ziel, aus NRJ einen profitablen Radiosender zu machen. Er verstand es schon damals, die maßgeblichen Entscheidungsgremien in Sachen Privatradios durch persönliches Engagement und geschickten Lobbyismus für sich einzuspannen. So zum Beispiel als Vorsitzender der Association pour la libération des ondes (ALO), die später auch in der Kommission zur Vergabe der Sendefrequenzen vertreten war.
Der politische Machtwechsel brachte 1981 die Sozialisten an die Regierung, die sich damals in ihrer Haltung gegenüber den Privatradios noch unsicher waren. Baudecroux gewann durch einen Schachzug die Regierungspartei für sich. Er holte drei Parteimitglieder in den Verwaltungsrat von NRJ mit dem Versprechen, Kontrolle über die Information ausüben zu können. Das Musikprogramm kam bei den Zuhörern sehr gut an. Erst einmal auf Sendung, machte es der große Erfolg in den folgenden Jahren unmöglich, die Entwicklung zugunsten der Privatradios aufzuhalten. So gelang es Baudecroux, mehr als 100.000 junge Leute zu einer Demonstration für sein Radio zu mobilisieren, als es Ende 1984 um den Erhalt des selbständigen Senders NRJ ging.
Seine unkonventionelle, manchmal brachiale Vorgangsweise machte Baudecroux bei Wettbewerbern und Aufsichtsorganen nicht gerade beliebt. So trat Baudecroux 1993 nach lan-

gen Querelen aus dem Verband der französischen Radiostationen aus. – Doch weil er sich nicht von Regeln und Konventionen an die Kette legen ließ, sondern aus Ideen Tatsachen schuf, fasziniert er wiederum andere. Vor allem die Mitarbeiter von NRJ können sich dem nicht entziehen. Die Leidenschaft, mit der Baudecroux seine Vision vom Radiomachen verfolgt, vitalisiert das Unternehmen. Sein Motto: „Das Leben ist zu kurz, um auf die Uhr zu schauen."

Der französische Radiomarkt

Frankreich besitzt ein umfassendes Angebot an öffentlichen Rundfunksendern, durch die aber wiederum nur öffentliche Institutionen werben dürfen: vier nationale Radioprogramme, das Vollprogramm France Inter und die Spartenprogramme France Musique, France Culture und France Info. Darüber hinaus gibt es zwölf regionale Programme (zum Beispiel France Inter Haute Normandie) und elf Lokalprogramme (zum Beispiel France Inter Marseille).
Das Feld der kommerziellen Werbung teilen sich mittlerweile vier auf Langwelle operierende ausländische „Grenzsender" – RTL in Luxemburg, Europe 1 in Deutschland, Radio Monte Carlo in Monaco und Sud Radio in Andorra – und rund 1.400 Lokalsender auf Ultrakurzwelle (UKW). Davon gehören rund 40 Prozent zu nationalen Netzwerken. Die wichtigsten sind Nostalgie, Europe 2, Fun, Skyrock und vor allem NRJ – das letzte unabhängige nationale Netzwerk. Denn nach und nach haben die großen Medienkonzerne sich an den anderen Netzwerken und Sendern beteiligt. So gehören Europe 2 und Skyrock zu Europe 1, einer Tochter des Medienmultis Hachette, während die CLT-Tochter RTL an Radio Fun und M 40 beteiligt ist.
NRJ konnte als Zielgruppenradio mit lokal maßgeschneiderten Programmen einerseits Anschluß an die „Grenzsender"

mit ihrem breiten Programm finden, sich andererseits gegenüber den lokalen Wettbewerbern weit absetzen.
Parallel zu den Hörerzahlen stiegen auch die Einnahmen. Nachdem die Lokalstationen in den ersten Jahren nach der Werbeerlaubnis 1984 noch Akzeptanzprobleme bei den Kunden hatten – sie galten als chaotisch und amateurhaft –, können die UKW-Netze heute 33 Prozent der Gesamtwerbeausgaben im französischen Radiomarkt auf sich vereinigen.
Vor allem die Netzwerke, und hier besonders NRJ, haben die Lokalradiostationen als Werbemedium etabliert. So bietet NRJ dem Kunden die Möglichkeit, sowohl landesweite Werbepakete zu plazieren als auch regionale und lokale Schwerpunkte zu setzen. Dies ist insbesondere für die größte Werbekundengruppe – die Einzelhandelsketten und Kaufhäuser – von Interesse. Diese schätzen auch die Flexibilität und geringen technischen Kosten. So kann ein Supermarkt den Text eines Spots noch einen Tag vor der Ausstrahlung ändern, um zum Beispiel auf die Sonderangebote der Konkurrenz zu reagieren. Gleichzeitig sind die Produktionskosten im Vergleich zu Fernsehspots und Zeitschriftenanzeigen gering.

Chart 6.1: Entwicklung des Werbemarktanteils im französischen Radiomarkt (in %)

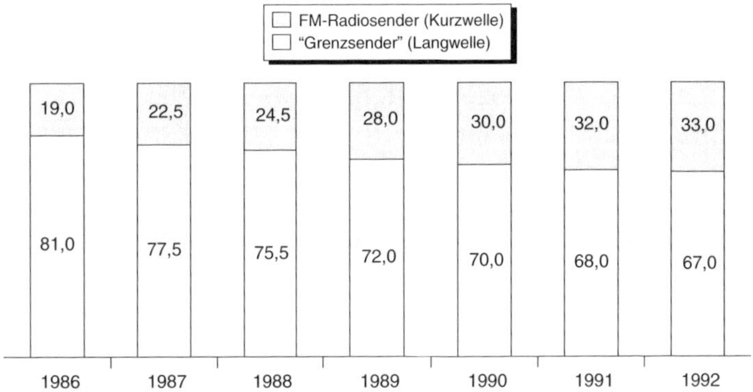

Quelle IREP

Entwicklung und Unternehmenssituation von NRJ

Die NRJ-Gruppe teilt sich heute in fünf Bereiche, die jeweils einen wichtigen Schritt in der Entwicklung der Gruppe darstellen: das französische Netzwerk von Rundfunkstationen, die Werbezeitenagentur 15/34, das technische Dienstleistungsunternehmen Sogetec, die außerfranzösischen Radiobeteiligungen sowie die Diversifikationsbeteiligungen außerhalb des Radiogeschäftes.

Chart 6.2: Organigramm

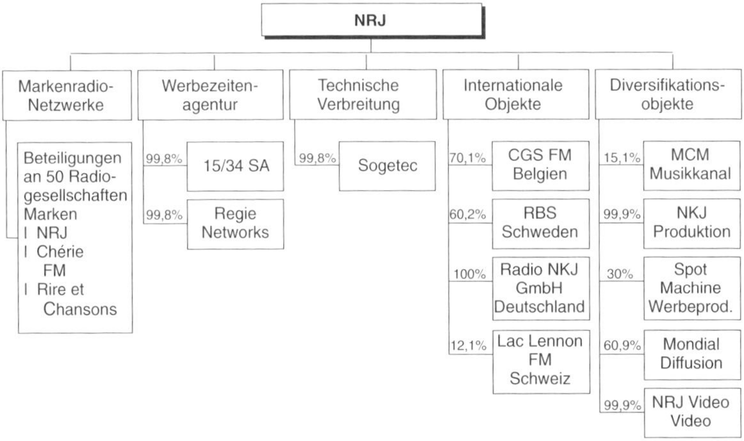

Quelle: NRJ

Markenradio-Netzwerke

Inzwischen – zwölf Jahre nach dem Sendestart – umfaßt das NRJ-Netzwerk am Jahresende insgesamt 191 Radiostationen. Seit dem kommerziellen Beginn 1984 konnte der Sender ein stetiges Wachstum realisieren. Das war nur möglich durch eine aggressive Expansionspolitik. Viele der kleinen Lokalstationen waren nicht lebensfähig oder wurden schlecht gemanagt. Die anfängliche Begeisterung der Lizenznehmer schwand in dem Maße, in dem die Verluste an die Substanz gingen. Baudecroux und seine Mannschaft machten systematisch Jagd auf diese Lokalstationen und bauten auf diese Weise nach und nach ihr nationales Netzwerk aus. Heute decken sie mit ihren Sendestationen, von denen mehr als die Hälfte passive Abspielstationen sind, flächenmäßig 80 Prozent, bevölkerungsmäßig 20 Prozent des französischen Hörerpotentials ab.

Besondere Aufmerksamkeit wurde in den letzten Jahren auch der Gewinnung von Franchisenehmern gewidmet. Durch sie lassen sich die Betriebskosten des Netzwerks signifikant senken und Sende- und Marketingkosten intern finanzieren. Das Senken der Franchisegebühren wurde durch das Anwachsen der nationalen Werbeeinnahmen, die NRJ zufließen, mehr als ausgeglichen.

NRJ betreibt mit seinen Sendern ein striktes Markenradio-Management, wobei sich die einzelnen Marken vor allem hinsichtlich ihres Musikformats unterscheiden. Als soge-

Chart 6.3: Entwicklung der Rundfunkstationen des NRJ-Netzwerkes

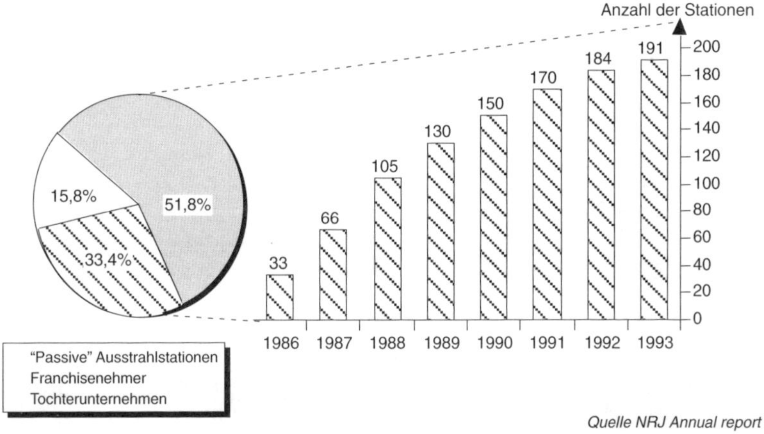

Quelle NRJ Annual report

nanntes Hit-Format-Programm, liegt der Schwerpunkt des NRJ-Programmes auf der aktuellen Popmusik. Deshalb werden vorwiegend internationale, meist englischsprachige Interpreten gespielt. Das Programm von NRJ ist durch drei Merkmale geprägt: erstens durch eine Titelauswahl, die sich auf ein Spektrum von maximal 500 Titeln beschränkt, zweitens durch die Jingles, die mehrmals pro Stunde den Sender erkennbar machen, und drittens durch das Trimmen der verschiedenen Originaltitel auf NRJ-Sound, und zwar durch die Ausblendung respektive Betonung von Höhen und Tiefen und durch die charakteristische Veränderung der Abspielgeschwindigkeit.

Das Programm der zweiten Kette, Chérie FM, besteht dagegen zu fast 65 Prozent aus französischsprachigen Chansons. Mit Oldies und Evergreens zielt Chérie FM hauptsächlich auf ein weibliches Publikum mittleren Alters. Das Chérie-FM-Netzwerk konnte in den letzten drei Jahren erheblich ausgebaut werden und umfaßt heute 92 Stationen.

Neben den beiden Hauptmarken NRJ und Chérie FM wurde

Chart 6.4: Verbreitung der Radiosender/-netzwerke

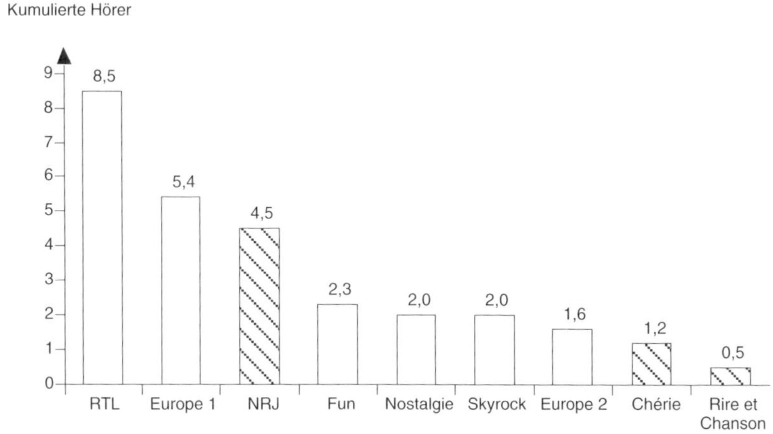

Quelle: Mediametre 1993

mit Rire et Chansons 1990 ein vollständig neues Programmformat eingeführt. Es ist weniger ein Musikprogramm als ein Kommunikationsmedium für Witz und gute Laune, eine Mischung von ausgelassenen Späßen – oft in direktem Kontakt mit den Hörern – und witziger, abwechslungsreicher Musik. Damit grenzt sich Rire et Chansons deutlich von Hit-Format-Radioprogrammen ab und eignet sich gleichzeitig besser für Sponsoringaktionen. Die nehmen innerhalb des Werbeaufkommens eine immer wichtigere Stellung ein. Der Erfolg gibt den Machern von Rire et Chansons recht, auch wenn das Programm – noch – keine nationale Stellung wie NRJ oder Chérie FM erreicht hat. Rire et Chansons ist auch ein gutes Beispiel für eine gelungene Markteinführung. Mit einer intensiven und – entsprechend dem Senderformat – sehr witzigen Marketingkampagne durchbrach die NRJ-Tochter schnell die kritische Grenze, was die erreichten Hörer betrifft.

NRJ sieht in originären Markenprogrammen die Radiozukunft. „Die Menschen sollen sofort wissen, was sie hören,

Chart 6.5: Entwicklung der Hörerschaft von Rire et Chanson in Ile-de-France

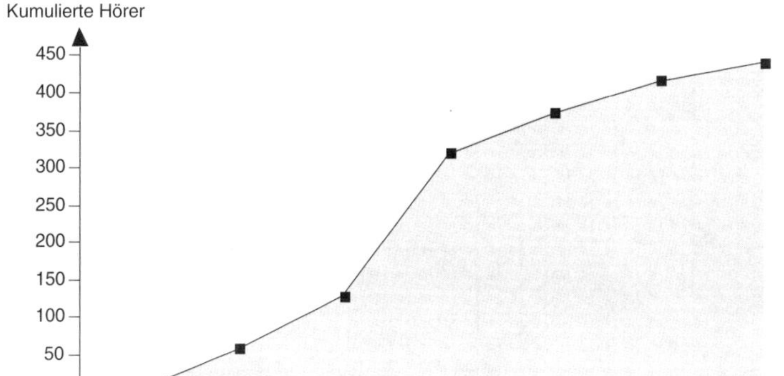

Quelle: Mediametre

wenn sie einschalten." Nach einer Marktuntersuchung ist denn auch der Höreranteil der formatierten Programme im Vergleich mit den Themenradios von 20 auf 60 Prozent gestiegen.

In Paketen verkauft es sich besser

Anders als in der ganz frühen Gründungsphase verwenden die NRJ-Verantwortlichen heute viel Zeit und Geld, um das Radio-Netzwerk durch Marketing im Werbemarkt zu etablieren. Als 1984 kommerzielle Werbung für private Radiosender erlaubt wurde, gründete NRJ sofort eine eigene Werbezeitenverkaufs-Agentur namens „15/34". Sie brachte im Jahr 1991 ein Werbepaket mit dem Namen *Top Line* auf den Markt, das die Sendezeiten in NRJ, Chérie FM und Rire et Chansons national kombiniert. Top-Line-Werbezeiten kommen inzwischen auf einen Gesamthöreranteil von über zwölf Prozent oder 5,5 Millionen Hörer in Frankreich.

Die Werbestrategie ist neben dem Programm die zweite Säule des Erfolges. Schon früh war für Baudecroux klar, daß der wirtschaftliche Erfolg seines Unternehmens davon abhängt, einen möglichst hohen Anteil nationaler Werbung zu erhalten.

Der Flickenteppich von unabhängigen Radiostationen quer über Frankreich war für nationale Werbestrategien der großen Agenturen völlig ungeeignet. Kein Mediaplaner mochte sich der Mühe unterziehen, bei 100 verschiedenen Lokalsendern vergleichbare Formate und Zielgruppen auszuwählen, um so eine nationale Werbekampagne zu plazieren. Die Lösung konnte nur darin bestehen, den nationalen Werbetreibenden ein Netzwerk von Sendern zu bieten, das in einer breiten nationalen Abdeckung eine einheitliche Zielgruppe erreichte und so eine maximale Wirkung der Werbebotschaft ermöglichte.

Ebenso wichtig für eine nationale Werbestrategie ist ein transparentes System von Werbepaketen und Preisen, um den Werbekunden das zu bieten, was er am dringendsten sucht: Flexibilität in Spotdauer, Schaltungshäufigkeit, in der kurzfristigen Aktualisierung von Spots und in der regional differenzierten Schaltung. Dies erreicht NRJ durch ein ausgefeiltes Buchungs- und Schaltungssystem, das es ermöglicht, in unterschiedlichen Regionen zur gleichen Zeit im gleichen Programm Spots zu senden.
Täglich fragt daher NRJ in Telefoninterviews für jedes seiner Programme die Wünsche und Erwartungen der Hörer ab, um ein möglichst hörerorientiertes Programm zu gestalten, denn der Wettbewerb bei den Privatradios ist schärfer geworden. Auch die anderen Sender haben begonnen, ihre Programme zu formatieren.
Man muß, so Jean-Paul Baudecroux, das „blinde“ Medium Radio, das seine Konsumenten nicht kennt, „sehend“ machen, um Erfolg zu haben. Die Zeiten, in denen Radio mit der Hoffnung gesendet wurde, daß schon irgend jemand zuhören werde, seien vorbei.

Technische Perfektion

Die dritte Säule des Erfolgs von NRJ ist die perfekte Nutzung der Technik. Wenn man die Senderäume in Paris betritt, fällt einem auf, daß fast jeder Quadratzentimeter für die Technik reserviert ist.
Die technische Perfektion zeigt sich in der Fähigkeit, das gesamte Netzwerk zentral zu steuern. Die Einspielung von regional unterschiedlichen Werbeblöcken funktioniert, indem durch Q-Töne unterschiedliche Spots ausgelöst werden. Ebenso sind unterschiedliche Programmeinspielungen, wie zum Beispiel zum Verkehrsfunk, Wetter oder Veranstaltungsservice, möglich. Dadurch verbindet NRJ die Kostenvorteile

eines zentralen Programms mit höchster Marktnähe für den Hörer und die Werbetreibenden.
Ferner hat NRJ intelligente Software entwickelt, um den Informationsfluß über alle wichtigen Funktionen des Unternehmens zu sichern: die Ausstrahlung der Werbespots, die Funktionsfähigkeit der Sender, die Länge der Moderatorenbeiträge, die Zahlungsmoral der Werbekunden, die Verkaufserfolge des Außendienstes. Es gibt nichts, was der Zentrale verborgen bleibt.
Zusätzlich besitzt NRJ, als einer der wenigen Privatsender, eigene Übertragungs- und Sendeeinrichtungen auf eigenem Grund und Boden. Damit ist er unabhängig von externen Dienstleistern beziehungsweise den Konkurrenzsendern und kontrolliert auch die technische Qualität seiner Sendungen. Alle technischen Dienstleistungen sind in der Tochterfirma Sogetec gebündelt, die ihren Service auch gruppenfremden Sendern anbietet. Sie versorgt über 300 Stationen. Neben den NRJ-eigenen Stationen gehören dazu auch solche von anderen Netzwerken, zum Beispiel Stationen der Konkurrenten Nostalgie, Fun oder Europe 2.
Sogetec ist inzwischen genauso erfolgreich wie die Mutter. 1992 konnten 22 Millionen Francs Einkünfte auf das investierte Kapital erzielt werden. Das ist immerhin ein Fünftel des Gesamtgewinns der Gruppe.

Diversifikation mit Problemen

Die Diversifikation in andere Bereiche hat für NRJ eine geringe Bedeutung. Weniger als zehn Prozent des Umsatzes entfallen auf Aktivitäten außerhalb des Radiogeschäftes. Sie alle erstrecken sich jedoch auf den Mediensektor und reichen vom Satelliten-Musik-TV über Bildschirmtext-Engagements bis zum Videogeschäft.
So ist NRJ mit 15,1 Prozent am französischen Musik-Fern-

sehspartenkanal MCM beteiligt. Seit dieser durch ein Jointventure mit Canal Satellite (einer Tochter von Canal +) Zugang zu einem Satelliten bekam, über den Spartenfernsehkanäle ausgestrahlt werden, steigt die Abonnentenzahl des Senders. NRJ wollte sich 1992 auch an MTV Europe beteiligen, zog jedoch gegenüber dem amerikanischen Home-Shopping-Konzern Viacom den kürzeren. Daneben produzierte NRJ Musikprogramme, wie Hitparaden für Antenne 2 und den MCM-Musikkanal. Dies soll jedoch nicht forciert werden, da Baudecroux Konflikte mit dem Stammgeschäft befürchtet.

Relativ erfolglos waren die Versuche, im Video- und im Bildschirmtextgeschäft Fuß zu fassen. NRJ hat laut Baudecroux aus diesem Engagement gelernt: „Wir haben etwas Geld verloren und schnell festgestellt, daß das nicht unser Metier ist."

Für Jean-Paul Baudecroux steht fest, daß NRJ eine Radiogruppe ist und bleiben wird: „Wir konzentrieren uns auf das, was wir gut können, und das ist das Radio und nur das Radio." Die Gruppe will dementsprechend nicht durch Diversifikation weiter wachsen, sondern durch eine Internationalisierung des Stammgeschäftes. Dieses neue Selbstverständnis – als ein europäisches Radiounternehmen – unterstreicht auch die Gestaltung des Geschäftsberichts 1993: anstelle von Plakaten und Photos gesponserter Konzerte wie in den Vorjahren, illustrieren ihn nun die Flaggen der Länder, in denen NRJ vertreten ist.

Radio für Europa

Jean-Paul Baudecroux erkannte schon früh einerseits die Begrenztheit des französischen Marktes und andererseits die Chancen für Privatfunk in anderen Ländern. Konsequent exportierte er sein Konzept. Heute ist NRJ in der Schweiz,

Belgien, Deutschland und Schweden mit Radiosendern vertreten. Die erste Auslandstation war 1988 die französischsprachige Schweiz, wobei natürlich der Sprachvorteil eine Rolle spielte. Im selben Jahr faßte NRJ auch in Belgien Fuß.
Die Internationalisierung war ein Lernprozeß für das Unternehmen. Oft werden die Schwierigkeiten unterschätzt beziehungsweise die „Knackpunkte" für den Durchbruch erst mühsam gefunden, wie beispielsweise die unterschiedlichen Mediengesetze und die unterschiedlichen Chancen im Werbegeschäft. Deswegen engagierte sich NRJ am Anfang bei der internationalen Expansion nur sehr vorsichtig und versuchte, in kleinen Projekten Erfahrungen zu sammeln. Baudecroux wartete auf günstige Einstiegsmöglichkeiten.
Heute ist NRJ der führende Privatsender in der französischsprachigen Schweiz und in Belgien. Inzwischen zeichnen sich auch in Deutschland die Konturen eines Netzwerkes mit Sendern in Berlin, Leipzig, Dresden, Stuttgart, München und Chemnitz ab. Radio Xanadu in München soll die Kopfstation für das Netzwerk werden, mit dem mehr als 16 Millionen deutsche Hörer erreichbar sind.

Chart 6.6: Erfolgsfaktoren der NRJ-Radioprogramme

	Radio Chérie FM	Rire & Chansons	NRJ-FM-Stationen
Konzept	65% französische Musik (von den 60er Jahren aufwärts)	"Witz und Hits"; Spaß, Lachen und Entertainment mit unterhaltsamer Musik	Mainstream-Music (Top 50), unpolitische redaktionelle Beiträge von lokalen Mitarbeitern
Auditorium	Überwiegend weibliche Hörer in Stadtregionen	Junge und junggebliebene Hörer	Kaufkräftige und für Werbetreibende attraktive Zielgruppe
Erfolgs-faktoren	Zielgruppenspezifische Werbeplanung möglich, geringe Streuverluste	Differenzierung von anderen Anbietern, innovative Sponsoringmöglichkeiten	Hohe Einschaltquoten, breite, kaufkräftige Zuhörerschaft, die lokal eingrenzbar ist

Quelle: Geschäftsbericht NRJ 1991/1992, Datenbankrecherche 03/94

Chart 6.7: Umsatz/Reingewinn von NRJ

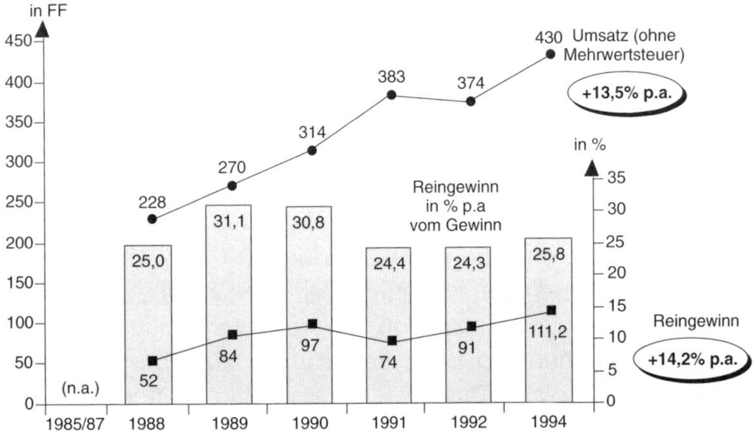

Quelle:Geschäftsberichte NRJ 1991/92, Le Figaro/Les Echos 02/94

Der Markterfolg von NRJ schlägt sich auch in der Geschäftsentwicklung nieder. So sind Umsatz und Reingewinn seit 1988 um durchschnittlich 14 Prozent pro Jahr gewachsen. Und dies, obwohl der Gesamtwerbemarkt in Frankreich seit 1990 geschrumpft ist. Auch die Aktionäre konnten sich an ihren Investitionen erfreuen. Die 1989 zu 380 Francs an die Börse gekommene Aktie stieg nach einem Tief 1991 (140 Francs) auf einen Kurs von 640 Francs im Januar 1994.

Fadi Josef Karam
Gernot A. Wunderle

7.

So sauber wie ein gewaschenes Auto

Der bayerische private Hörfunksender Antenne Bayern

Eckdaten des Geschäfts 1992

Tätigkeitsfeld:	Redaktionelle und technische Herstellung eines landesweiten Hörfunk-Vollprogrammes für Bayern
Gründung:	1987, Sendestart 5. September 1988
Sitz:	München
Gesellschafter:	Axel Springer Verlag, 16%; Burda Verlag, 16%; UFA Radioprogrammgesellschaft in Bayern, 16%; Mediengesellschaft der bayerischen Tageszeitungen für Kabelkommunikation, 24%; Radio Bavaria Rundfunkprogrammgesellschaft, 7%; Studio Gong, 8%; Medienpool GmbH, 7%; Amperwelle Studio München, 6%
Gesamtumsatz:	37,1 Millionen DM 1992
Tagesreichweite:	2,215 Millionen
Marktanteil:	19%
Mitarbeiter:	(85 Festangestellte, 11 Freie)

Kurz und gut

„Als Dompteur, der keine Hauskatzen, sondern Raubkatzen vor sich hat", sieht sich Donald McLoughlin, als er 1988 als Geschäftsführer bei Antenne Bayern antritt. Acht verschiedene Gesellschafter – von Burda bis Springer, von UFA bis Amperwelle – gilt es, auf einen gemeinsamen Kurs zu bringen, um als erster landesweiter Privatsender in Bayern erfolgreich zu werden.
50 lokale private Hörfunkanbieter und drei Programme des öffentlich-rechtlichen Bayerischen Rundfunks sind 1988 beim Sendestart schon auf dem Markt. Um bekannt zu werden, gibt Antenne Bayern im ersten Jahr rund 20 Prozent seines Budgets für Werbung aus (4 Millionen Mark). Den Schwerpunkt bildeten dabei Promotionveranstaltungen, die den persönlichen Kontakt zu den potentiellen Hörern auf Messen, Festen oder bei Sportveranstaltungen knüpfen.
Die Überwindung der klassischen Trennung zwischen Programm und Vertrieb sieht McLoughlin als wichtigen Baustein des Erfolgs. Für ihn ist der Programmdirektor „Verkäufer"; Marketingphilosophie und Programmgestaltung sind untrennbar.
30 bis 90 Sekunden sind die Richtzeiten für Interviews und Berichte. Musik und Service stehen im Vordergrund. Der Wortanteil: 20 Prozent des Gesamtprogramms. Immer perfektere digitale Technik macht die Moderatoren in den „Selbstfahrerstudios" zu Technikern, Entertainern und Journalisten in einer Person.
Die Bilanz 1992, nach vier Jahren: 19 Prozent Marktanteil für Antenne Bayern, 7 Prozentpunkte mehr als 1989. Der direkte Wettbewerber, Bayern 3, verliert im selben Zeitraum rund die Hälfte seiner Marktanteile und erreicht 1992 nur noch 15 Prozent.

Wer sich als Antenne-Bayern-Mitarbeiter ein weißes Auto kauft, den Wagen einmal wöchentlich waschen läßt und den Firmenschriftzug anbringt, dem zahlt der Sender die Haftpflichtversicherung. Was auf den ersten Blick wie ein schrulliger Marketing-Gag aussieht, entpuppt sich als Teil einer Strategie.
Das erste und einzige landesweite Privatradio, 1988 zum Verdrängungskampf gegen das öffentlich-rechtliche Programm Bayern 3 angetreten, kämpft mit einem anfangs millionenschweren Werbeetat um ein seriöses Image und die Hörergunst. Mit Erfolg: Nach vier Jahren bei Tagesreichweiten zwar noch auf Platz drei, bei den Marktanteilen – der Hördauer – schon auf Platz zwei und mit 30 Prozent am landesweiten Werbekuchen beteiligt, hat sich der Sender etabliert. So gut, daß die Bayerische Landesrundfunkanstalt mit einer Gewinnabschöpfung private Lokalfunkstationen unterstützen möchte.

Privater Hörfunk auf dem Vormarsch

Als Mitte der achtziger Jahre die ersten privaten Hörfunkstationen auf Sendung gingen – zuerst im Kabel, dann terrestrisch –, begann in Deutschland ein neues Medienzeitalter. Radio und Fernsehen, bis zu diesem Zeitpunkt nur von den öffentlich-rechtlichen Anstalten angeboten, erlebten einen Boom, der bis Ende der achtziger Jahre anhielt. Mit jedem öffentlich-rechtlichen Hörfunkprogramm konkurrieren mittlerweile im Bundesdurchschnitt vier private Sender: 1992 gab es neben 37 öffentlich-rechtlichen Sendeanstalten 155 private Radiostationen.
Die Rundfunkhoheit haben in Deutschland die einzelnen Bundesländer. So war das Tempo bei der Einführung neuer Sender sehr unterschiedlich. Und auch die Formen wurden vielfältig, denn jedes Bundesland regelt die Entwicklung des

Chart 7.1: Landesweite und lokale/regionale Hörfunkprogramme*

Bundesland	Programme		
	landesweite öffentl.-rechtl. (1)	landesweite private (2)	lokale/regionale private
Baden-Württemberg	8	-	46
Bayern	5	1	50
Berlin	4	7	-
Bremen	4	-	-
Hamburg	4	5	-
Hessen	4	1	-
Niedersachsen	-	2	-
Nordrhein-Westfalen	4	-	39
Rheinland-Pfalz	-	2	-
Saarland	4	1	-
Schleswig-Holstein	-	1	-
total	**37**	**20**	**135**

(1) Zuordnung zu einzelnen Bundesländern nach Sitz der Rundfunkanstalt
(2) nicht enthalten sind Rahmenprogramme: Baden-Württemberg RTL und Radio 7
Bayern BLR
Nordrhein-Westfalen Radio NRW

*Stand: Juni 1992, alte Bundesländer

Quelle: BLM

privaten Hörfunks durch eine jeweils landesspezifische Gesetzgebung. Landesmedienanstalten sorgen für die technische und wirtschaftliche Umsetzung der Landesmediengesetze und sind zuständig für die Frequenzvergabe. Insgesamt erhielten in der Bundesrepublik bis 1992 genau 135 lokale/regionale und 20 landesweite Sender eine private Hörfunklizenz.

Dabei haben sich vor allem Verleger in dem neuen Medium engagiert. Eine Dokumentation der branchenübergreifenden Konzentration zwischen Presse und Hörfunk ergab 1991, daß von den 148 untersuchten Frequenzen in den alten Bundesländern die Zeitungs-, Zeitschriften- und Anzeigenblattverlage bei 85 Prozent der Sender über 50 Prozent der Anteile an der jeweiligen Station halten.

In Bayern ist auch die Hörfunklandschaft anders

In Bayern haben die Verleger bei ziemlich genau der Hälfte der 50 lokalen/regionalen privaten Rundfunkanbieter die Mehrheit. 20 bayerische Programme werden zu einem Viertel bis zur Hälfte von der Presse verantwortet. So liest sich die Liste der Gesellschafter des einzigen landesweiten Privatsenders – Antenne Bayern – denn auch wie die „Top Ten der deutschen Verleger": Axel Springer Verlag, Burda Verlag, UFA Radioprogrammgesellschaft in Bayern, Mediengesellschaft der bayerischen Tageszeitungen für Kabelkommunikation, Radio Bavaria Rundfunkprogrammgesellschaft, Studio Gong, Medienpool, Amperwelle Studio München.
Zunächst aber übernahm 1985 der lokale Hörfunk die Vorreiterrolle. In München gingen die ersten privaten Hörfunkprogramme auf Sendung. Seit September 1988 sendet auch das landesweit verbreitete Privatprogramm Antenne Bayern. Den öffentlich-rechtlichen Teil des dualen Rundfunksystems bilden die fünf Hörfunkprogramme des Bayerischen Rundfunks (BR).
Damit unterscheiden sich die Rahmenbedingungen des Hörfunkwettbewerbs in Bayern in zwei Punkten grundlegend von allen anderen Bundesländern: Privater Rundfunk ist laut bayerischer Verfassung gar nicht möglich. Daher verfiel die Regierung auf den Ausweg, Privatrundfunk unter dem Dach einer öffentlich-rechtlichen Behörde – der BLM – zu organisieren, die formalrechtlich auch die Programmhoheit hat. Seitdem gibt es in Bayern sowohl einen überregionalen (Antenne Bayern) als auch 50 lokale private Anbieter. Das macht den Kampf um Marktanteile bei Zuhörern und werbetreibender Wirtschaft um so härter. Denn die Ausweitung des Programmangebotes führte nicht zu einer höheren Radionutzung – die tägliche Hördauer stagniert schon seit Anfang der achtziger Jahre bei rund 200 Minuten. Mit den neuen privaten Programmen wuchs der Markt für Radiowerbung zwar

Chart 7.2: Wachstumsraten im deutschen Werbemarkt

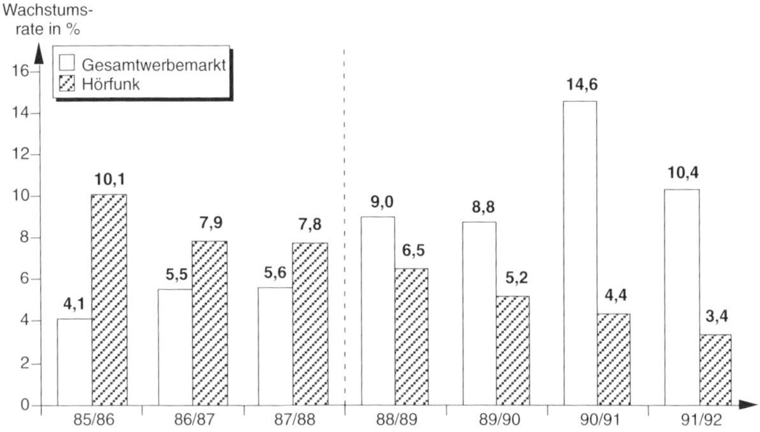

Quelle: ZAW

zunächst erheblich, seit 1988/89 aber liegen die Zuwachsraten der Werbeeinnahmen im Hörfunk unter denen der Gesamtwerbemarktentwicklung.

Die bayerischen Lokalsender haben Probleme – bis 1991 schrieben sie rote Zahlen. Bei einem durchschnittlichen Kostendeckungsgrad von 85 Prozent forderten die Sender zusätzliche Frequenzen und regionale Reichweiten. Aber Erkenntnisse der Bayerischen Landeszentrale für neue Medien (BLM) zeigen, daß eine reine Reichweitenerhöhung sowie die Regionalisierung keine Freikarte für die Wirtschaftlichkeit der Sender sind.

Die BLM möchte nun die ökonomische Zukunft der Lokalsender gesichert sehen, indem diese aus dem bisher ungenutzten Potential der überregionalen Werbung höhere Einnahmen erzielen. Geichzeitig mindert die Landesrundfunkanstalt den Kostendruck auf die lokalen Stationen – zum Beispiel indem sie Programmzulieferungen und Kooperationen im Rahmen eines bayerischen Zulieferungsprogrammes erleichtert. Um das zu finanzieren, koppelte die BLM die

Chart 7.3: Wirtschaftliche Situation bayerischer Lokalsender

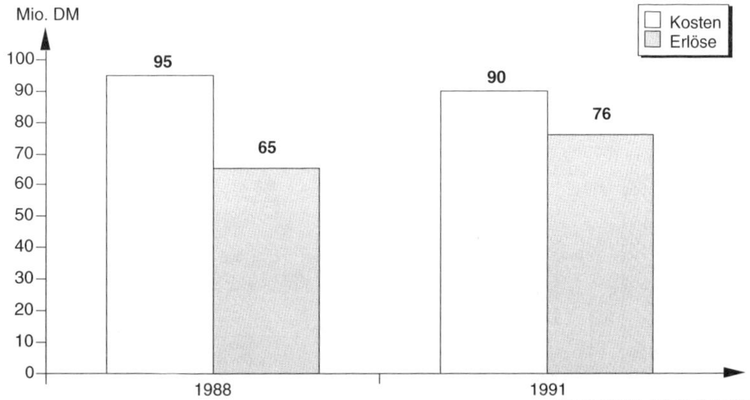

Quelle: BLM-Jahrbuch 1992

Verlängerung der landesweiten Sendelizenz von Antenne Bayern daran, daß der große Privatsender Gewinne abführt, die für die Finanzierung der Lokalstationen eingesetzt werden sollen – ein einmaliger Vorgang, der nur durch die besondere Rechtsposition des Privatfunks in Bayern und das Interesse der BLM zu erklären ist, ihr Organisationsmodell des Privatfunks vor dem Scheitern zu bewahren.

Branchenkenner prophezeiten Flop

Dabei war die Ausgangslage, als Antenne Bayern am 5. September 1988 als erster landesweiter kommerzieller Hörfunksender Bayerns startete, denkbar ungünstig: Das Nebeneinander von lokalen Höfunksendern und einer privaten landesweiten Station ließ einen harten wirtschaftlichen Konkurrenzkampf erwarten. Die bereits vorhandenen rund 50 lokalen Privatsender hatten einen zumindest zeitlichen Vorsprung. Auch ein Großteil der Werbebudgets war bereits vergeben. Rund 30 Millionen Mark an Werbeeinnahmen konnten die Lokalsender beim Start von Antenne Bayern verzeichnen. Als etablierter landesweiter Konkurrent war der Bayerische Rundfunk seit 40 Jahren mit seinen damals drei Programmschienen vertreten. Der BR war so stark, daß er, trotz der privaten lokalen Konkurrenz, 1987 die Hörfunkwerbeeinnahmen noch einmal um fünf Millionen auf 134 Millionen Mark steigern konnte. Mehr als drei Viertel entfielen auf Bayern 3. Und dieses Programm sprach ziemlich genau die Zielgruppe an, die auch Antenne Bayern anvisierte. Der Kommentar eines Branchenkenners zum Sendestart des Privatfunks: „Wie die Lemminge – auch dieser Sender wird in den Abgrund springen."

Doch es kam anders: Bereits ein Jahr nach seinem Start war Antenne Bayern aufgrund der absoluten Hörerzahlen der größte Privatsender der Bundesrepublik Deutschland. Die Entwicklung der Tagesreichweiten zeigt den kontinuierlichen Aufwärtstrend: 1992 erreicht Antenne Bayern 21 Prozent der

Chart 7.4: Entwicklung der Tagesreichweiten*
in Mio. Hörern

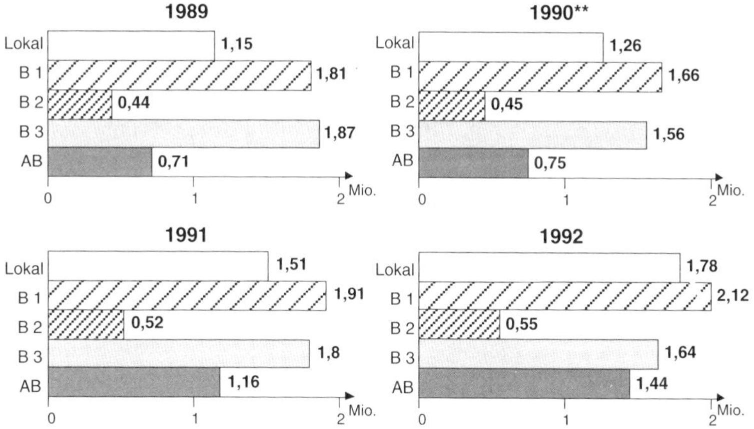

* Anteil der Personen, die an einem durchschnittlichen Tag Radio hören, Bevölkerung ab 14 Jahren in den Lokalradio-Stereoempfangsgebieten

** Abgrenzung der Empfangsgebiete korrigiert

Quelle: BLM

Chart 7.5: Entwicklung der Marktanteile*

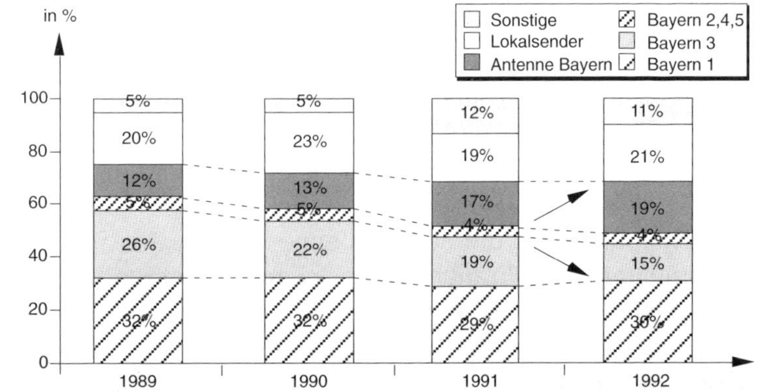

* Anteil an der Hördauer

Quelle: BLM

Chart 7.6: Marktanteile* von Antenne Bayern und Bayern 3 in ausgewählten Zielgruppen

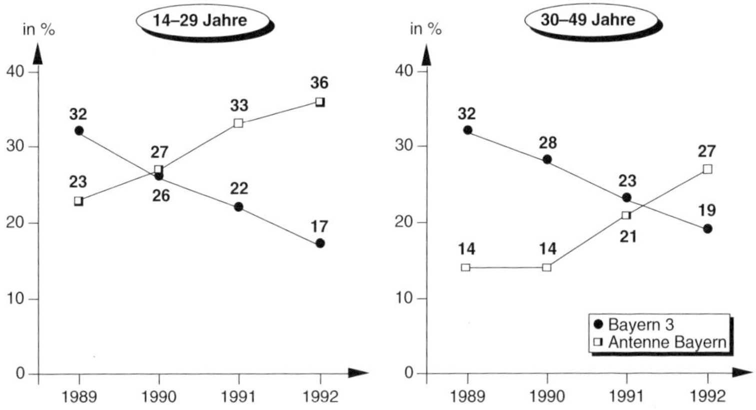

* Anteile an der Hördauer, Bevölkerung über 14 Jahre in den Lokalradio-Stereoempfangsgebieten

Quelle: BLM

Bevölkerung ab 14 Jahren. Das sind 1,44 Millionen Personen – nur noch 200.000 weniger als Bayern 3.

Die Entwicklung des Marktanteils zeigt den Positionsverlust von Bayern 3 noch deutlicher. Das Programm mußte sich

1992 mit einem Marktanteil von lediglich 15 Prozent begnügen. 1989 war es noch fast das Doppelte. Antenne Bayern konnte bei der Hördauer seinen Anteil von 12 Prozent 1989 auf 19 Prozent 1992 steigern. Bezogen auf die Kernzielgruppe der 14- bis 29jährigen war der Erfolg noch durchschlagender.

Rekordhalter bei Tagesreichweiten und Marktanteilen zu sein, ist eine Sache, ausschlaggebend für die wirtschaftliche Tragfähigkeit eines Senders ist aber die Einschätzung der Werbetreibenden. Und die zeigt sich in der Höhe der Werbeeinnahmen.

Bei der Einführung von Antenne Bayern wollte die BLM von Beginn an eine wirtschaftlich tragfähige Struktur entwickeln, aber negative Auswirkungen auf den bereits etablierten Lokalfunk soweit wie möglich ausschließen. So legte sie zum Beispiel von vornherein fest, daß lokale Fensterprogramme nicht eingebunden werden durften, um eine programmliche und werbliche Überschneidung zu verhindern. Immerhin konkurrierte Antenne Bayern mit den lokalen Anbietern noch um die überregionale Werbung. Vor allem aber mußte

Chart 7.7: Marktanteile an überregionaler Werbung

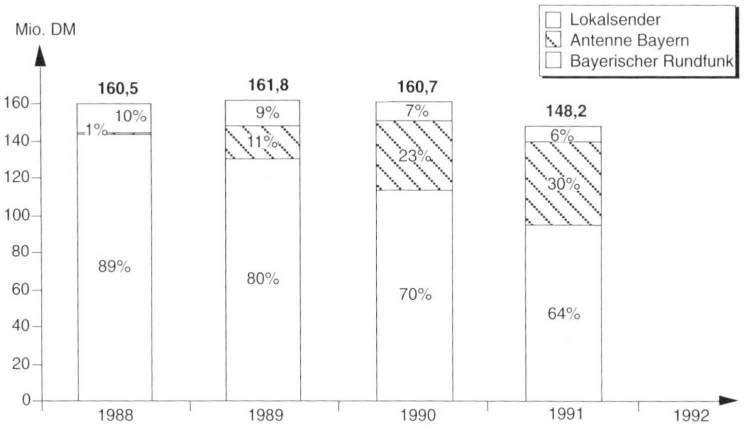

Quelle: BLM

der Sender auf dem Werbemarkt gegen die landesweiten öffentlich-rechtlichen Programme des BR antreten. Die Entwicklung der Marktanteile an der überregionalen Werbung zeigt, daß die Öffentlich-Rechtlichen hier stark verloren haben. Antenne Bayern hat fast ein Drittel der Werbeeinnahmen für sich erobert.

Erfolgskonzept Antenne Bayern

Die Erfolgsgeschichte begann im April 1988 als Donald McLoughlin, der bereits Radio Schleswig-Holstein (RSH) zum Marktführer im nördlichsten Bundesland gemacht hatte, als Geschäftsführer bei Antenne Bayern antrat. Eine seiner wichtigsten Aufgaben bestand darin, die heterogene Gesellschafterstruktur auf einen gemeinsamen Kurs einzuschwören. Er sah sich selbst als „Dompteur, der keine Hauskatzen, sondern Raubkatzen vor sich hat". Unabdingbar für den Aufbau des Senders war deshalb für McLoughlin die Alleingeschäftsführung, mit alleiniger Entscheidungsbefugnis und ohne Einflußnahme seitens der Gesellschafter.
Dennoch kam es naturgemäß bei dem hohen Entscheidungsbedarf und unterschiedlichen Gesellschafterinteressen zu Reibungspunkten und Meinungsverschiedenheiten. Im Vordergrund stand daher eine ständige Güterabwägung zwischen den Interessen des Unternehmens und denen der geldgebenden Gesellschafter.

Professionelle Mitarbeiter, hochmotiviert durch gute Kommunikation

Die Mitarbeiter für die Kernfunktionen waren handverlesen, Schlüsselpositionen wurden von McLoughlin selbst besetzt. Die Wahl des Programmdirektors erwies sich dabei als

Glücksfall: Michael Haas brachte mit seinen Erfahrungen im Radio-Consulting und als früherer Moderator bei AFN genau die Kenntnisse mit, die der Sender am Anfang dringend brauchte: Programm-Know-how. Der Deutschamerikaner studierte Radio – Fernsehen – Film und deutsche Kultur sowie Geschichte an der Universität Wisconsin, USA. Als Rundfunk- und Fernsehoffizier arbeitete er bereits in Deutschland, seit 1984 dann als freier Unternehmensberater für elektronische Medien.

Der Sender startete mit etwa 70 Mitarbeitern, die neben Radioqualifikation – so McLoughlins Kriterien – Witz haben sollten, Loyalität und Integrität waren ebenso gefragt wie ein gutes Nervenkostüm und Kritikfähigkeit.

Sodann wurden im damaligen Antenne-Bayern-Gebäude erst einmal die Mauern eingerissen, um der angestrebten offenen Kommunikationsstruktur Rechnung zu tragen. Die heutigen Redaktionsräume im Sendezentrum in München–Unterföhring sind anhand des Kriteriums kurzer Kommunikationswege gestaltet. Von den Plätzen der Redakteure zu den Produktions- und Schneideplätzen und dem Studio des Moderators sind es nur wenige Schritte.

Antenne Bayern legte auch auf flache Hierarchien besonders viel Wert. Grundsätzlich agierte McLoughlin so, daß er statt passiver Geschäftsleitung aktive Geschäftsführung betrieb. „Klare Entscheidungsstrukturen sind auch ein Stück Motivation." Zwei Bereiche der Geschäftsführung behielt er sich selbst vor, das Controlling und die Öffentlichkeitsarbeit für das „Gesamtprodukt Antenne Bayern". Eine der wichtigsten Aufgaben bestand für ihn aber auch darin, den Programmdirektor zum Verkäufer zu machen. Die Überwindung der klassischen Trennung zwischen Programm und Vertrieb in den Köpfen der Mitarbeiter war und ist einer der wichtigsten Bausteine des Erfolges.

Gezieltes Marketing- und Kommunikationskonzept: Radio als Markenartikel

Um das Produkt Antenne Bayern bekannt zu machen und „Goodwill" beim potentiellen Hörer zu erreichen, flossen im ersten Jahr vier Millionen Mark (ca. 20 Prozent des Budgets) in die Werbung. Ein gewaltiger Betrag für einen Hörfunksender in der Aufbauphase, aber diese gezielte Kommunikationspolitik hat erheblich zum schnellen Erfolg beigetragen. Zunächst war es allerdings schwierig, das Werbebudget bei den Gesellschaftern durchzusetzen. Später schrumpfte es dann auch wieder auf acht bis zehn Prozent.

Einen Teil investierte der Sender in klassische Werbeformen, wie etwa Zeitungsanzeigen, wobei selbst ein Streuverlust von sechs bis 18 Prozent hingenommen wurde. Den größeren Teil aber setzte Antenne Bayern in besondere Promotionsformen um, die vor allem den persönlichen Kontakt mit dem Hörer suchten: Die Präsenz auf Messen, bei Sportereignissen oder Festen mit dem Funkmobil brachte insgesamt 80.000 persönliche Kontakte im ersten Jahr.

Dabei traten die Promotionsteams häufig auch als Interviewer auf, um so sowohl für das Image des Senders nach außen zu werben, als auch Hörerpräferenzen fürs Programm zu erfragen. Aus den Ergebnissen dieser ohne Fragebogen geführten, qualitativen Interviews erstellten die Mitarbeiter einen Report für den Programmdirektor. Die ganze Aktion setzte eine gute Schulung der Interviewer voraus sowie eine starke Kontrolle durch den Chef. Der achtete vor allem auch auf das Äußere der Promotoren, denn ihr Auftreten sollte dem Image entsprechen, das sich der Sender geben wollte. McLoughlin war davon überzeugt, daß PR und Werbung für einen Sender immer in direktem Kontakt zum Publikum erfolgen muß. Die sehr aufwendigen Promotionteams verhalfen dem Sender mit zu seinem guten persönlichen Image.

Bei den Kommunikationsmaßnahmen für Antenne Bayern

ging es McLoughlin darum, alles Hör- und Sichtbare zu beeinflussen: Seriosität in der Unterhaltung war sein Motto, der Sender sollte so sauber wirken wie ein gewaschenes Auto. Deswegen zahlte Antenne Bayern auch den Mitarbeiter, die sich ein neues weißes Auto (gleich welches Fabrikat) kauften und sich verpflichteten, es jede Woche waschen zu lassen, die Haftpflichtversicherung. Als Gegenleistung beklebte der Mitarbeiter seinen Wagen mit dem weithin sichtbaren Schriftzug des Senders.

Klares inhaltliches Programmprofil: Formatradio

Nur mit einem klar definierten Produkt können Werbekunden und Zuhörer erreicht werden – Marketingphilosophie und Programmgestaltung hängen eng zusammen. „Meine Produkte kosten ein Minimum an Geld und bringen ein Maximum an Reichweite." Antenne-Bayern-Programmdirektor Michael Haas glaubte schon lange an das Formatradio – auch in den ersten Privatradiojahren, die noch von dem Versuch gekennzeichnet waren, es jedem recht zu machen und alles zu spielen.
Radio aber ist „Theater im Kopf". Im dramaturgischen Aufbau und im dynamisch bestimmten Ablauf sind Parallelen zwischen Radio und Bühne unverkennbar. Eine Programmvorlage (das Theaterstück) folgt einer Struktur (die Regie) und wird präsent (die Vorstellung). Ein formatiertes Radioprogramm ist für Michael Haas nichts anderes als die gezielte, auf die Bedürfnisse des spezifischen Marktes abgestimmte Wahl von Struktur, Inhalt und Präsentation.
Das Publikum, das man wählte, war – in bewußter Abgrenzung zu Bayern 3 – die Zielgruppe der 25- bis 49jährigen Männer sowie der Frauen um die 35 Jahre, verheiratet, zwei Kinder, berufstätig, weder besonders progressiv noch beson-

Chart 7.8: Zielgruppenverankerung von Antenne Bayern

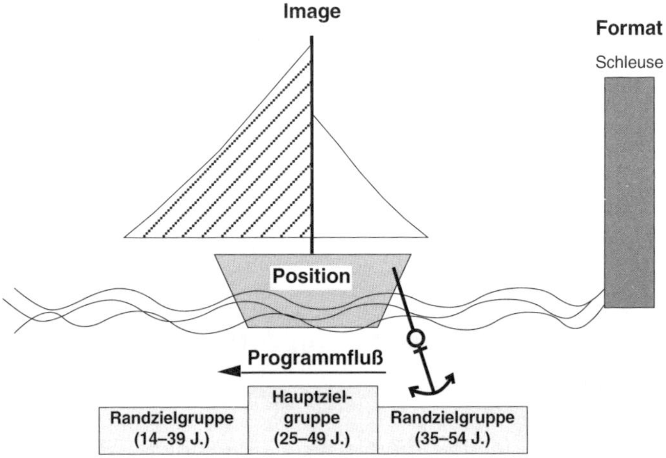

Quelle: Radiomanagement

ders konservativ. Neben dieser Kernzielgruppe versucht man auch, die Randzielgruppen der 18- bis 39jährigen und der 40- bis 54jährigen zu erreichen.

Das Stück, das man für dieses Publikum spielte, war ein Middle-of-the-Road-Format: kein harter Rock, Titel zum Mitsingen. Die Wahl eines Formats beeinflußt alle Bereiche des Senders, sowohl den On-Air- als auch den Off-Air-Bereich. Formatbestimmende Größen sind unter anderem Musik und Moderation, die Nachrichten und Wortbeiträge, Promotionaktionen und Spiele ebenso wie Werbespots und Verpackungselemente (Jingles). Dazu kommen das Image/Erscheinungsbild und die Vermarktung des Senders. Und nicht zuletzt die technische Studioausstattung sowie das Soundprocessing (akustische Bearbeitung).

Bei Antenne Bayern soll der Wortanteil 20 Prozent nicht übersteigen, als Richtzeiten für Interviews und Berichte gelten 30 bis 90 Sekunden. Laut McLoughlin hat sich bisher immer herausgestellt, daß das Wesentliche dann mitgeteilt sei.

Chart 7.9: Die Zielgruppe von Antenne Bayern

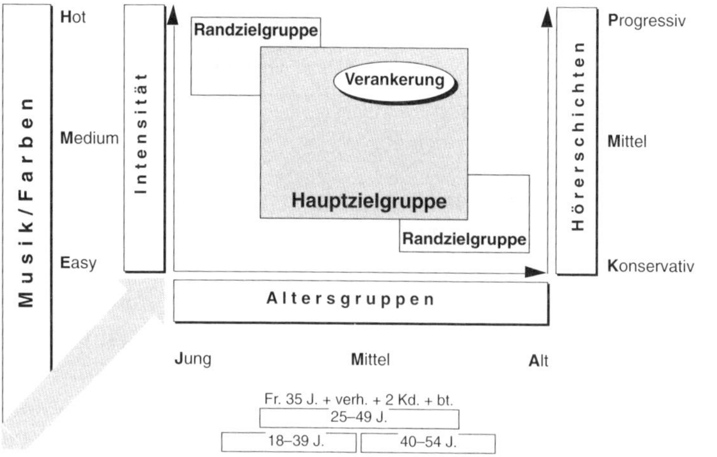

Quelle: Radiomanagement

Das Fullservice-Breitenprogramm Antenne Bayern funktioniert dabei nach dem Credo: Wenn die Musik für kurze Zeit die Bühne freimachen muß, dann nur für etwas Wichtiges, Nützliches oder Unterhaltendes. Servicemeldungen und Aktualität – und hier vor allem viel Bayerisches – sind die besonderen Stärken. Die Musik von Antenne Bayern beschreibt Michael Haas als „nicht zu aggressiv". Das Spektrum reicht von deutschem Pop bis zu klassischen Rock-Hits. Disco-Titel kommen vor, Techno-Hits nicht. Englischsprachige Liedtexte sind zu 60 Prozent, deutsche/europäische zu 30 Prozent und französische/italienische zu zehn Prozent vertreten.

Wesentlich für die Identität eines Hörfunksenders sind auch die Moderatoren. Hier waren McLoughlin und Haas nicht immer derselben Meinung: Ersterer verfolgte die Philosophie, erst den Schwerpunkt auf die jeweilige Sendung zu legen, das Produkt zu machen und dann die Personality der Moderatoren zu entwickeln. Im Hörfunk sei das ohne Bilder nur schwer möglich, solange es sich nicht um ein begrenztes regionales Gebiet – zum Beispiel eine Stadt – handle, in dem der Moderator häufig öffentlich auftreten kann. Michael Haas steht für das „Starradio“ und dafür, Personalities zu kreieren. Er sieht allerdings auch die Gefahr, daß zu Stars aufgebaute Moderatoren schnell zum Fernsehen abwandern.

Automatisierte Funktionsabläufe

Auch in der technischen Ausstattung sieht Antenne Bayern einen wichtigen Erfolgsfaktor. Mit automatisierten Funktionsabläufen soll in naher Zukunft ein nahezu band- und papierloses Studio realisiert werden: Daten werden dann primär innerhalb der einzelnen Netzwerksysteme übertragen. Weitere technische Innovationen ergänzen die bereits bestehenden Module wie Aktualitätenspeicher, Sendespeicher oder CD-Jukeboxen. Als erster Schritt wurde das zentrale Produktionsarchiv, der Langzeitspeicher, komplett digitalisiert. Ein Moderator kann jetzt während seiner Sendung per Computer vom Studio aus direkt auf ein Archiv mit 4.000 Produktionselementen und rund 80 Stunden Audio-Speicherkapazität zurückgreifen. Neben dem Produktionsarchiv steht als Sendespeicher das Nachrichten- und Werbearchiv mit rund 40 Stunden Audio-Speicherkapazität zur Verfügung. Dort sind alle Jingles, aktuelle Musiktitel, Nachrichten-, Produktions- und Werbeelemente abrufbar.
Die Sendeautomation stellt einen reibungslosen Übergang zwischen Sende- und Aktualitätenspeicher sicher. So werden zum Beispiel Beiträge von Korrespondenten zunächst im Aktualitätenspeicher bearbeitet und zusammengestellt, mit Musik und Sprache versehen und anschließend per Netzwerk in den Sendespeicher überspielt. Der Moderator kann Elemente aus den Speichern direkt in die aktuelle Sendung laden und abrufen. Das PC-Display zeigt ihm die Laufzeit der einzelnen Elemente an und liefert eine optische Anzeige

fünf Sekunden vor Spielzeitende. Das System erlaubt außerdem, Nachrichtenverpackungselemente oder Jingles kurzfristig anzupassen, je nachdem, ob es schönes oder schlechtes Wetter, ob es normale oder Krisennachrichten zu vermelden gibt.
Die automatisierten Funktionsabläufe sollen zu einem perfekten Selbstfahrerstudio führen. Ein Problem bestand darin, den Umbau während des laufenden Sendebetriebes zu realisieren. Moderatoren und Redakteure waren an die bisherigen technischen Abläufe gewöhnt und sollten bei gleichbleibender Programmqualität auf die Digitaltechnik umsteigen. Anforderungen und bisherige Erfahrungen der Bediener wurden deshalb bei der Planung berücksichtigt und die Mitarbeiter gründlich auf die neue Technologie vorbereitet.

Das Jahr sechs nach der Gründung

Auf den verschiedenen Stufen eines Privatradio-Lebenszyklus gilt es, im ersten Jahr das Handwerk zu lernen, im zweiten Jahr das Handwerk zu üben, im dritten Jahr den Vorstoß zum Marktführer zu wagen, im vierten Jahr Marktführer zu sein und im fünften Jahr Marktführer zu bleiben. Das Jahr sechs nach Start des Privatradios ist häufig davon geprägt, daß die Reichweiten fallen, die Kosten explodieren, die Moderatoren wechseln, die Redaktion demotiviert wird. Nummer eins zu bleiben wird eine andere Strategie verlangen, als Nummer eins zu werden.

Eugen von Keller
Gabriela Pfändner

8.

Ein Keller voller Rechte

Die deutsche Kirch-Gruppe

Eckdaten des Geschäfts

Tätigkeitsfeld:	Einkauf, Produktion und Vertrieb von Programmen für Kino, Fernsehen und Betrieb von kommerziellem Fernsehen; Beteiligung an Verlagen; Merchandising
Gründung:	1956
Sitz:	München; Repräsentanzen in New York, Los Angeles, Tokio, Paris, Rom, Madrid und Prag
Inhaber:	Dr. Leo Kirch
Mitarbeiter:	700

Kurz und gut

Alles hängt an einer Person, die eine geheimnisvolle Aura umgibt, an ihrer Risiko- und Einsatzbereitschaft, ihrem Glauben an Entwicklungen, die weder absehbar noch berechenbar sind. Auch den Zusammenhalt der Töchterfirmen und Beteiligungen garantiert er: Leo Kirch. Mit seinen Unternehmen versucht er, die Marktbedingungen des Programmgeschäfts sowohl auf der Angebotsseite als auch auf der Nachfrageseite für seine Firmengruppe vorteilhaft zu beeinflussen. Er ist der größte Filmhändler im deutschsprachigen Raum.

Zum Zeitpunkt, als das Fernsehen in Deutschland noch hauptsächlich ein Informationsprogramm sendet, hat Kirch die Vision, daß der Verkauf von Filmlizenzen zukünftig für die Fernsehanstalten eine begehrte Dienstleistung sein würde.

Mit geborgtem Geld sichert er sich als erstes die Rechte des Fellini-Klassikers La Strada. *Bereits 1959 knüpft er Kontakte zu den wichtigsten amerikanischen Studios und legt mit dem Kauf von 400 Filmen den Grundstock zu seinem legendären Filmarchiv. Kirch schließt Exklusivverträge ab.*

Mit dem Start des Zweiten Deutschen Fernsehens (ZDF) 1962 und den dritten Fernsehprogrammen der ARD 1974 steigt der Bedarf an Filmmaterial rapide. Kirch erlangt eine Schlüsselposition. Sie führt dazu, daß die Aufsichtsgremien der öffentlich-rechtlichen Sender eine Mengenbegrenzung für den Kauf von Kirch-Filmen beschließen.

Neben dem Handel mit Filmen produziert die Kirch-Gruppe jährlich mehr als 1.000 Stunden Programm. Damit die Abnahme garantiert ist, hält Kirch in Deutschland Anteile an den Fernsehsendern SAT 1, am Deutschen Sportfernsehen (DSF) und am Pay-TV-Sender Premiere, sein Sohn hält Antei-

le von PRO 7, im Ausland sind es der Schweizer Teleclub, Telepiú (Italien) und Tele Cinco (Spanien). Außerdem gehört der Verleih von Kinofilmen, der Betrieb von Multiplex-Kinos und anderen Filmtheatern zur Angebotspalette.

Als Leo Kirch in den fünfziger Jahren begann, mit Filmrechten für das Fernsehen zu handeln, schien er sich auf ein wenig aussichtsreiches Geschäft einzulassen: Warum sollte das deutsche Fernsehen, bis dahin mehr informierend als unterhaltend, Filmrechte im großen Umfang kaufen? Heute haben sich Weitblick und Risikobereitschaft des promovierten Betriebswirts längst ausgezahlt; der Wandel des Fernsehens zum Unterhaltungsmedium, dessen steigende Bedeutung und die Zulassung privater Anbieter haben es Kirch sogar ermöglicht, von der anfänglichen Nische in eine Schlüsselposition in der Medienbranche zu gelangen. Aus dem Zwei-Mann-Unternehmen der Anfangsjahre ist eine weltweit tätige Gruppe mit 30 Firmen und rund 700 Mitarbeitern geworden, die heute zu den führenden Akteuren des deutschen und europäischen Film- und Fernsehgeschäftes zählt. Jährlicher geschätzter Umsatz: über eine Milliarde Mark.

Mit *La Strada* auf die Erfolgsstraße

Leo Kirch hat, wie viele erfolgreiche Unternehmer, frühzeitig einen neuen Markt erkannt und dann langfristig investiert. Im Deutschland der fünfziger Jahre transportierte das Fernsehen, anders als in den USA, fast nur Informationen. Die aktuelle Berichterstattung hatte Vorrang vor den Unterhaltungssendungen. Einen Handel mit Spielfilmlizenzen für das Fernsehen gab es daher bislang nicht, allein der Kinoverleih verwertete die Filme kommerziell. Nach einigen Wochen Laufzeit verschwanden sie wieder in den Archiven. Kirch hatte jedoch bereits zu diesem Zeitpunkt die Vision, daß der Verkauf von Filmlizenzen an das Fernsehen in der Zukunft eine begehrte Dienstleistung sein würde.

Der Start im Filmlizenzgeschäft verlangte von ihm Mut zum Risiko. Bereits die erste größere Aktion der Firma Sirius Film, die er 1956 zusammen mit seinem Freund Hans Andresen gegründet hatte, drohte ein Flop zu werden. Überzeugt von der Qualität des inzwischen berühmten Fellini-Klassikers *La Strada,* hatte sich Kirch Geld geborgt, um die Rechte zu kaufen. Die Kinobesucher blieben jedoch anfangs aus, die Rechte schienen nicht besonders viel wert zu sein. Trotzdem gelang es Kirch, den Streifen an die Constantin Film zu verkaufen, noch bevor er ein Kassenschlager wurde. Heute ist Kirch selbst zu 49 Prozent Inhaber der neuen Constantin Film, dem Nachfolgeunternehmen der Firma, mit der er sein erstes Geschäft machte.

Weitblick bewies Kirch, als er bereits 1959 Geschäftskontakte zu den amerikanischen Major Companies knüpfte und unter anderem von United Artists und Warner Brothers 400 Filme kaufte – den Grundstock für sein berühmtes Filmarchiv. In den folgenden Jahren nutzte er die bis heute andauernden guten Kontakte zu den Majors und erwarb wiederholt größere Filmpakete: 1969 von Howard Hughes annähernd 1.000 Filme, zwei Jahre später von Hal Roach über 1.200. Sie sicherten ihm in Deutschland eine herausragende Position im TV-Filmhandel.

Ein erfolgreiches Geschäftsprinzip von Kirch war damals schon das „Packaging", sowohl auf der Einkaufs- wie auf der Verkaufsseite: Er kaufte Filme en gros und verkaufte sie in Paketen, die eine Mischung aus A- und B-Filmen enthielten – eine Praxis, die heute im Filmhandel üblich ist.

Die Nachfrage nach Filmen stieg, nachdem 1962 das ZDF und 1974 die dritten Programme der ARD gegründet worden waren, schlagartig an. Den wachsenden Bedarf nutzte Kirch dazu, eine Schlüsselposition unter den Anbietern aufzubauen. In den siebziger Jahren stieg er zum wichtigsten Programmlieferanten der öffentlich-rechtlichen Fernsehanstalten auf. Die Vermutungen darüber, wie hoch der Anteil der Kirch-Lieferungen am Gesamtprogramm des ZDF waren, sind vielfältig, wurden aber nie verifiziert.

Mit der Gründung privater Fernsehsender ging schließlich

ein jahrzehntealter Traum Leo Kirchs in Erfüllung. „Ich habe zwanzig Jahre darauf gewartet, daß eines Tages die Konkurrenz auf der Kundenseite eintritt, die nun da ist", verlautbarte Kirch in einem seiner seltenen Interviews. Infolge der gestiegenen Nachfrage zogen die Lizenzpreise enorm an. Kirch verkaufte seine Filme mit stetig steigender Rendite: für kürzere Zeiträume, weniger Ausstrahlungen, begrenztere Territorien und weniger Nutzungsarten – aber trotzdem zu höheren Preisen als zuvor. Diese offensichtliche Verkaufsstrategie ergänzte Kirch um eine Strategie der Beteiligungen an Privatsendern. Dadurch konnte er die Programmgestaltung der Privatsender beeinflussen und sich an deren Programmproduktion beteiligen.
Von dem wachsenden Programmbedarf der Fernsehanstalten hat Kirch zwar stark profitiert, die gestiegene Nachfrage lockte aber auch neue Konkurrenten, die sich als Anbieter im Filmrechtehandel etablierten. Darunter vor allem Einkaufsfirmen der öffentlich-rechtlichen Anstalten. ARD und ZDF kaufen heute direkt Filme bei jenen Major Companies in den USA, die wie Walt Disney oder MGM keine Exklusivverträge mit Kirch geschlossen haben. Bei der Mehrzahl der großen Studios wie Paramount, Warner Brothers und 20th Century Fox können sie allerdings nicht einkaufen: Bei ihnen hat Kirch dank seiner Exklusivverträge das Auswahl- und Erstzugriffsrecht.

Wertschöpfungskette mit Kern

An keiner anderen Unternehmensgruppe in der Medienbranche war das öffentliche Interesse in den letzten Jahren so groß wie an der Kirch-Gruppe. Sie verdankt das ihrer exponierten Position beim Handel mit Filmrechten und den aufsehenerregenden Beteiligungen an Privatsendern und Printmedien. Zudem hält sich die Firmengruppe in der Infor-

mationspolitik sehr zurück. In die Beteiligungsstruktur gibt Kirch nur wenig Einblick, Zahlen über Umsatz und Ergebnis werden nicht veröffentlicht.
Kein Geheimnis ist jedoch, daß sich die Unternehmensgruppe mit Hauptsitz in Unterföhring bei München zum größten Programmanbieter im deutschsprachigen Raum und zu einem der führenden europäischen Akteure im internationalen Film- und Fernsehgeschäft entwickelt hat. Sie betätigt sich heute vorwiegend im Programmhandel und in der Programmproduktion, ist bedeutender Gesellschafter verschiedener Fernsehsender, dazu mit über 35 Prozent Gesellschafter des Axel Springer Verlages, und betreibt zahlreiche weitere Geschäfte in der Medienbranche. Kirch hat die Aktivitäten der Gruppe konsequent entlang einer Wertschöpfungskette aufgebaut, deren Kern der Handel mit Programmrechten ist. Dadurch kann er auf mehreren aufeinanderfolgenden Stufen zusätzliche Erlöse und zudem Vorteile bei der Verwertung der Filmrechte erzielen.

Chart 8.1: Wertschöpfungskette im Verbund der Unternehmen der Kirch-Gruppe

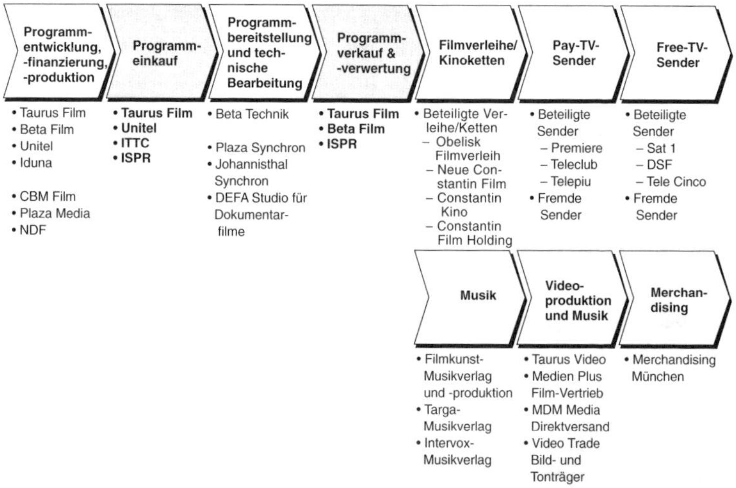

Chart 8.2: Entwicklung des deutschen Werbemarktes

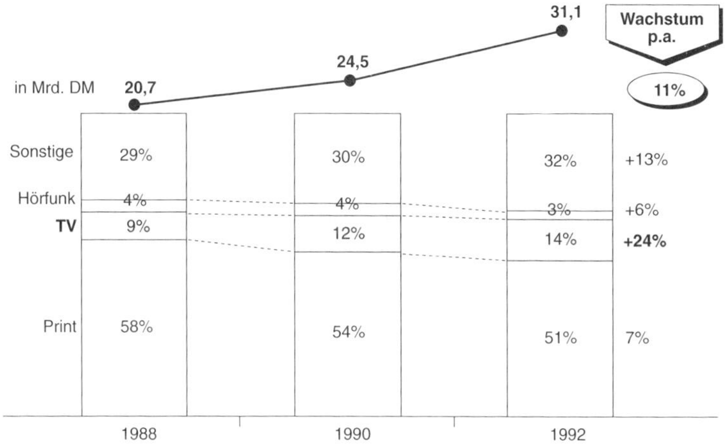

Quelle: Werbung in Deutschland, 1990/1991/1992, Zentralverband der deutschen Werbewirtschaft

Mit einem auf über eine Milliarde Mark geschätzten Umsatz gehört die Kirch-Gruppe – sie hat nach eigenen Angaben rund 700 Mitarbeiter und besteht aus über 30 Unternehmen mit Repräsentanzen in New York, Los Angeles, Tokio, Paris, Rom, Madrid und Prag – heute zu den zehn größten, deutschen und vierzig größten, europäischen Medienunternehmen. In ihrem Kerngeschäft, dem Handel mit TV-Programmen, zählt sich die Gruppe zu den fünf größten, europäischen Film- und Fernsehunternehmen. Ihre starke Position in diesem Bereich verdankt sie dem überproportionalen Wachstum des deutschen TV-Marktes. Deutlich wird das, wenn man den Anteil der TV-Werbung am gesamten deutschen Werbemarkt betrachtet.

Von Pavarotti bis Karajan

Kerngeschäft der Kirch-Gruppe sind Einkauf und Vertrieb von Programmen für das deutschsprachige Fernsehen. In den

Archiven lagern gut 50.000 Stunden Programm mit Fernsehfilmen, Serien, Kindersendungen, Gameshows, Konzerten, Operninszenierungen und Dokumentationen sowie rund 15.000 Spielfilme – vom Stummfilmklassiker bis zum aktuellen Hollywood-Hit. Organisatorisch sind diese Geschäftsbereiche in den Firmen Taurus Film und Beta Film angesiedelt. Während die Taurus auf dem internationalen Markt Programmrechte für die deutschsprachigen Länder akquiriert, vertreibt Beta die Programmrechte weltweit.

Die Kirch-Gruppe handelt nicht nur mit Programmen im großen Stil. Sie produziert auch selbst und ist eine Drehscheibe für nationale und europäische Produktionen und Koproduktionen. 400 Stunden Programm entwickeln die zur Gruppe gehörigen Unternehmen – Taurus, Iduna, Neue deutsche Filmgesellschaft (NDF) und Plaza Media – jährlich. Eine Sonderstellung nimmt die 1966 gegründete Unitel ein, die pro Jahr 700 Stunden qualitativ hochwertiges Musikprogramm herstellt. Unter den Vertragspartnern finden sich klangvolle Namen wie Karajan, Bernstein und Pavarotti. Außerdem hat Unitel einen Exklusivvertrag mit den Bayreuther Festspielen. Die Leistungsstärke dieser Firmen zeigt sich darin, daß zum Beispiel Beta Technik das weltweit größte Lagersystem für sendefertiges Filmmaterial betreibt und außerdem Kapazitäten für Synchronisation, Untertitelung, Bild- und Tonbearbeitung sowie Normwandlung bereithält.

Weitere Ableger des Programmgeschäftes sind die Videoproduktion und der Videovertrieb (Taurus Video Firmengruppe), mit besonderem Schwerpunkt im Kinder- und Jugendprogramm. Letzteres hat sich unter der Marke *Junior* mit Astrid-Lindgren-Filmen einen Namen gemacht. Ebenfalls in die Programmsparte fallen das Merchandising und Musikverlagswesen – beides Geschäftszweige, in denen Kirch zuerst nur Randgeschäfte sah, mit denen er dann aber sehr erfolgreich wurde.

Fernsehbeteiligungen zur Absicherung des Programmgeschäftes

Ihre Verkaufsstrategie für Programme hat die Kirch-Gruppe mit Beteiligungen an privaten Fernsehsendern gezielt abgesichert. Beteiligungen hält Kirch in Deutschland an SAT 1 und am Deutschen Sportfernsehen (DSF), beides Privatsender, die sich allein über Werbeeinnahmen finanzieren, sowie an dem Sender Premiere, der von Einnahmen aus Zuschauerabonnements lebt. Im Ausland ist Kirch an den Pay-TV-Sendern Teleclub (Schweiz) und Telepiú (Italien) sowie am Sender Tele Cinco (Spanien) beteiligt. SAT 1 hat als einer der Pioniere im Markt der werbefinanzierten Sender mit Vollprogramm einen Marktanteil von cirka 15 Prozent erreicht und sich mit Werbeeinnahmen von rund einer Milliarde Mark jährlich als einer der wichtigsten Werbeträger im deutschsprachigen Raum etabliert.

Bei der Sicherung ihrer Marktanteile geht die Kirch-Gruppe auch schon mal hemdsärmelig zur Sache. Um zu verhindern, daß sich im deutschen Markt neben der Bertelsmann/CLT-Anbietergruppe und den von ihr selber beeinflußten Sendern, ein weiterer Anbieter eines Vollprogramms etabliert, erwarb die Kirch-Gruppe im Zuge einer feindlichen Übernahme die Anteile von Tele 5 und wandelte ihn in einen Sportsender um. Das Deutsche Sportfernsehen ist der bisher konsequenteste Versuch, einen nationalen Spartensender zu etablieren, der sich allein durch Werbung finanziert: Der steigende Marktanteil bestätigt das Programmkonzept des DSF. Aber noch ist der Break-Even nicht erreicht. Der schweizerische Pay-TV-Sender Teleclub ist als Spielfilmkanal Marktführer in der deutschsprachigen Schweiz, während Telepiú in Italien mit einem schwierigen rechtlichen und wirtschaftlichen Umfeld zu kämpfen hat; geplant sind ein Spielfilm- sowie ein Sport- und Dokumentationskanal.

Mit Printbeteiligungen Synergien schaffen

Ihr Hauptengagement in den Bereichen Film, Fernsehen, Video und Musik hat die Kirch-Gruppe um Beteiligungen an Zeitungen und Zeitschriften ergänzt. Dazu zählt vor allem der 35prozentige Anteil am Axel Springer Verlag. Mit der Beteiligung will Kirch Synergien schaffen und dabei insbesondere das Programm- und Fernsehgeschäft durch ein entsprechendes redaktionelles Umfeld unterstützen. Mit Springer ist die Kirch-Gruppe auch bei der Vermarktung von Sportprogrammen und -übertragungen ins Geschäft gekommen. Für diesen Zweck gründeten beide die Internationale Sportrechte Verwertungsgesellschaft (ISPR). Das einstmalige Engagement beim Deutschen Bücherbund dagegen ließ sich nur schwer mit den übrigen Geschäftsfeldern verbinden, weshalb Kirch die Gesellschaft an Bertelsmann verkaufte.

Frühzeitiges Erkennen der Marktentwicklung

Leo Kirchs Erfolg läßt sich letztlich auf drei wesentliche Faktoren zurückführen: Er erkannte frühzeitig die Marktentwicklung, konzentrierte die Ressourcen und beschränkte sich auf das Kerngeschäft – und er bewies, bei hohem persönlichen Einsatz, Geschick bei der Auswahl von Führungskräften.

Mitte der fünfziger Jahre war die Zukunft des Fernsehens sowohl auf der Nachfrage- als auch auf der Angebotsseite vollkommen ungewiß. Weder über Zuschauerakzeptanz und Nutzungsverhalten gab es sichere Prognosen noch über den Bedarf der Sender an Filmen oder über die Programmpolitik. Der Handel mit Filmen erschien damals wie ein exotisches Nischengeschäft. Tatsächlich eröffnete sich jedoch in den folgenden Jahrzehnten ein großes und einträgliches Geschäftsfeld, das derzeit sogar stärker expandiert als je zuvor.

Dies auch deshalb, weil der Fernseher im Laufe der Jahre längst zu einem Alltagsgegenstand geworden ist, bei dem sich die Nutzungsgewohnheiten eingeschliffen haben: Rund zweieinhalb Stunden sehen die Deutschen im Durchschnitt täglich fern. Das Fernsehen entwickelte sich, den gewandelten Bedürfnissen entsprechend, von einem Informations- zu einem Unterhaltungsmedium, dessen Zuschauer sich in zunehmend mehr Zielgruppen aufsplitterten.

Für die Kirch-Gruppe war diese Entwicklung günstig: Sie besaß zum großen Teil die Rechte der Spielfilme, Serien und Unterhaltungsprogramme, auf welche die Sendeanstalten zurückgreifen mußten. Ein Trend, der sich erst in den letzten Jahren abschwächte: Die öffentlich-rechtlichen Anstalten treten selbst – ohne Zwischenhändler – als Programmkäufer auf, und die Privatsender strahlen vermehrt Eigenproduktionen aus.

Zunächst aber verstärkte sich die Programmnachfrage seit Mitte der achtziger Jahre enorm. Unter anderem, weil die Zahl der nationalen Sender stark gestiegen ist, seit die dritten Programme bundesweit ausgestrahlt wurden und die Privatsender hinzukamen. Zunehmend entstehen auch lokale Stationen, nicht zuletzt, weil sich die Zahl der Kanäle und die Verbreitungsmöglichkeiten vervielfältigt haben. Dazu trugen die Freigabe terrestrischer Frequenzen ebenso bei wie die Möglichkeit, Sendungen der Pay-TV-Sender zu kodieren, Programme in Kabelnetze einzuspeisen oder direkt via Satellit auszustrahlen.

Kirch profitierte im Kerngeschäft von diesen Trends mit einer kräftigen Umsatzsteigerung: Die Preise stiegen ebenso wie das Absatzvolumen. Neue Techniken machen zukünftig die Verbreitungswege noch leistungsfähiger: Mittels digitaler Kompression und Modulation wird sich die Übertragungskapazität der bereits vorhandenen Kanäle auf terrestrischen Frequenzen und im Kabel verzehnfachen, was die Nachfrage nach Programmen entsprechend erhöhen wird.

Die Kirch-Gruppe war aber nicht nur deshalb erfolgreich, weil ihr Gründer die Marktentwicklung frühzeitig erkannt hat. Entscheidend war die Vorgehensweise: Bei der Erschließung der neuen Geschäftsfelder beschränkte sich Kirch bewußt auf das Kerngeschäft, den Handel mit Programmrechten und Lizenzen. Konsequent strebte er die Marktführerschaft im deutschsprachigen Raum an und nutzte dazu alle ihm zur Verfügung stehenden politischen und geschäftlichen Verbindungen. Einer der größten Aktivposten der Kirch-Gruppe ist das filigrane Geflecht von nationalen und internationalen Beziehungen, die Kirch auch einzusetzen wußte, wenn es um die Wahrung oder Ausweitung seiner Interessen ging.
Ein weiterer Erfolgsfaktor war, daß Kirch das Filmgeschäft in seiner Essenz immer als „Rechtegeschäft" begriffen hatte. Außerdem hatte er frühzeitig den Wert von Monopolsituationen erkannt. Durch den Abschluß von Exklusivverträgen mit den amerikanischen Major Companies gelang es ihm, seinen Markt – zumindest teilweise – abzusichern. Einen entscheidenden Wettbewerbsvorteil sicherte sich Kirch auch durch den Aufbau einer umfassenden Dokumentation über alle Rechte an eigenem und fremdem Filmmaterial, die in einer großen Datenbank gespeichert ist. Die Kirch-Gruppe ist so in der Lage, schnell zu erkennen, wo zusätzliche Nutzungsmöglichkeiten für eigene Rechte liegen, aber auch, wo die Notwendigkeit besteht, sie zu verteidigen.
Außerdem ergänzte die Kirch-Gruppe auch angrenzende Dienstleistungen. Um das Filmmaterial bereitstellen, auf- und nachbearbeiten zu können, baute die Gruppe entsprechende technische Kapazitäten auf. So konnte sie nicht nur Filmrechte anbieten, sondern auch Servicefunktionen, was die Vermarktung der Programme begünstigte.
Als Komplementär oder Mehrheitsgesellschafter hält Kirch selbst die verschiedenen Firmen zusammen. Je nach ihrer strategischen Bedeutung sind sie als einhundertprozentige

Töchter oder Minderheitsbeteiligungen in die Unternehmensgruppe eingebunden. Letztere hält Kirch insbesondere an Filmverleihen und TV-Sendern, also auf der Wertschöpfungsstufe der Programmverwertung, die das Kerngeschäft Programmhandel absichert.
Die Marktführerschaft im Programmhandel für den deutschsprachigen Raum zu erreichen oder zu halten, ist wohl immer das hauptsächliche Ziel der Kirch-Gruppe. Die Fachpresse ist sich einig darüber, daß Kirch der größte Anbieter auf dem deutschen Markt ist, wobei die Schätzungen über den Marktanteil weit auseinandergehen. Sicher ist, daß die Kirch-Gruppe absoluter Marktführer bei deutschen Heimatfilmen ist und dank Unitel zu den führenden Anbietern hochwertiger Musikprogramme zählt.
Die Konzentration auf das deutsche Programmhandelsgeschäft hatte immer Vorrang vor einer rein ertragsorientierten Diversifizierung oder Internationalisierung der Geschäftstätigkeit. Strategisch ist die Kirch-Gruppe darauf ausgerichtet, die für den deutschen Sprachraum erworbenen Programmrechte mehrfach zu nutzen. Dazu gehören der Filmverleih, der Verkauf von Programmrechten für die unkodierte Ausstrahlung durch öffentlich-rechtliche oder private Sender, der Verkauf an Pay-TV- und Pay-per-view-Anbieter sowie die Vermarktung von Videokassetten und die Verwertung von Merchandising-Rechten. In Zukunft werden weitere Rechte – zum Beispiel multimediale Auswertungen – dazukommen.

Unternehmerpersönlichkeit mit Führungsgeschick

Die Grundlagen für den Erfolg des Unternehmens liegen in den persönlichen Fähigkeiten und Eigenschaften Leo Kirchs. Als Unternehmer mit hoher Risiko- und Einsatzbereitschaft, verfolgt er seine Ziele konsequent und mit Geschick. Außer-

dem hat er an Entwicklungen geglaubt, als diese weder absehbar noch berechenbar waren. Um seine Geschäftsideen zu verwirklichen, nahm er erhebliche finanzielle Risiken und rechtliche Unwägbarkeiten in Kauf: Es ist kein Geheimnis, daß Kirchs Expansionsdrang zeitweise zu einer starken Verschuldung und zu potentiellen Konflikten mit wettbewerbsrechtlichen Vorschriften geführt haben.
Kirchs Risiko- und Einsatzbereitschaft gehen einher mit einem ausgeprägten Geschäftssinn und der Fähigkeit, seinen persönlichen Charme gezielt einzusetzen: Nicht zuletzt diesem Umstand hat er sowohl seine Exklusivverträge mit den amerikanischen Major Companies als auch seine weitverzweigte Beteiligungsstruktur zu verdanken – etwa bei seinen Kooperationen beziehungsweise wechselseitigen Beteiligungen mit Murdoch und Berlusconi.
So konnte Kirch, trotz der politischen Brisanz seines Expansionsdrangs, eine Schlüsselposition in der deutschen Medienlandschaft erreichen. Obwohl der Eroberung großer Marktanteile im politisch sensiblen Mediengeschäft starke gesetzliche – vor allem wettbewerbsrechtliche Schranken – entgegenstehen, hat Kirch einen Einfluß auf die Medienbranche, der weit über die rein wirtschaftliche Bedeutung seiner Firmen hinausgeht. Grundsätzlich versucht er, die Marktbedingungen des Programmgeschäfts sowohl auf der Angebots- als auch auf der Nachfrageseite für seine Firmengruppe vorteilhaft zu beeinflussen.
Außerdem war Kirch sich wohl immer bewußt, daß er ohne große und damit sichtbare Strukturen leichter und erfolgreicher in einem Markt agieren konnte, der schnell, wandelbar und politisch sensibel ist. Noch vor wenigen Jahren war sein Bild in der Öffentlichkeit gänzlich unbekannt. Ein Reporter fragte Kirch beispielsweise einmal, nachdem er in dessen Firmengebäude vorgedrungen war und den Besitzer offensichtlich nicht kannte, wo denn das Büro von Kirch sei. Kirchs Antwort: ein kurzes Achselzucken.

Zum Erfolg der Kirch-Gruppe trägt auch die sorgfältige Auswahl von Vertrauenspersonen bei. Kirch hat es verstanden, eine Schar von sehr qualifizierten, einsatzbereiten und loyalen Mitarbeitern und Beratern um sich zu scharen. Seine starke persönliche Ausstrahlung, von der eine wesentlich größere Integrationswirkung ausgeht als von der schwach ausgeprägten Corporate Identity der Gruppe, sowie der Glanz der Medienwelt haben eine große Anziehungskraft auf junge, hochmotivierte und ehrgeizige Neueinsteiger. Typisch für Kirchs Führungsstil ist, seinen Nachwuchskräften viel Verantwortung zu übertragen, die sie bei anderen Firmen nicht so schnell erhalten würden.

Weiteres Wachstum bei den Neuen Medien

Die Zukunftspläne der Kirch-Gruppe sind genausowenig öffentlich bekannt, wie Zahlen über frühere und gegenwärtige Geschäfte. Offiziell wird lediglich betont, daß sie sich verstärkt im Pay-TV engagieren will. Die Pläne für weitere Kanäle des Senders Premiere liegen bereits in der Schublade und passen gut zu der schon bekannten Strategie, Programmrechte mehrfach zu verwerten. Es darf daher getrost vermutet werden, daß Leo Kirch auch in den aufkommenden neuen Medienmärkten eine wichtige Rolle spielen wird.

Christoph von Grolman
Eugen von Keller

9.

Standards setzen für die Branche

Die „Deutsche Plakat-Werbung-Gruppe"

Eckdaten des Geschäfts 1992

Tätigkeitsfeld:	Service- und Plakatgesellschaften in der Außenwerbung
Gründung:	1971 awk als Verkaufs- und Marketinggesellschaft der Gruppe, SÜPLA das erste DPW-Gruppenunternehmen wurde 1947 erworben
Sitz:	Koblenz
Gesellschafter:	G. Freund, 52 %; H. J. Freund, 24 %; L. von Canal 24 %
Gesamtumsatz:	76,3 Millionen DM
Mitarbeiter:	119

Kurz und gut

Eigentlich ist er nur in die Werbung gelangt, weil er sich 1946 in Koblenz sein Architekturstudium verdienen will: Günter Freund dreht Werbefilme, gründet eine Annoncenexpedition, gibt ein Landesverordnungsblatt und eine Anzeigenzeitung heraus.
Durch Zufall kann er die SÜPLA, die Südwestdeutsche Plakatgesellschaft kaufen, die ihr Geschäftsfeld weitgehend durch die Kriegsfolgen eingebüßt hat. Heute ist er mit der Deutschen Plakat-Werbung (DPW) und ihrer einhundertprozentigen Tochter awk, Gesellschaft für visuelles Marketing, Marktführer der Außenwerbung in Deutschland.
Um die Konkurrenz nicht frühzeitig auf den damals neuen Markt der Großplakate in der Außenwerbung aufmerksam zu machen, gründet Freund Ende der fünfziger Jahre eine weitere Firma in Oberhausen. Nach außen steht sie in keiner Verbindung zur SÜPLA. Erst als er Marktführer ist, lüftet er das Geheimnis.
Als Pionier in der Branche ist die DPW immer auf der Suche nach neuen Ideen und setzt sie gleichzeitig als Standard durch. So entstehen beispielsweise das heute gängige Naßklebeverfahren, die Einführung eines Rabattsystems und das nach Dekaden organisierte Terminsystem; der ständige Ausbau des Service für die Kunden ist ein weiterer Erfolgsbausteine. Ob mit einer eigenen Mediaplanung oder mit Grundlagenforschungen über Reichweiten und Kontaktchancen, DPW und awk gelten als Vorreiter.
Ein besonderes Augenmerk richtet Günter Freund immer auf die Entwicklung seines Mitarbeiterstabes. Sein Credo: „Leistung soll Hierarchie ersetzen" bringt er auch 1982 mit dem Bau eines neuen Firmensitzes zum Ausdruck – mit Büros ohne Trennwände. Durch die räumliche Nähe sowie die

Möglichkeit, sich ständig gegenseitig zu beobachten, kann nur derjenige einen Führungsanspruch aufrechterhalten, der sich als kompetent erweist. Außerdem startet die DPW früh, nur Funktionen mit einem hohen Wertschöpfungsanteil selbst auszuüben. Andere werden ausgelagert.

Es war verboten, aber das störte Günter Freund nicht. Des Nachts ließ er seine Anzeigenzeitung an Litfaßsäulen kleben. Der Eigentümer beschwerte sich zunächst, machte dann aber ein überraschendes Verkaufsangebot. Es war das Jahr 1947. Freund schlug ein, kaufte die SÜPLA, die Südwestdeutsche Plakatgesellschaft, zog sich aus dem Anzeigengeschäft zurück und „machte nur noch eins, aber das richtig". Heute sind Plakate aus dem Straßenbild nicht mehr wegzudenken. Die Werbung auf Großflächen hat sich etabliert. Günter Freunds Deutsche Plakat-Werbung-Gruppe (DPW) ist das führende Unternehmen in der deutschen Außenwerbung. Es bietet einen kompletten Service an – von der Mediaplanung bis hin zur Kontrolle des Erfolges.
Mit großflächigen Plakaten im Freien zu werben, stand in Deutschland lange Zeit nicht besonders hoch im Kurs. Im Vergleich zu anderen Werbemedien führte die Außenwer-

Chart 9.1: Entwicklung der Nettoumsätze

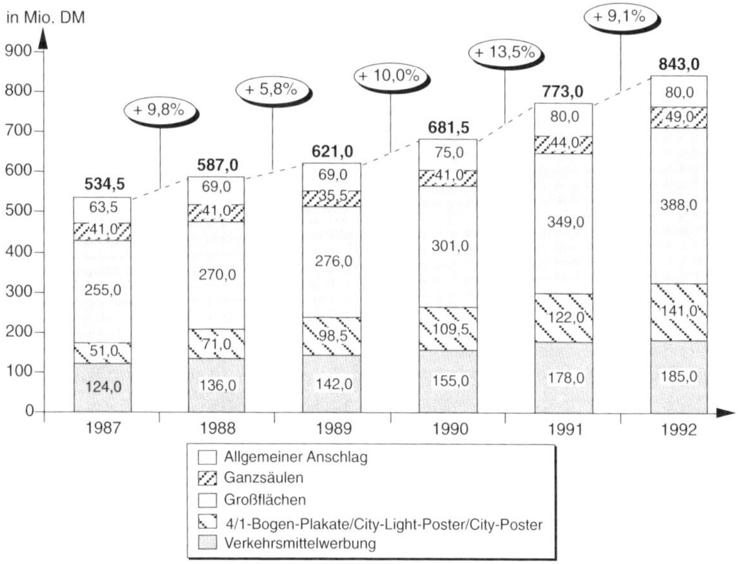

Chart 9.2: Organigramm Firmengruppe Freund*

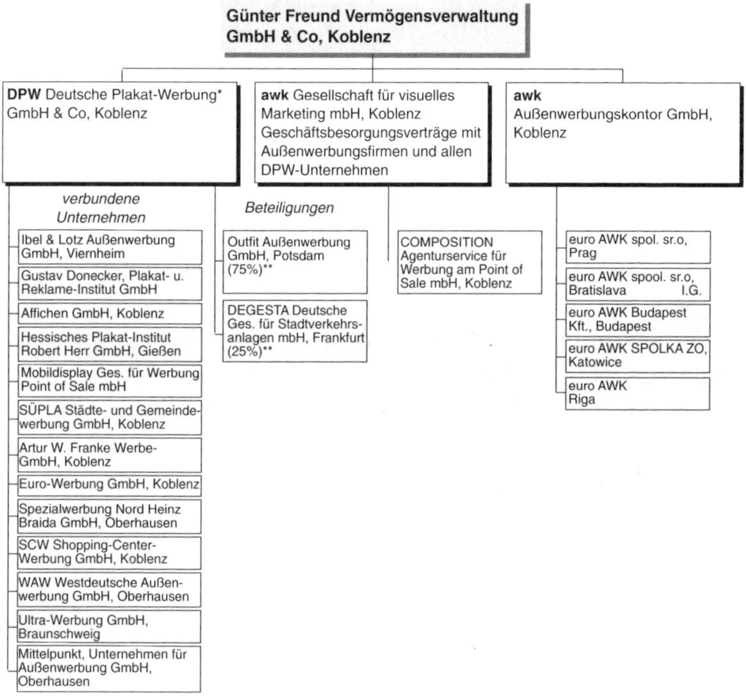

* Niederlassungen der einzelnen Unternehmen sind nicht aufgeführt; Stand: Oktober 1993
** ...wenn nicht speziell aufgeführt = 100%- Beteiligung

Quelle: DPW Koblenz

bung ein Schattendasein. Inzwischen ist sie etabliert: Plakate, Neonreklamen („City Light" an Bushaltestellen) sowie Werbung auf Taxis, Bussen und Bahnen sind selbstverständlicher Teil des Straßenbildes. In den letzten Jahren wuchsen die Umsätze sogar um bis zu 13,5 Prozent jährlich. Allein 1992 setzte die Außenwerbungsbranche insgesamt 843 Millionen Mark um. Maßgeblich daran beteiligt: Die Deutsche Plakat-Werbung in Koblenz und ihre hundertprozentige Tochter awk, Gesellschaft für visuelles Marketing. Der Aufstieg des Mediums Außenwerbung bedeutete für sie Erfolg und Wachstum.

Günter Freund: Vorreiter für die Außenwerbung

Ohne Günter Freund, dem Gründer und geschäftsführenden Gesellschafter der DPW, wäre die Entwicklung des Unternehmens nicht denkbar. Seine Erfahrungen während des Krieges prägten ihn so stark, daß sie sich noch Jahrzehnte später in der Unternehmenskultur von DPW wiederfinden – als Erfolgsfaktoren. Freund wurde 1944, gerade 22 Jahre alt, Erster Wachoffizier auf einem U-Boot. Daß er nach Kriegsende einmal in der Werbebranche arbeiten würde, hat er sich damals nicht träumen lassen.
Werber wurde er, um sich 1946 als Architekturstudent seinen Lebensunterhalt zu verdienen. Zunächst gründete Freund eine Annoncenexpedition, dann gab er ein Gewerkschaftsblatt, ein Landesverordnungsblatt und eine Anzeigenzeitung heraus und drehte außerdem Werbefilme. Über den Umweg des „verbotenen Plakatanschlages" konnte er die SÜPLA, das vor dem Krieg größte privatwirtschaftliche Plakatunternehmen, kaufen. Den Preis zahlte er aus seinen bisherigen Erlösen.
Besonders viel wert war die SÜPLA zu diesem Zeitpunkt nicht: Der Krieg hatte die meisten Anschlagstellen zerstört, und viele Verträge waren ungültig. Freund aber widmete sich zunehmend seinem Unternehmen statt dem Studium. Mit der Gründung der REWA – Rheinische Werbeagentur GmbH – verschrieb er sich 1951 dann vollends der Werbebranche. Nur ein Jahr später gab er alle Geschäftsaktivitäten außer der Außenwerbung auf. Eine Entscheidung auf den Rat seiner Frau hin und „aus dem Bauch heraus". Sein „Gefühl" sagte ihm, daß dieses Medium Zukunft hat – und daß er über die richtige Ausgangsbasis verfügt, um in diesem Markt erfolgreich zu sein. In den Jahren darauf kaufte er mehrere Plakatgesellschaften und gliederte sie in seinen Firmenverbund ein. Als einer der ersten erkannte Günter Freund Ende der fünfziger Jahre, daß in der Großfläche enormes Werbepotential

steckte. Im europäischen Ausland bereits weit verbreitet, war diese Form in Deutschland noch relativ unbekannt. Außerdem lehnte die Bevölkerungsmehrheit die übergroßen Plakate noch ab. Freunds Trick: Für das neue Geschäftsfeld gründet er in Oberhausen eigens die Affichen GmbH. Nach außen hat das Unternehmen keine Verbindung zur SÜPLA. So wollte Freund verhindern, daß die Konkurrenz frühzeitig auf sein Engagement in der Großflächenwerbung aufmerksam wird. Außerdem sollten die Ressentiments der Behörden gegenüber der neuen Plakatierungsform seinen übrigen Geschäften nicht schaden. Erst als Affichen Marktführer war und sich die Großfläche etabliert hatte, deckte Freund die wahren Gesellschafterverhältnisse auf.

Neben der Großfläche am Straßenrand entdeckte Freund auch die Werbung an Verbrauchermärkten und in deren Nachbarschaft als ein Plakatmedium mit Zukunft. Heute verfügt die DPW-Gruppe über zwei Drittel all dieser Werbeträger. Damit ist die DPW in der Werbung auf Großflächen sowie an Verbrauchermärkten Marktführer in den zwei wachstumsstärksten Bereichen.

Frühzeitig erkannte Günter Freund, wie wichtig neben dem traditionellen Plakatgeschäft der Service war. Deshalb gründete er 1971 die awk Außenwerbungskontor GmbH, eine Verkaufs- und Marketinggesellschaft für seine und für andere Plakatunternehmen. Mit der awk bot er seinen Anzeigenkunden zum Beispiel die gezielte bundesweite Schaltung von Werbung in bestimmten Lagen.

Diese kundenorientierte Geschäftspolitik war der Wachstumsfaktor der Zukunft. Einerseits akquirierte Günter Freund zusätzliche Flächen, andererseits forcierte er den Service für die Agenturen, indem er die sogenannte Spezialmittlung mit der awk Media-Assistenz als eigenständigen Bereich etablierte. Die awk übernahm verstärkt als zentrale Instanz Aufgaben, die bisher bei den Werbeagenturen lagen, wie zum Beispiel Plakatplanung, Disposition der Orte und Zeiten,

Auswahl der Stellen beziehungsweise der Plakatgesellschaften oder die Kontrolle. Weil der schnell wachsende Außenwerbungsmarkt neue Formen entwickelte – City Light oder Werbung an Verbrauchermärkten –, wurde die Konzeption und die Kontrolle von Kampagnen wesentlich schwieriger. Die Werbeagenturen sahen diese Tätigkeiten aber nicht als ihre Kernaktivitäten an. Also übertrugen sie sie auf spezialisierte Serviceunternehmen. Bezeichnendes Beispiel ist eine führende deutsche Agentur, die ihre Plakatabteilung von 30 Mitarbeitern in den sechziger Jahren auf zur Zeit drei verkleinert hat.

Innovation, Dienstleistung und Unternehmenskultur

Ihren Aufstieg von der Annoncenexpedition der Nachkriegszeit zu einem führenden Unternehmen der Werbewirtschaft, verdankt die DPW-Firmengruppe drei wesentlichen Faktoren: Erstens trieb Freund die Entwicklung des Gesamtmediums Außenwerbung ständig voran. Mit awk etablierte er zweitens ein Dienstleistungsunternehmen, das sich konsequent an den Kundenwünschen orientierte. Und er schuf drittens eine Unternehmenskultur, die die Mitarbeiter dazu anspornte, besonders produktiv zu sein.

Innovationen setzen Standards

Gegenüber den anderen Werbemedien suchte die Außenwerbung zunächst ihr Profil. Als Vorstandsmitglied des Fachverbandes Außenwerbung e. V. (FAW) sowie im Zentralausschuß der Werbewirtschaft e. V. leistete Günter Freund viel Überzeugungsarbeit. Das Ziel „Profilierung der Außenwerbung" behielt er auch bei den firmeninternen Neuerungen stets im Blick: Den innovativen Vorsprung wollte er nicht ausschließlich für sich nutzen, sondern als Standard an die gesamte Branche weitergeben. Einige Beispiele:

- 1953 führte DPW das Naßklebeverfahren ein, um schneller und faltenfrei plakatieren zu können. Heute ist es Standard.
- 1954 stellte Freund auf das Dekaden-Terminsystem um. Durch feste Belegungszyklen von zehn beziehungsweise elf Tagen war DPW gegenüber Kunden flexibler. Gleichzeitig konnten die Klebekolonnen rationeller eingesetzt werden.
- Indem er das 4/1-Plakatformat als optimale Plakatgröße festlegte, schuf er die vielfältig einsetzbare Grundlage für die neuen, selbstentwickelten Werbeträger wie Wartehallen, Prismatoiden und Dreiecksständer.
- 1979 führte DPW ein mittlerweile branchenübliches Rabattsystem ein.
- Die Koblenzer entwickelten die verglasten Wartehallen Typ „Hamburg". Sie erstellten den Beschreibungsbogen für Anschlagstellen in Zusammenarbeit mit dem FAW. Und sie entwickelten die sogenannte Dachziegelklebung und führten sie in Zusammenarbeit mit dem FAW bundesweit als Euro-Klebung ein.
- Einen wichtigen Schub bekam die Branche auch dadurch, daß DPW gezielt die Marktforschung forcierte. Infratest entwickelte 1976 im FAW-Auftrag ein Meßmodell. Damit war erstmals Grundlagenforschung möglich: Reichweiten und Kontaktchancen lassen sich nun genau erfassen und darstellen, demographische Merkmale analysieren und die Werbewirksamkeit kontrollieren. Die Außenwerbung wurde mit anderen Werbemedien vergleichbar. Das trug entscheidend zum Durchbruch und Aufschwung der Außenwerbung insgesamt bei. Positiver Nebeneffekt: Die awk bekam das Image eines innovativen Vorreiters.

Zusatzservice für die Kunden

Traditionell bestand die Tätigkeit der deutschen Plakatunternehmen zunächst darin, Flächen auszuwählen, sie vertraglich zu binden und die Stellen dann zu pflegen. Sie verwalteten den Bestand bestmöglich. Ein eigenes Marketing betrieben sie kaum und Funktionen wie Plakatplanung und -steuerung waren ihnen eher fremd. Die Disposition überließen sie meist den Werbeagenturen. Für die DPW aber sind das elementare Ergänzungen zu ihrer übrigen Arbeit. Mit der awk Media-Assistenz entstand ein eigener Geschäftsbereich, der sich auf die Beratung der Kunden bei Planung, Einkauf, Abwicklung und Kontrolle der Außenwerbung spezialisiert hat. Dabei unterscheidet die DPW in der Organisation strikt: Die awk ist ein zentrales Dienstleistungsunternehmen. Die dezentral arbeitenden Plakatgesellschaften konzentrieren sich

Chart 9.3: DPW-Leistungsangebot*

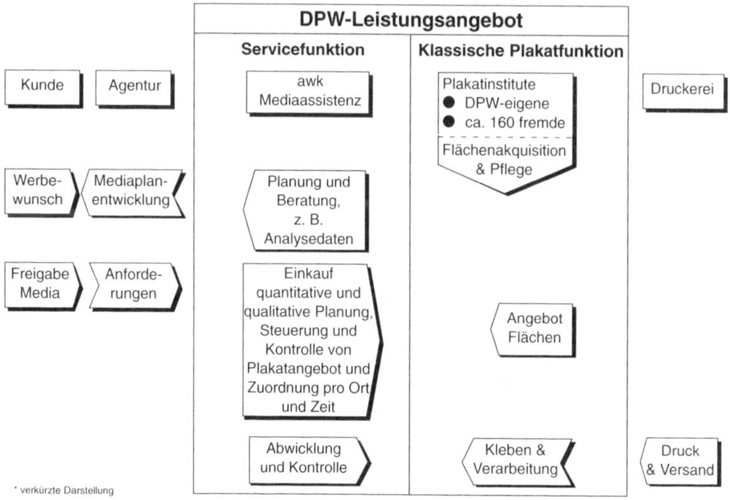

Quelle: Roland Berger & Partner

auf Grundstücksangelegenheiten und Pflege der Flächen. – Eine notwendige Trennung, denn für Media-Assistenz und Spezialmittlung auf der einen Seite und Plakatunternehmen auf der anderen wird völlig unterschiedliches Know-how und Personal benötigt.
So konnte sich die DPW mit Hilfe der awk im Kerngeschäft leichter an Marktveränderungen anpassen. Die Auftraggeber, zum größten Teil überregional agierende Werbeagenturen, verlangen eine anspruchsvolle Umsetzung ihrer Mediapläne: den Einsatz von EDV-Systemen sowie Qualitäts- und Selektionsstandards. Anspruchsvolle Kunden wollen aber auch auf die Stellen kleiner Firmen, die oft hervorragend plaziert sind, nicht verzichten und streuen deshalb ihr Budget auf mehrere Unternehmen. awk vermarktet auch die Stellen der kleineren Plakatunternehmen über das eigens gegründete Serviceunternehmen, so daß sie bei der Großfläche auf 90 Prozent aller Flächen in Städten über 100.000 Einwohnern zugreifen kann.
Lange Zeit herrschte die Auffassung vor, daß sich die Außenwerbung in Deutschland wegen der restriktiven Behördenauflagen zu einem Verkäufermarkt entwickelt, mit den Flächen als Engpaßfaktor. Heute zeigt sich in der awk-Konzeption, daß der Aufbau von Beratungs-Know-how eine ebenso kritische Ressource ist wie die Fläche.

Ansporn für die Mitarbeiter

Die Unternehmenskultur der DPW-Gruppe ist ein weiterer wichtiger Erfolgsfaktor. Das mehrfach mit Architekturpreisen ausgezeichnete neue Firmengebäude von awk zeigt, wie Freund die Unternehmensstrukturen erneuert hat. Auf den ineinander übergehenden Ebenen gibt es keine abgetrennten Büros, keine Wände. Die Architektur gibt den angestrebten Arbeitsstil bereits vor: Teamarbeit mit Selbstorganisation.

Leistung soll Hierarchie ersetzen. Traditionelle Führung, die sich, wie das Militär, an Statussymbolen orientiert und bewußt zwischen den verschiedenen Rängen trennt – etwa bei der Weisungsbefugnis oder beim Besuch der Kantine – lehnt Freund ab. Statt dessen propagiert der ehemalige Wachoffizier einen Führungsstil wie in einem U-Boot. Durch die räumliche Nähe sowie die Möglichkeit, sich ständig gegenseitig zu beobachten, kann nur derjenige einen Führungsanspruch aufrechterhalten, der auch kompetent ist.

Daß dieser Arbeitsstil nicht jedermanns Sache ist, zeigte sich bei dem Umzug in das neue Firmengebäude. Schon als die neuen Arbeitsplätze geplant wurden, stieg die Fluktuation stark an. Waren in der awk-Zentrale 1980 noch 81 Mitarbeiter beschäftigt, fiel die Mitarbeiterzahl nach dem Einzug zwischenzeitlich bis auf 48, um bis 1992 wieder auf 119 anzusteigen. Trotzdem wurde der Umsatz im gleichen Zeitraum um 123 Prozent gesteigert, die Produktivität nahm stark zu. Der Umsatz pro Mitarbeiter verdoppelte sich. Seit dem Einstieg ins Osteuropageschäft 1990 geht er allerdings zurück,

Chart 9.4: Entwicklung Umsatz pro Mitarbeiter, awk Koblenz

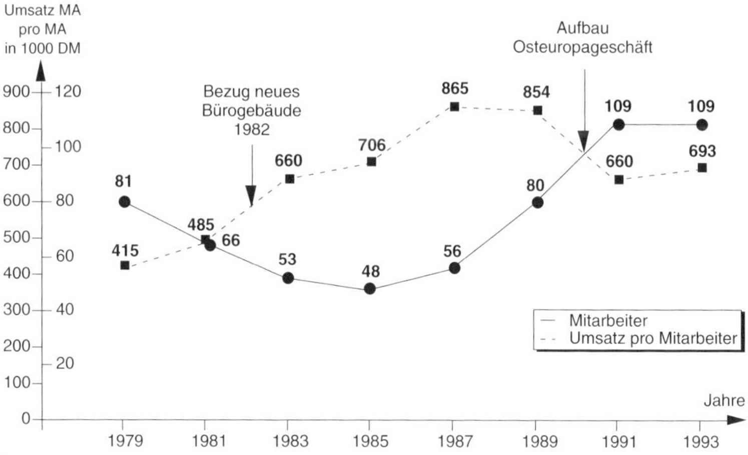

Quelle: DPW

denn die awk hat Personal für die fünf neuen Bundesländer sowie die Erschließung der osteuropäischen Länder eingestellt.
Die besondere Unternehmenskultur und der ungewöhnliche Führungsstil machten es in der Vergangenheit häufig schwierig, Personal von akquirierten Unternehmen in die awk zu integrieren. Die meisten Versuche scheiterten, denn die Gewöhnung an das awk-Selbstverständnis und die awk-Arbeitsmethoden fallen um so schwerer, je fester traditionelle Vorstellungen im Hinterkopf verankert sind. Bei der Personalauswahl gilt daher der Grundsatz: „Möglichst niemand aus der Außenwerbung." Bei neuen Mitarbeitern wird mehr Wert auf Teamfähigkeit, Selbständigkeit und Lernwille gelegt als auf Fachwissen.
Schon früh konzentrierte sich die DPW auch auf die Funktionen, in denen die meiste Wertschöpfung liegt. So wurden die Klebekolonnen verselbständigt, obwohl dies langjährige juristische Auseinandersetzungen mit 15 verschiedenen Allgemeinen Ortskrankenkassen nach sich zog. Die Arbeitsmentalität dieses Berufszweiges unterscheide sich, so Günter Freund, grundsätzlich von der Dienstleistungsmentalität der DPW. Die ehemals angestellten Kleber erhielten Kredite für Fahrzeuge, die sie als Subunternehmer langfristig abtragen konnten. Der Erfolg stellte sich ein: Die Möglichkeit, als Subunternehmer mehr zu verdienen, führte zu einem Anstieg der Qualität und schonenderem Umgang mit den – jetzt eigenen – Geräten, gleichzeitig wurde das DPW-Management entlastet.

Aufbruch nach Osteuropa

Die Erfolge der Vergangenheit bestimmen auch die Marschroute für die Zukunft. Das Hauptziel bleibt für die DPW-Gruppe die ständige Weiterentwicklung des Mediums

Außenwerbung: Sie strebt internationale Normen und Qualitätsrichtlinien an, hinterfragt bisherige Methoden und arbeitet an Neuerungen. So will die DPW dem Kunden immer flexiblere Einsatzmöglichkeiten anbieten, ihm zeigen, wie er an welchen Orten welche Kontaktgruppen zu welcher Zeit via Außenwerbung ansprechen kann. Ansätze hierfür bietet ein Mapping-System, das verschiedene Einsatzkonstellationen aufzeigt, ebenso wie ein Konzept für kürzere Belegungsrhythmen. Auch in Zukunft werden die Großflächen am Straßenrand und die Plakatwerbung an Verbrauchermärkten Schwerpunkt der DPW-Aktivitäten sein.
In andere westeuropäische Länder will Günter Freund bislang nicht expandieren – dort sind die Märkte für Außenwerbung bereits stärker entwickelt. Zudem gibt es einen Wettbewerbsnachteil gegenüber den jeweiligen inländischen Anbietern: Vor allem bei der Genehmigung von Werbeflächen ist man von Behörden abhängig. Diese bevorzugen meist die etablierten inländischen Unternehmen. Ein europäischer Binnenmarkt ist in der Außenwerbung noch nicht verwirklicht. Die DPW versucht, die Widerstände über Verbandsarbeit zu überwinden.
Anders dagegen im neugeöffneten Osteuropamarkt. Sehr behutsam sollen Flächen aufgebaut werden, um Ressentiments der Bevölkerung zu verhindern, die bis jetzt noch keine Erfahrung mit Außenwerbung hat. „Man muß die Sympathie der Menschen haben, um als Werbemedium Erfolg zu haben", sagt Freund. Dabei wird der Außenwerbung eine zentrale Rolle beim Aufbau der noch unausgereiften Werbelandschaft in Osteuropa zugesprochen. Die DPW erwartet zweistellige Zuwachsraten bis zum Jahr 2000. Heute ist awk insbesondere in den Großstädten in Polen, Rußland, der Ukraine und anderen osteuropäischen Ländern vertreten und hat sich in Tschechien sogar als führender Pächter in den Städten etabliert.
Generell ist der Außenwerbemarkt noch längst nicht ausge-

reizt. Es zeichnet sich bereits wieder ein neues Geschäftsfeld ab. Gerade in Osteuropa haben sich Öffentlichkeit und Behörden um so eher für die Außenwerbung interessiert, je mehr die Flächen in das Stadtbild eingegliedert, das Umfeld mit saniert und gepflegt wird. Die DPW bietet jetzt auch diese Leistungen an, nachdem sie bei den ersten Probeläufen bei Architekten und Bauämtern offene Ohren fand.

Gernot A. Wunderle

10.

Vom Gemischtwarenladen zur Kulturinstitution

Der spanische Buchklub Círculo de Lectores

Eckdaten des Geschäfts 1992

Tätigkeitsfeld:	Verlag und Vertrieb von Büchern und Tonträgern an Klubmitglieder
Gründung:	1962
Sitz:	Barcelona
Gesellschafter:	Bertelsmann AG, Gütersloh
Gesamtumsatz:	17,6 Milliarden Peseten
Mitglieder:	1,45 Millionen
Mitarbeiter:	605, sowie 300 Vertreter und 4.850 freiberufliche Boten

Kurz und gut

Das spanische Königspaar und gleich drei Nobelpreisträger sind als Ehrenmitglieder dem Círculo de Lectores beigetreten. Dies ist Kennzeichen für eine rigorose Wandlung eines Unternehmens, mit dem sich Bertelsmann 1962 zum ersten Mal im nicht-deutschsprachigen Ausland engagiert.
Bis zur Mitte der siebziger Jahre ist der spanische Buchklub zu einem Gemischtwarenladen ohne kulturelles Profil verkommen. Geschirr, Möbel, Unterhaltungselektronik und Haushaltsgeräte verdrängen zunehmend das Buch und verhelfen dem Círculo zu einem Image als „billiger Versandhändler". Ein überdimensionierter Vertriebs- und Betreuungsapparat gefährdet zudem die Wirtschaftlichkeit.
1981 übernimmt Hans Meinke die Geschäftsführung. Er ist davon überzeugt, daß sich mit beharrlicher Aufklärungsarbeit Qualität im großen Stil durchsetzen läßt.
Er bereinigt konsequent das Programm (heute hat das Buch einen Anteil von 80 Prozent), setzt auf qualitativ hochwertige Ausstattung bei gleichzeitig im Schnitt 20 Prozent niedrigerem Preis gegenüber Handelsausgaben, setzt auf hochkarätige Literaturgattungen, strafft und qualifiziert sein Botennetz. Seinen Führungskräften vermittelt er die bis dahin häufig fehlende „Liebe zum Buch".
Die ökonomischen Kennzahlen zeigen, daß kultureller Anspruch und wirtschaftlicher Erfolg durchaus miteinander vereinbar sind. Umsatz und Gewinn sind seitdem meist mit zweistelligen Zuwachsraten gestiegen.

Geburtstag. 30 Jahre alt wurde der Círculo de Lectores 1992. Wo könnte gefeiert werden, fragte sich das Management. An welchem Ort könnten alle Mitglieder des spanischen Buchclubs zusammenkommen? Selbst alle Fußballstadien des Landes – erste und zweite Liga zusammengenommen – reichten nicht aus. Es hätten immer noch rund 300.000 Plätze gefehlt.
Diese Anekdote wird gern erzählt, wenn es darum geht, den Erfolg der spanischen Bertelsmann-Tochter zu beschreiben. Der Círculo gehört heute mit 1,45 Millionen Mitgliedern, mit seinen Veranstaltungen und selbstverlegten Buchausgaben zu den bedeutenden kulturellen Institutionen Spaniens. Er genießt in der Öffentlichkeit großes Vertrauen und ist daher mehr als eine effiziente Vertriebsorganisation für Bücher.
Das war nicht immer so: Den Weg an die Spitze des spanischen Buchklubgeschäfts hat sich der Círculo de Lectores hart erkämpft. Mit der Gründung 1962 engagierte sich Bertelsmann erstmals im nicht-deutschsprachigen Ausland. Trotz einer schwierigen Anfangsphase wuchs die Mitgliederzahl bis Mitte der siebziger Jahre auf 1,25 Millionen an. Und das, obwohl sich schon bald zeigte, daß deutsches Klub-Know-how nur begrenzt auf den spanischen Markt übertragen werden konnte.

Der spanische Buchmarkt: Hypothek der Vergangenheit und Vielsprachigkeit

Spanien mit knapp 40 Millionen Einwohnern auf einer Fläche, die mit 500.000 Quadratkilometern anderthalbmal so groß ist wie Deutschland, stellte Bertelsmann vor große Infrastrukturprobleme. Die Mehrheit der Bevölkerung lebt in den Küstenregionen und der zentral gelegenen Hauptstadt Madrid. Die Post stellt keine Pakete zu, die Verkehrsverbindungen sind ungenügend, weil es kaum Autobahnen gibt.

Der Círculo de Lectores mußte eine aufwendige Botenorganisation aufbauen, die die Mitglieder umfassend betreute: von der Verteilung der Kataloge und Waren bis hin zum Inkasso.
Der Handel mit Büchern hat in Spanien zusätzlich mit der schweren Hypothek der Vergangenheit zu kämpfen. Während der Franco-Zeit verlor insbesondere das Ausbildungssystem den Anschluß an die westlichen Länder, blieb die Wirtschaft technisch und organisatorisch zurück. Die Modernisierungspolitik, vorangetrieben vom Königshaus und dem sozialdemokratischen Kabinett, hat alle Mühe, die Rückstände aufzuholen und sich gegen die schwerfällige öffentliche Verwaltung durchzusetzen.
Dazu kommt, daß es *einen* beziehungsweise *den* spanischen Markt nicht gibt. Unter der Oberfläche einer zurückgewonnenen nationalen Identität existiert ein Vielkulturenstaat. Es werden vier nationale, von der Verfassung anerkannte Sprachen gesprochen: Spanisch, Katalanisch, Baskisch und Galizisch. Katalanien, das Baskenland und die Nordwest-

Chart 10.1: Anzahl veröffentlichter Titel 1990

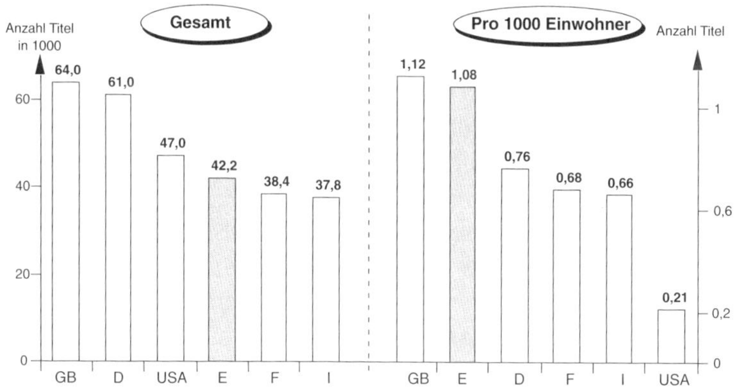

Quelle: Euromonitor

region Galizien streben selbstbewußter denn je nach größerer regionaler Autonomie und kultureller Identität.
Trotz der unterentwickelten Infrastruktur und der Vielsprachigkeit eröffnet der spanische Buchmarkt attraktive Möglichkeiten. Auch er profitierte vom Boom der Nach-Franco-Zeit, der fast alle Sektoren erfaßte. Inflationsbereinigt dürfte der Buchmarkt zwischen 1983 und 1990 um mehr als 50 Prozent gewachsen sein. Das gesamte Produktionsvolumen zu Marktpreisen lag 1990 bei rund 4 Milliarden Mark, von denen etwa elf Prozent auf das Exportgeschäft entfielen. Die Anzahl veröffentlichter Titel ist von rund 37.000 im Jahre 1986 auf über 42.000 im Jahr 1990 gewachsen. Damit liegt Spanien im europäischen Vergleich noch vor Frankreich und Italien, beim Pro-Kopf-Vergleich sogar an zweiter Stelle.
In Spanien hat das Buch eine große Bedeutung, vor allem das qualitativ hochwertige Buch. Vergleicht man die Ausgaben pro Kopf für Bücher in Europa im Jahr 1990, rangiert Spanien mit 87 Mark unmittelbar hinter der Bundesrepublik Deutschland mit 101 Mark. Dazu trägt insbesondere die Popularität der spanischsprachigen Nobelpreisträger wie Camilo José Cela, Gabriel Garcia Márquez oder Octavio Paz bei. Die Einwohner Frankreichs, Italiens und Großbritanniens gaben im selben Jahr zwischen 70 und 80 Mark pro Person für Bücher aus. Es dominiert nach wie vor die Produktion in spanischer Sprache. Aber rund 5.000 Titel jährlich – knapp zehn Prozent aller Neuerscheinungen – sind bereits in katalanischer Sprache verlegt. Die Autoren in Spanien sind ebenso volkstümliche wie anerkannte Persönlichkeiten des öffentlichen Lebens.
So wächst in Spanien eine selbstbewußte und gebildete Leserschaft heran, die von Verlegern und Buchklubs ein entsprechend hochwertiges Angebot verlangt. Das „Upgrading“ in diesem Markt macht sich auch dadurch bemerkbar, daß die Bedeutung des Kioskvertriebs – ein Kuriosum des spanischen Buchmarktes – zurückgeht. Diese Boulevard-

kioske hatten 1987 noch einen Anteil von rund 25 Prozent am Gesamtbuchvertrieb. Sie bieten oftmals rund um die Uhr alles an, was lesbar und preiswert ist, von der Illustrierten über das Comicbuch bis zum Gedichtband – ein Sortiment, das typischerweise bis zu 500 Titel aus dem unteren Preissegment beziehungsweise Paperback-Ausgaben umfaßt. Der Anteil des Kioskvertriebs am Buchmarkt betrug 1990 immerhin noch fünf Prozent, wenn man den Statistiken von Euromonitor über den spanischen Buchmarkt trauen kann.
Ein gutes Drittel (ungefähr 39 Prozent) der spanischen Buchproduktion vertreibt der Buchhandel, dessen rund 2.000 Verkaufsstellen sich auf die größeren Städte Spaniens konzentrieren. Aber schon 1990 zog der Direktvertrieb bereits ein Drittel des Absatzes auf sich, während es 1987 erst 15 Prozent waren. Auch die aufstrebenden Warenhäuser haben sich inzwischen einen elfprozentigen Marktanteil erobert. Das Versand- und Buchklubgeschäft dürfte ebenfalls elf Prozent auf sich vereinen und wird vom Círculo de Lectores beherrscht, nachdem die Holtzbrinck-Gruppe ihre Buchklubaktivitäten in Spanien eingestellt hat.

Vor dem Erfolg kam die Krise

Mitte der siebziger Jahre flachte für die Bertelsmann-Tochter der Aufwärtstrend der Anfangsjahre nicht nur ab, er schlug sogar in eine schwere Krise um. Die Zahl der Mitglieder sank Anfang der achtziger Jahre dramatisch unter die Millionengrenze. Die Ursachen waren nicht nur der Erdölschock und die anschließende Wachstumskrise der spanischen Wirtschaft mit ansteigender Arbeitslosigkeit und einer galoppierenden Geldentwertung mit Inflationsraten von mehr als 20 Prozent. Es waren vor allem unternehmensspezifische Probleme, die dem Círculo de Lectores zu schaffen machten. Das Zielgruppenpotential war weitgehend ausgeschöpft. Es

konnte nur noch ausgeweitet werden, indem der Klub weniger anspruchsvolle Mitglieder akzeptierte, höhere Stornoquoten und enorme Werbungskosten in Kauf nahm.
Die Krise war die Folge eines Identitätsverlustes des Unternehmens. Ein ausuferndes Angebot mit vielen buchfremden Artikeln – wie Haushaltsgeräten, Unterhaltungselektronik, Geschirr, Haus- und Gartenmöbeln – hatte den Círculo de Lectores bis zur Mitte der siebziger Jahre in einen Gemischtwarenladen ohne kulturelles Profil verwandelt. Die Kostenbelastung durch den überdimensionierten Vertriebs- und Betreuungsapparat gefährdete zunehmend die Wirtschaftlichkeit. Die Motivation der Mitarbeiter sank rapide – eine Folge der nachlassenden Identifikation mit dem Círculo und seinen Produkten.
1981 übernimmt Dr. Hans Meinke die Geschäftsführung des Círculo de Lectores und versucht, die Ertragskraft des Unternehmens wiederherzustellen, indem er an vier Problempunkten ansetzt:

- Unternehmensphilosophie/Unternehmensvision,
- Zielgruppe/Programm,
- Managementstil/Organisation,
- Kommunikation.

Klasse statt Masse – eine Frage des Durchhaltevermögens

Als erstes bemühte sich Hans Meinke darum, das Selbstverständnis des Círculo de Lectores neu zu definieren, um damit eine tragfähige Basis für alle nachfolgenden Maßnahmen zu schaffen. Der Círculo sollte eine vertrauenswürdige kulturelle Institution werden, die ihrer Verantwortung gegenüber der Gesellschaft eine hohe Priorität einräumt. Die Vision: Das Buchklubgeschäft und ein hoher kultureller Anspruch sind miteinander vereinbar. Meinke setzte

auf das Konzept „Klasse statt Masse". Er war und ist davon überzeugt, daß sich mit beharrlicher Aufklärungsarbeit Qualität im großen Stil überall durchsetzen läßt: „Es ist eine Frage des Durchhaltevermögens."
Die tiefgreifende Überholung der gesamten Klubkonstruktion leitete Meinke ein, indem er die Vertreter- und Betreuungsarbeit straffte und modernisierte. Er setzte außerdem einen offenen Führungsstil durch. Damit war der Rahmen für die Neuausrichtung des Klubs geschaffen, von der insbesondere Auswahl und Design der Produkte, Kataloggestaltung, Verkaufsargumentation und Kommunikationsstil betroffen waren.
Das schwerfällige Botennetz wurde Ende der siebziger Jahre von 37 regionalen Niederlassungen gesteuert. Heute sind es nur noch 18, die mit insgesamt 4.850 Boten das Vertriebsnetz bilden. Jeder Bote wiederum betreut nahezu 300 Mitglieder in seinem Bezirk. Eine Umorganisation, die nur durch ein bis zu den einzelnen Boten reichendes Kennziffern- und Berichtsystem möglich war. Die Delegation der unternehmerischen Verantwortung auf die operativen Einheiten in den Niederlassungen steigerte die Effizienz.

Im Durchschnitt fünf Jahre

Gleichzeitig verbesserten systematische Schulungen die Qualifikation der rund 300 für die Mitgliederwerbung zuständigen Vertreter. Nicht die absolute Zahl an neuen Klubmitgliedern, sondern deren Qualität wurde als entscheidende Zielgröße definiert. Vorgabe für die Vertreter: Die Gewinnung lesewilliger Kunden, die grundsätzlich am neuen Angebot des Círculo interessiert sind und eine stärkere Mitgliedstreue gewährleisten. Sie schreiben sich für ein Minimum von zwei Jahren in den Klub ein – inzwischen beträgt die durchschnittliche Verweildauer im Círculo de Lectores fünf Jahre.

Chart 10.2: Mitgliederentwicklung des Círculo de Lectores

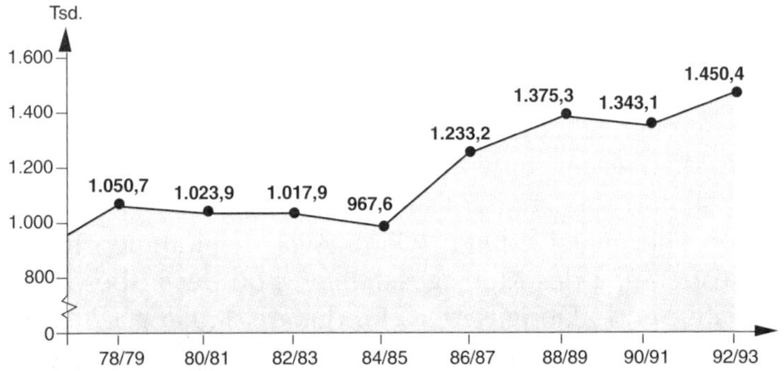

Quelle: Círculo de Lectores

Diese Neuausrichtung in der Philosophie des Klubs mußte zuerst mit einem Mitgliederschwund bezahlt werden. Der Erfolg stellte sich nur langsam ein: Erst 1985/86 glichen die Zugänge die Verluste wieder aus. Seitdem steigt die Mitgliederzahl. 1993 zählte der Círculo de Lectores knapp 1,45 Millionen Mitglieder. Die Marktdurchdringung liegt bei 3,6 Prozent der Bevölkerung, dies sind 14 Prozent aller Haushalte – eine eindrucksvolle Zahl.

Offener Führungsstil verändert Verhalten

Das Problem zu Beginn der Neuausrichtung des Círculo war, daß sich nicht alle Mitarbeiter voll mit dem Unternehmen identifizierten. Gerade bei Führungskräften fehlte häufig die „Liebe zum Buch". Hier einen Bewußtseins- und Verhaltenswandel zu schaffen und sich gegen die Skepsis einer an früheren Dogmen und Erfahrungen hängenden Mitarbeiterschaft durchzusetzen, erforderte große Überzeugungsarbeit. Möglich wurde dies nur durch einen Führungsstil, der sich durch höchste Nähe zu den Problemen des Tagesgeschäfts auszeichnete. Zugute kam Hans Meinke bei diesem Turn-

around, daß er nie etwas von seinen Mitarbeitern verlangte, was er nicht selbst getan hätte – einer seiner Grundsätze.
Große Offenheit prägt nun den Informationsstil des Círculo. Mehrmals im Jahr werden vor der ersten und zweiten Führungsebene Ergebnisse, Entwicklungen und Pläne des Unternehmens dargestellt. Zu diesem Führungskreis zählen 40 bis 50 Manager, die ihrerseits angehalten sind, die Ergebnisse anschließend mit ihren Mitarbeitern zu besprechen. Ein ausgefeiltes Controlling- und Steuerungsinstrumentarium ergänzt und unterstützt den Managementstil der offenen Kommunikation.
Die Einführung des neuen Systems erforderte vor allem in der Betreuung und Werbung viel Überzeugungsarbeit. Inzwischen hat es sich mehrfach bewährt: Beispielsweise wurden mit Hilfe des Kennzahlensystems die Geschäfts- und Erfolgszahlen der einzelnen regionalen Betreuungsniederlassungen transparent und damit vergleichbar.

Qualität ersetzt die Billigware

Parallel zur Neuordnung des Vertriebssystems und der Änderung im Führungsstil begannen die eher langfristig orientierten Grundsatzüberlegungen zu einer strategischen Neuausrichtung des Círculo de Lectores. Die exzessive Diversifikation durch Zusatzangebote, die vom Kochtopf bis zum Schaukelstuhl reichten, hatte ursprünglich das Ziel, die vorhandenen Kundenbindungen ökonomisch zu nutzen. Kurzfristig führte es zwar zu einer Erhöhung der Pro-Kopf-Umsätze, der Anteil des Buchverkaufes sank jedoch bis zu seinem Tiefstand von 54 Prozent im Jahr 1981/82.
An die Stelle der regelmäßigen Buchkäufer traten Gelegenheitskäufer ohne Interesse an kulturellen Angeboten. Der Círculo erwarb sich mehr und mehr das Image eines billigen Versandhändlers. Der Katalog vermittelte den Eindruck eines

Chart 10.3: Entwicklung Pro-Kopf-Umsätze

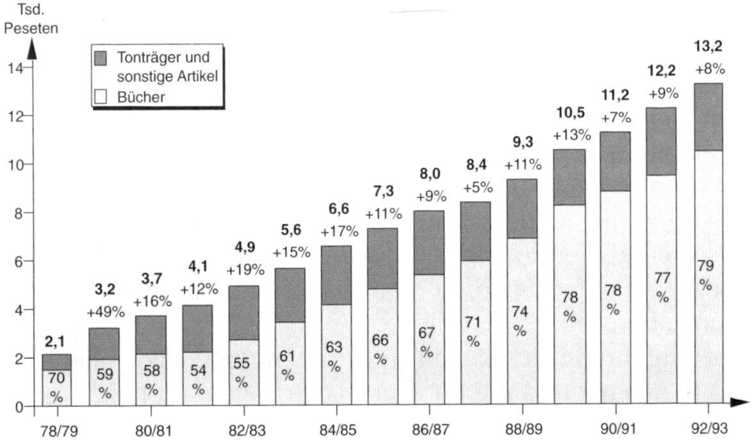

Quelle: Círculo de Lectores

Versandhausprospektes ohne klare Linie. Das Programm bestand teilweise aus inkompatiblen Produkten und strahlte keine eigene Persönlichkeit aus. Um die Weichen neu zu stellen und klar erkennbare, positive Identitätsmerkmale zu definieren, mußte der Círculo de Lectores sein Selbstverständnis als Betreiber eines Massengeschäftes korrigieren. Der Klub hat zwar mit ökonomischen Massenvorgängen zu tun, denn er verkauft jährlich immerhin rund 10 Millionen Bücher und etwa 1,8 Millionen Musikartikel. Die Mitglieder aber sind keine Masse, sondern Individuen mit unterschiedlichen Lesepräferenzen und hohen qualitativen Ansprüchen. Die Strategie, die Hans Meinke 1982 einschlug, setzt das neue Selbstverständnis konsequent und umfassend um:

- Konzentration auf das Buch: Rigoros bereinigte der Klub seine Programmstruktur, verzichtete auf Geräte, Haushaltsartikel, Spielwaren und minderwertige Gelegenheitsangebote. Das Angebot besteht heute grundsätzlich nur noch aus Büchern (80 Prozent), LPs, Kassetten, CDs (15

Prozent) und audiovisuellem Zubehör (fünf Prozent). Im Mittelpunkt steht das Buch, und auch alle zusätzlichen Aktivitäten des Klubs haben mit dem Buch zu tun.

- Klare Qualitätspolitik: Als Gegenleistung zur Abnahmeverpflichtung berücksichtigt der Círculo die differenzierten Wünsche der Klubmitglieder. Dabei steht der absolute Preisvorteil nicht im Mittelpunkt, sondern das Preis-Leistungs-Verhältnis. Im Gegensatz zu den in Spanien häufig verkauften Paperback-Büchern sind die Círculo-Ausgaben Hardcover-Bücher. Das Design der Buchumschläge ist häufig sogar besser als das des Originals. Der Großteil des rund 500 Titel umfassenden Programmes wird als Sublizenz spanischer Verlage herausgegeben und oft sogar zeitgleich mit der Handelsausgabe herausgebracht. Der Klubpreis liegt im Durchschnitt 20 Prozent unter dem dieser Ausgaben. Hinzu kommen Originaleditionen des Klubs sowie Spezialausgaben, die sich beispielsweise durch Vor- und Nachworte, Lesezeichen, Illustrationen, anspruchsvolle Ausstattung, auffällige Materialien und geschmackvolles Design auszeichnen.
- Höheres Niveau: Der Klub öffnete seinen Programmfächer „nach oben", und so finden auch hochkarätige Literaturgattungen Berücksichtigung – Essays, politische und aufklärerische Texte, kontroverse Themen, universitäre Reihen, hochwertige Lyrik und Kunst. Die individuelle Präferenz eines kritischen Lesers steht im Vordergrund, nicht das Geschäft mit der Masse.
- Thematische Vielfalt: Häufig nimmt der Klub Titel ins Programm, die keine sofortige generelle Akzeptanz, keinen hohen Absatz und unmittelbaren wirtschaftlichen Erfolg garantieren. Vielmehr sollen auch Nebeneffekte erzielt werden. Das Ansehen des Klubs soll steigen, Autoren und Persönlichkeiten des öffentlichen Lebens werden stärker eingebunden, Goodwill und positive Beurteilung in der Öffentlichkeit angestrebt. Der Círculo schreibt sich Plura-

lismus, Toleranz und Meinungsvielfalt auf die Fahnen und verlegt auch politisch profilierte, international bekannte Autoren wie Willy Brandt, Andrej Sacharow, Vaclav Havel, Günter Walraff, Petra Kelly oder Günter Grass und Michael Gorbatschow. Daß er mit der Veröffentlichung „polemischer Querköpfe" gegen den Strom schwimmt, nimmt Hans Meinke bewußt in Kauf. Auch anspruchsvolle Literatur für Minderheiten soll ein für die Zukunft wichtiges Leserpotential erschließen.

- Frühzeitige Autorenförderung: Kurioserweise hat der Círculo de Lectores bemerkenswert oft auf Autoren gesetzt, die später den Nobelpreis erhalten haben. Dies gilt beispielsweise für den Spanier Camilo José Cela, der seit 30 Jahren im Círculo de Lectores verlegt wird, den Kolumbianer Gabriel Garcia Márquez und den Mexikaner Octavio Paz, aber auch für den Friedensnobelpreisträger Michael Gorbatschow. Seine *Perestroika* kam in einer Ausgabe des Círculo mit einer persönlichen Widmung Gorbatschows für die Klubmitglieder heraus. Sie hatten ihn zuvor in einer Umfrage zum wichtigsten Mann der achtziger Jahre gewählt. Wenn Hans Meinke heute neue Autoren für den Klub gewinnen möchte, läßt er augenzwinkernd den Hinweis einfließen, daß ihre Chancen für einen Nobelpreis durch die Veröffentlichung im Círculo, wie die Vergangenheit zeigt, deutlich steigen.
- Konsequente Orientierung an neuen Zielgruppen: 1990 ist der katalanische Buchklub Cercle de Lectors gegründet worden. Er zählt inzwischen mehr als 11.000 Mitglieder und soll in Kürze auf 25.000 ausgebaut werden. Allein die Tatsache, daß die katalanische Sprache an allen Schulen der autonomen Provinz Katalanien Pflicht ist, bestärkt den Klub bei seinem mutigen Schritt, für diese kleine Zielgruppe ein eigenes Programm zu verlegen.
- Verkaufsinstrument Katalog aufwerten: „Die besten Seiten Ihres Lebens", das ist der Untertitel des Kataloges des

Círculo de Lectores. Er wird heute in einer Auflage von 1,6 Millionen Exemplaren pro Ausgabe gedruckt. Das ist mehr, als die Sonntagsausgabe der führenden spanischen Zeitung *El Pais* erreicht. Eine der wichtigsten Marketinginnovationen Hans Meinkes war die Umstellung von einer vierteljährlichen Erscheinungsweise auf eine zweimonatliche. Diese im Hause Bertelsmann zunächst eher skeptisch aufgenommene Maßnahme führte zu erheblichen Erfolgen: Der Umsatz stieg innerhalb kürzester Zeit um mehr als 30 Prozent.

Kampf um Köpfe und Herzen

Der Círculo de Lectores will die kontinuierliche Weiterentwicklung des Unternehmens sichern. Die Herausforderung lautet deshalb: Für die Unternehmensziele und -methoden, für die Produkte und Leistungen muß neben der individuellen Zustimmung der Verbraucher auch die gesellschaft-

Chart 10.4: Die integrierte Kommunikationsstrategie des Círculo

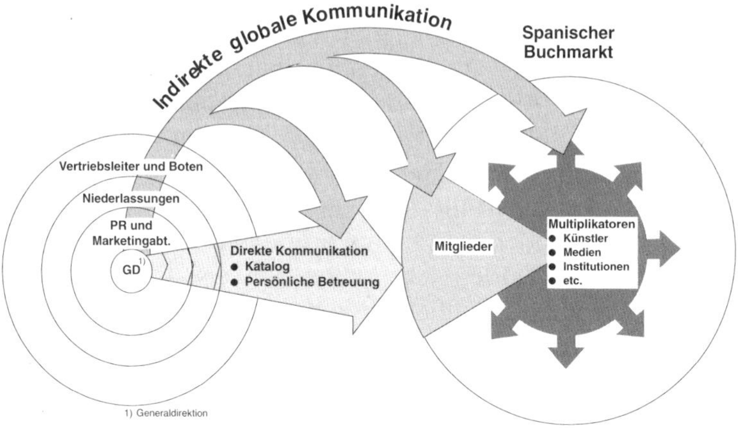

Quelle: Círculo de Lectores

liche Anerkennung gewonnen werden. Denn ohne beides zugleich ist ein dauerhafter wirtschaftlicher Erfolg nicht möglich.

Die Voraussetzung für ein höheres Ansehen des Círculo de Lectores in der Öffentlichkeit ist ein positives Meinungsbild und emotionale Zustimmung bei den Zielgruppen. Mit Hilfe gezielter Kommunikation führt der Círculo daher auf dem spanischen Buchmarkt einen „Kampf um Köpfe und Herzen".

Zwei Kommunikationswege beschreitet der Círculo de Lectores: Direkt wendet er sich an die Klubmitglieder und deren Familien, indirekt an Personen und Institutionen, die Multiplikatorfunktion übernehmen können.

Über persönliche Kontakte und individuelle Betreuung erreicht der Klub die Mitglieder. Zusätzlich greift hier der zweimonatlich erscheinende Katalog. Er ist die offizielle Stimme des Klubs, vermittelt das Image und trägt die Identität des Círculo nach außen. Der Katalog ist ein Kommunikationsforum für Mitglieder, für Mitarbeiter des Unternehmens, für Autoren und die öffentliche Meinung. In der Aufteilung der Seiten spiegelt sich das diversifizierte Programm und damit die Fragmentierung der als höchst anspruchsvoll angesehenen Leserschaft wider. Gleichzeitig orientiert er sich an grundlegenden literarischen und kulturellen Kriterien. Als ein Ausdruck der Klubphilosophie greift der Katalog gesellschaftlich relevante Themen auf und versucht, sie den Bürgern näherzubringen. Ob auf der Titelseite ein Bildnis des Königs für die neue Biographie von Don Juan Carlos I. wirbt oder eine gemalte Friedenstaube mit Buchflügeln auf eine landesweite Aktion hinweist – stets sind es Themen mit gesellschaftlichem Engagement, die den Lesern die Identifikation ermöglichen sollen.

Für den Círculo de Lectores sind aber auch besonders die Zielgruppen wichtig, die Multiplikatorfunktion übernehmen. Dazu gehören zuerst die Autoren und Künstler, Mitarbeiter und deren Angehörige. Im weiteren Sinne zielt der Círculo auf Verlage, Agenturen und Druckereien, Medien, Banken, Lieferanten und Behörden, Persönlichkeiten des öffentlichen Lebens – zum Beispiel auf Politiker – und Kulturinstitutionen – das heißt, auf die entscheidenden, öffentlichen Meinungsträger, ihre Einstellung zur Klubarbeit und ihre Identifikation mit dem Klub. Nicht zuletzt daran hängt der Erfolg des Círculo de Lectores.

Diese Zielgruppen erreicht der Klub eher auf indirektem Wege. So verfügt der Círculo als kulturelle Institution heute über eine große Palette von globalen Kommunikationsmitteln. Gemeint sind damit kulturelle Aktivitäten, die den Klubcharakter stärken und unterstreichen, wie zum Beispiel:

- Buchpräsentationen und Autorenlesungen;
- Autorenfeiern und Hommagen;
- Anzeigenkampagnen, durch die man Autoren zum Geburtstag oder zu Preisverleihungen gratuliert (zum Beispiel bei der Verleihung der Literaturnobelpreise an Camilo José Cela und Octavio Paz oder des Friedensnobelpreises an Michael Gorbatschow). Damit will man die Identifikation mit den Autoren unter Beweis stellen und einen Imagetransfer zugunsten des Klubs erreichen;
- Vortragsreihen zu Themen von öffentlichem Interesse (zum Beispiel ökologischer Zyklus „La vida amenazada" unter der Schirmherrschaft der spanischen Königin);
- Debatten, Kolloquien;
- Kunst- und Buchausstellungen;
- Filmvorführungen.

Indem der Círculo de Lectores ein eigenes Kulturzentrum (Centro cultural de Madrid) eröffnete, hat er sich eine Plattform geschaffen, die ihn als kulturelle Institution repräsentiert. Das 500 Quadratmeter große, außergewöhnlich gestaltete Gebäude bietet Raum für Ausstellungen und Veranstaltungen. Über die von der spanischen Königin präsidierte Eröffnungsfeier mit dem Thema Ökologie und Umweltschutz wurde in den Fernsehnachrichten berichtet. Diese Kommunikationsstrategie hat dazu geführt, daß der Círculo heute als Kulturinstitution von der Öffentlichkeit getragen wird und einen hohen Stellenwert in der Kulturlandschaft Spaniens hat. So sind auch viele Persönlichkeiten, wie zum Beispiel das spanische Königspaar oder die Nobelpreisträger Cela, Paz und Gorbatschow, dem Círculo als Ehrenmitglieder beigetreten.

Zu den Marketing- und Kommunikationsmaßnahmen gehört auch die Organisation öffentlichkeitswirksamer Wettbewerbe. In einer Zeit, in der Medien passiv konsumiert werden, und in der funktionaler Analphabetismus zunimmt, will der Círculo de Lectores spielerisch Menschen zum Lesen verführen: ein Lese- und Schreibwettbewerb in den Schulen sowie die alljährliche „spanische Meisterschaft für Sprache und Literatur" – angeregt durch das französische Vorbild der Zeitschrift *Lire*, die es erreichte, daß die ganze Nation den Diktatproben ihrer französischen Meisterschaft in Orthographie entgegenfiebert. Zusammen mit der Zeitung *El Pais* veranstaltet der Klub bereits das Autorensuchspiel „El torneo de las letras". Über 26 Wochen hinweg versuchten Leser mit Hilfe von Hinweisen und Zeichnungen in ganzseitigen Zeitungsanzeigen Autoren zu identifizieren. Für die Gewinner wurden Reisen an Orte mit literarischem Bezug auf allen fünf Kontinenten verlost. Unter dem Motto: „Lesen bringt Dividende" werden auch die Leser der Universalbibliothek spielerisch umworben. Zu jedem Titel gehören eine Lesekarte und drei Fragen zum Buchinhalt. Für die Antworten gibt es Lesepunkte, die auf einem individuellen Lesekonto gesammelt werden. Ab einer bestimmten Anzahl erhalten die Leser Buchprämien und nehmen an Reiseverlosungen teil.

Die Beschreibung dieser Kommunikationstrategie mutet wie die Aufzählung theoretischer Ratschläge aus einem Marketinglehrbuch an – der Unterschied ist: Der Círculo de Lecto-

Chart 10.5: Entwicklung Umsatz und Rohertrag

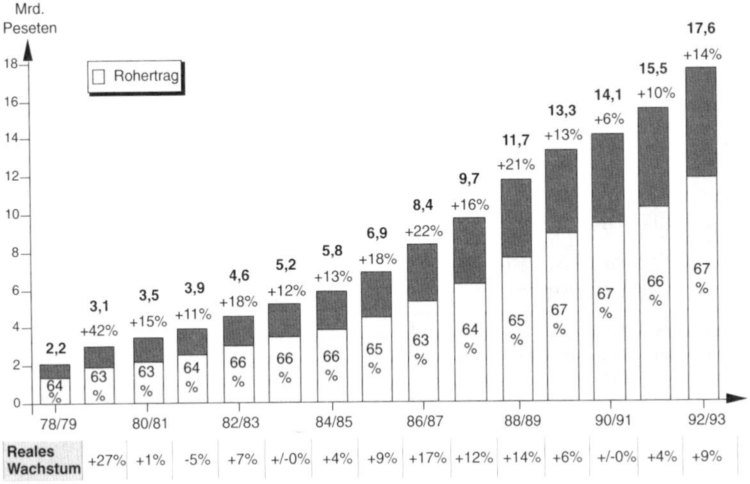

Quelle: Círculo de Lectores

res lebt sie, und der Erfolg gibt ihm recht. Die ökonomischen Kennzahlen zeigen, daß kultureller Anspruch und wirtschaftlicher Erfolg durchaus miteinander vereinbar sind. Umsatz und Gewinn steigen mit meist zweistelligen Zuwachsraten. Sie liegen in fast jedem Jahr über der Inflationsrate, so daß der Klub in den vergangenen anderthalb Jahrzehnten auch real stark gewachsen ist.

Kunst, Musik und neue Märkte

Der Círculo de Lectores aber ruht sich auf diesen Ergebnissen nicht aus, sondern erweitert seine Aktivitäten, um sein Selbstverständnis als kulturelle Institution zu festigen und weiter an Profil zu gewinnen.

- Mit der Gründung des Kunstclubs Círculo del Arte Ende 1993 sollen Kunst und Sinn für das Moderne an breitere Schichten weitergegeben werden. In diesem Kunstbuchklub erscheinen zum Beispiel Originalgrafiken von Antonio Saura, bibliophile Ausgaben mit Grafiken und Faksimile wertvoller Werke.

- Der Musikklub Círculo Musical befindet sich in Planung. Es ist noch nicht festgelegt, ob er einen klassischen oder modernen Schwerpunkt haben wird oder sich um beide Musikrichtungen gleichermaßen kümmert. Über diesen Klub sollen jedoch nicht nur Tonträger vertrieben werden, sondern auch Bücher zu Musikthemen.
- Ein neugegründeter Verlag mit dem Namen Galaxia Gutenberg soll dem Círculo de Lectores einen zweiten Vertriebsweg eröffnen. Auch Nichtmitglieder interessieren sich für das attraktive Programm des Círculo, aber momentan können die Bücher lediglich innerhalb des Klubs vertrieben werden. Der neue Verlag soll sie einem weiteren Leserkreis zugänglich machen. Ob es zukünftig gemeinsame, das heißt Verlags- und Klubausgaben, oder getrennte Ausgaben gibt, wird nach den ersten Reaktionen der Leser entschieden. Zunächst sollen in der Galaxia Gutenberg eine Reihe mit gesammelten Werken erscheinen. Den Anfang macht das Gesamtwerk von Octavio Paz.
- Eine neue, rund 400 Bände umfassende Bibliothek des Jahrtausends präsentiert alle alten und modernen Klassiker der Literatur und des Denkens nach großen Sprachräumen geordnet. *La Biblioteca Universal del Círculo de Lectores* plant der Círculo als Familienbibliothek mit den wichtigsten Schätzen der Weltliteratur. So können die Klubmitglieder sich systematisch eine Buchsammlung mit Universalcharakter aufbauen. Der erste Band erschien am 1. Januar 1994, der letzte wird am 1. Januar 2000 fertiggestellt sein. Als Herausgeber ist an Persönlichkeiten wie Hans Magnus Enzensberger, Umberto Eco, Octavio Paz oder Mario Vargas Llosa gedacht.
- Schließlich gründete der Círculo de Lectores Anfang 1994

in Mexiko einen Buchklub und öffnet sich damit nach Lateinamerika. Spanien steht kulturell, menschlich und gefühlsmäßig diesem Kontinent teilweise näher als seinen europäischen Nachbarländern. Über 300 Millionen Menschen in der Welt sprechen spanisch. Die gemeinsame Sprache verbindet sie über Kontinente hinweg und ist für den Círculo der wichtigste Träger der spanischen Kultur und ein erweiterter Markt für die Zukunft.

Eugen von Keller
Gabriela Pfändner

11.

Vision, Strategie oder Management? Auf der Suche nach den Erfolgsursachen

Eine einordnende Zusammenfassung

Zehn sehr unterschiedliche Medienunternehmen haben wir in den vorangegangenen Abschnitten dieses Buches vorgestellt – unterschiedlich im Hinblick auf ihr Geschäft und ihren Markt, auf ihre Geschichte und ihre Eigentümerstruktur. Einige sind Familienunternehmen, andere gehören zu großen Konzernen. Einige gehören zu den typischen Gründerunternehmen der Nachkriegszeit, andere bestehen schon seit Generationen. Einige befinden sich in schnell wachsenden, andere in reiferen Märkten. Hinzu kommen die sehr unterschiedlichen Persönlichkeiten an der Spitze.
Was allen diesen Geschäften gemeinsam ist, ist der Erfolg: Erfolg im Wachstum, Erfolg in der Markterschließung, Erfolg in der Marktbehauptung, Erfolg in der Imagebildung und vor allem ein exzellentes wirtschaftliches Ergebnis – fast alle haben eine Eigenkapitalrendite von über 30 Prozent, einige von ihnen sogar weit darüber. Die Umsatzrendite liegt bei den meisten zwischen 10 und 20 Prozent vor Steuern. Unternehmen dieser Qualität muß man in der deutschen Industrielandschaft gewöhnlich mit der Lupe suchen.

Chart 11.1: Umsatzrendite vor Steuern "Erfolgreiche Medienmacher" 1992

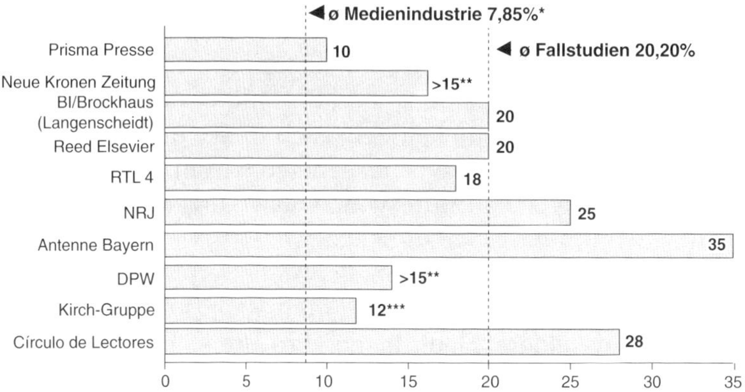

*) Durchschnitt der 50 größten Medienunternehmen 1992 Unternehmen mit Verlustausweis nicht berücksichtigt
**) Schätzung
***) Schätzung ø Filmhandel und Produktion

Quelle: Roland Berger & Partner – Schätzungen und Unternehmensangaben

Haben diese Geschäfte mehr gemeinsam als ihren außerordentlichen Erfolg? Was sind die Ursachen des Erfolges? Gibt es vielleicht Parallelen in der Strategie, Ähnlichkeiten im Führungsstil oder Gemeinsamkeiten in der Organisationsstruktur?

Kreative Unruhe, unternehmerische Leidenschaft und Machtwille

Alle Medienmacher, die wir besucht haben, widerlegen die Ansicht, daß unternehmerischer Erfolg mit Genialität und viel Freizeit erreichbar sei. „Ein Prozent Inspiration und 99 Prozent Transpiration", verriet schon Newton als Erfolgsgeheimnis, und dies wird auch durch den Arbeitsstil fast all unserer Medienunternehmer belegt. Der eine schätzt das Wochenende im Büro, „um sich in Ruhe mit neuen Ideen befassen zu können", der andere sitzt um sieben Uhr im Flugzeug nach London, kommt um 20 Uhr nach Paris zurück, um dann noch das Tagesgeschäft aufzuarbeiten und sich auf die Vorstandssitzung am folgenden Tag in Hamburg vorzubereiten. Leo Kirch sitzt an einem normalen Arbeitstag 16 Stunden in einem eher spartanisch ausgestalteten Büro. Die meiste Zeit verbringt er am Telefon mit der Pflege und Nutzung seines Informations- und Beziehungsnetzes.
Eine andere Gemeinsamkeit zeigt sich in der Bescheidenheit des Auftretens: Herrn Davis begegneten wir im Lift, als er gerade mit einer Einkaufstüte von einem kurzen Besuch aus dem Laden um die Ecke zurückkam. Herrn Kirch findet man kaum oder nur aus professionellen Gründen bei Partys und Medienereignissen. Herr Ganz fühlt sich im Urlaub am wohlsten in seinem Haus in der Provence. Herrn Meinke hält man bei der ersten Begegnung für einen der Lektoren.
Und noch eine Gemeinsamkeit zeigt sich im Arbeitsstil: Alle Geschäftsführer neigen zu einer sehr direkten Kommunikati-

onsweise, die von kreativer Unruhe (bis zum gelegentlichen Chaos) und von hoher Präsenz an allen Stellen im Unternehmen gekennzeichnet ist. Sie praktizieren ein Management „by walking around" und führen es auf möglichst kurze Distanz und quer über die Hierarchieebenen aus. Sie halten sich und ihre Mitarbeiter „auf dem laufenden", weniger durch lange Aktennotizen als durch das unmittelbare Gespräch und durch ein aktives „Hingehen". Sie erscheinen ohne Vorankündigung in den Abteilungen und Betrieben und halten sich ein informelles Netzwerk von alten loyalen Mitarbeitern, die schon von Anfang an „dabei" waren.
Das hat sein Gutes, aber auch ein paar Schattenseiten, denn der geringe Respekt vor Verantwortlichkeiten im eigenen Hause und formalen Spielregeln führt gelegentlich dazu, daß die Mitarbeiter den direkten Anweisungen des Mannes an der Spitze folgen, obwohl sie gerade auf der Abteilungsebene eine andere Richtung besprochen hatten. Gelegentlich führt dies auch zu harschen Diskussionen mit den Verantwortlichen auf der zweiten Ebene, die sich – zu Recht – übergangen fühlen. Eine hohe Konfliktbereitschaft ist schon notwendig, wenn man gegenüber solchen Führungspersönlichkeiten bestehen will.
Noch ein weiteres Persönlichkeitsmerkmal charakterisiert die meisten dieser Unternehmer: ein hoher Grad an Durchsetzungswillen unter Einsatz fast aller Mittel, von Charme und charismatischer Überzeugungskraft bis hin zum ungeschminkten Einsatz von Macht und massiver politischer Pression – Hauptsache es dient dem Unternehmen und der Verwirklichung der unternehmerischen Vision. Bei Kirch ist dies sicher am offenkundigsten – wer sich dem Willen und Machtanspruch dieses Mannes widersetzt, muß sich warm anziehen. Der Kampf wird erbarmungslos geführt, über Jahre – und gewöhnlich gewinnt Leo Kirch. Aber auch die anderen „Patrons" sind keine Waisenknaben, wenn es um den Umgang mit Macht und um die Durchsetzung der eigenen Ziele

geht. Peter Davis hat es mit Geschick und unter Einsatz dosierter Druckmittel verstanden, den Reed-Konzern gegen alle internen und externen Widerstände auf einen neu fokussierten Kurs zu bringen. Baudecroux hat systematisch alle politischen Versprechungen gebrochen, die er ursprünglich gegeben hatte, um seine Sendelizenzen zu erhalten oder um neue zu gewinnen. Selbst ein bibliophiler Ästhet wie Hans Meinke hört es nicht gerne, wenn ihm in den zentralen Punkten seiner Unternehmensphilosophie widersprochen wird.
Dieser Stil hat natürlich auch etwas damit zu tun, daß alle diese Medienmacher ihre berufliche Aufgabe unter Einsatz ihrer gesamten Persönlichkeit verfolgen. Sie sind von ihrem Geschäft und ihrer Vision so überzeugt, manchmal schon besessen, auf jeden Fall bedingungslos mit ihrer Aufgabe verwachsen, daß das Schicksal des Unternehmens gleichbedeutend ist mit der eigenen Existenz. Die finanzielle Motivation spielt nur noch eine untergeordnete Rolle, Wachstum und überdurchschnittliche Rendite sind nicht das erste und einzige Ziel – sie sind die Bestätigung und die Belohnung für eine herausragende Leistung in „ihrem Geschäft", für die Qualität und Perfektion der Systeme und für den Erfolg im Markt der Leser und Zuschauer.

Das große Ziel vor Augen: die unternehmerische Vision

Visionen sind etwas Großartiges: Sie sind ein Entwurf der Zukunft, aber von großer Prägnanz und Überzeugungskraft. Unternehmen, die eine Vision haben, sind von einer seltsamen Energie beseelt, die man bereits in dem Augenblick spürt, wenn man das Unternehmen betritt. Visionen wirken packend und üben eine Art Magnetismus auf die Mitarbeiter und Kunden aus.

Von großen Führungspersönlichkeiten wird häufig berichtet, sie hätten die Gabe, ihre Vision aus einer inneren Kraft zu schöpfen und an andere weiterzugeben. Sieht man genauer hin, so stellt man jedoch fest, daß sich ihre Vision an viele Vorbilder anlehnt – und an Ideen, die häufig durch frühere Erfahrungen geprägt wurden. Auch in den dargestellten Unternehmen haben die Personen an der Spitze schon früh eine unternehmerische Vision entwickelt. Hans Meinke hegte zum Beispiel schon vor der Übernahme seiner Geschäftsführung im spanischen Buchklub die Vorstellung eines kulturell „geachteten" Verlages, einer Institution mit einem einzigartigen und respektierten verlegerischen Programm. Es dauerte einige Jahre, bis diese Vision auch von den eigenen Mitarbeitern und den Mitgliedern begriffen wurde. Inzwischen ist sie beim Círculo der Eckpfeiler einer positiven Selbstidentifikation.
Häufig ist die Vision am Anfang der Unternehmensgeschichte nicht so klar erkennbar, sie entspringt mehr einer geschäftlichen Intuition und nimmt erst mit der Zeit klare Konturen an. Dies trifft beispielsweise auf die Unternehmensgruppe Kirch und auf ihren Gründer zu: Für Leo Kirch war es zu Beginn nicht mehr als eine gute Geschäftsidee, mit Filmrechten zu handeln. Es war eine Marktnische, die durch das neuentstandene Medium Fernsehen Wachstum versprach. Die eigentliche Vision Leo Kirchs entstand erst später: der bedeutendste Besitzer von Programmrechten in Europa zu werden und um diesen Geschäftskern herum konsequent alle Geschäftsmöglichkeiten zu nutzen, die Rechteverwertung national und international zu multiplizieren und das Geschäft zu industrialisieren. Nahezu alle späteren Akquisitionen, Übernahmegefechte, der Schritt in den Handel mit Videorechten, der Ausbau des Merchandising-Geschäftes und die Sicherung der Abspielbasis durch den Einkauf in Fernsehsender sind letztlich nur eine Weiterentwicklung dieser Vision.

Ein anderes Beispiel ist Radio NRJ: Jean-Paul Baudecroux hatte mit seinem Hotelreservierungsunternehmen Elysées 12.12 schon früh die Vorstellung eines hocheffizient organisierten Dienstleistungsunternehmens entwickelt. Auch das Unternehmen NRJ sollte funktionieren wie eine gutgeölte Maschine, die dem Kunden pünktlich das liefert, was er erwartet: genau das Programm und die Musik, die *er* will, und das rund um die Uhr. Die Verbreitung eines sehr fokussierten und populären Programms sowie die Strategie, sich über ganz Frankreich auszudehnen und dabei ein Netzwerk mit höchstmöglichen Synergien zu betreiben, war die logische Konsequenz dieser Vision.
Bei Reed Elsevier entwickelte Peter Davis, bereits kurze Zeit nachdem er seine Position als Chief Executive Officer übernommen hatte, ein Konzept für den Gesamtkonzern: die vollkommene Konzentration auf das Mediengeschäft, weil hier die besten Renditen und die größte Wertsteigerung für die Aktionäre zu erreichen waren. Konsequent setzte er diese Vision eines internationalen Medienkonzerns um. Und er entwickelte sie weiter in Richtung auf eine noch stärkere Fokussierung bei gleichzeitiger Globalisierung des Geschäfts. Wenn Davis über die Strategie des Reed-Konzerns berichtet, dann spürt man zwischen den Sätzen die Kraft des Glaubens, die Überzeugung, daß er das richtige Konzept verfolgt; und man spürt seine Fähigkeit, Finanziers, Mitarbeiter und die Öffentlichkeit von diesem Konzept zu überzeugen.

Die konsequente Orientierung am Kunden

Das Mediengeschäft liegt an der Schnittstelle zwischen künstlerischer Kreativität und geschäftlichem Erfolgszwang. Das macht es aufregend, interessant und schwierig zugleich, denn für die meisten Autoren, Verleger, Journalisten und andere „Kreative“ ist die Vorstellung ein Greuel, sich am

Geschmack der Konsumenten, ihrer „Kunden", zu orientieren. Aber genau das ist es – die konsequente Orientierung an den Kundenwünschen und die Professionalität, mit der die Kundenwünsche aufgespürt und bedient werden –, was den Erfolg des Unternehmens ausmacht.

Sehr klar sieht man das bei Radio NRJ, das kompromißlos ein ganz konkretes Programmkonzept verfolgt. Es war nie das Ziel, ein Programm für „alle" zu machen, vielmehr wollte man einen möglichst hohen Marktanteil in der Zielgruppe der 19- bis 29jährigen erreichen. Daß dies gelungen ist, zeigen die Ratings in Frankreich und vor allem in Paris, einer Stadt, in der sich zwölf Sender gleichzeitig um die Gunst der Jugendlichen bemühen: Mit Marktanteilen von über 50 Prozent liegt NRJ mit Abstand an der Spitze. Wöchentlich werden die Titel im Programm durch telefonische Umfragen bei den Hörern überprüft: Findet man einen bestimmten Titel noch gut, hat man sich an ihm bereits sattgehört, soll man ihn öfter spielen? Soll man mehr Musik machen, mehr Spiele, mehr Wortbeiträge? Der Zuhörer ist der König, er bestimmt das Programm.

Das gleiche gilt für Prisma Presse. Axel Ganz hat manche Marktnische für Zeitschriften mit Intuition aufgespürt, aber die eigentliche Arbeit liegt dann in der genauen Definition der Zielgruppe und dem professionellen, nahezu wissenschaftlichen Austesten der Wünsche und Leserpräferenzen der zukünftigen Käufer. Mit Akribie planen die Verantwortlichen das neue Objekt bis in die Details, wiederholt testen sie es durch Leserbefragungen und -beobachtungen. Aber auch wenn das Objekt erfolgreich ist, wird immer wieder feinjustiert, werden Veränderungen in den Lesergewohnheiten permanent erfaßt und inhaltlich und in der optischen Gestaltung der Zeitschriften berücksichtigt.

Bei RTL 4 war es von vornherein klar, daß man sich mit einem jüngeren Programm an eine jüngere Zielgruppe wenden wollte. Trotz des kleinen Budgets, das zu Beginn zur

Verfügung stand, gelang es, die Bedürfnisse der Zuschauer gut anzusprechen. Vielleicht standen hier mehr die Intuition und Professionalität der Programmgestalter und weniger die systematische Befragung im Vordergrund, aber die Grundphilosophie war die gleiche: Der Zuschauer hat das Sagen, er entscheidet über das Programm; die Einschaltquoten sind alles. Es geht nicht darum, den Zuschauer mit einem Programm, das ihn nicht interessiert, „zwangszubeglücken".
Dies war für die öffentlich-rechtlichen Fernsehanstalten eine besonders schwierige Lektion, da dem Zuschauer bis zur Einführung des Privatfernsehens sowieso kaum eine Wahl blieb. Er mußte das Programm konsumieren, welches ihm die Fernsehanstalt vorsetzte. Wie dramatisch Marktanteile verändert werden können, wenn dann ein privater Wettbewerber auf die Bedürfnisse der Fernsehzuschauer eingeht, hat RTL nicht nur in Holland, sondern auch in Deutschland demonstriert.

Bei Langenscheidt war das Kundenbedürfnis der Anlaß für die Unternehmensgründung: Lernhilfen für Sprachen schaffen, damit man auf Reisen kommunizieren konnte. Gustav Langenscheidt nahm seine eigene „Sprachlosigkeit" zum Anlaß, Neues zu entwickeln: Das praktische Taschenwörterbuch war das Produkt, mit dem Langenscheidt erfolgreich wurde. Und auch heute setzen sich die Entwickler von Lernsoftware bei Langenscheidt zusammen und erproben und testen unterschiedliche Lernsysteme gemeinsam mit „ihren" Kunden.

Aber der Kunde ist nicht nur der Zuschauer, Leser und Zuhörer – Kunden sind auch die Firmen und Werbetreibenden mit ihren Anzeigen und Werbespots. Alle erfolgreichen Medienunternehmen haben verstanden, daß ihre Leistung mehr ist als eine möglichst hohe Anzahl von Werbekontakten. Deren Anzahl ist zweifellos ein entscheidender Punkt. Aber immer wichtiger für die Werbekunden wird auch die Qualität der Zielgruppe, die Qualität des Werbekontaktes,

die Qualität des Services, die zeitliche Flexibilität der Sender und Zeitschriften in der Plazierung von Anzeigen und Werbespots sowie die Flexibilität im Umgang mit Sonderwünschen.
Alle diese Firmen haben sich „etwas einfallen lassen", um ihren Werbekunden mehr Leistung zu bieten: RTL 4 gestaltete beispielsweise die Werbepreise exakt so, daß es in den Hauptwerbezeiten ein deutlich besseres Preis-Leistungs-Verhältnis als die öffentlich-rechtlichen Fernsehanstalten liefert. Die Deutsche Plakat-Werbung (DPW) etablierte eine eigene Abteilung, „Media-Assistenz", die darauf spezialisiert ist, die Kunden bei der Planung, beim Einkauf und der Abwicklung der Außenwerbung zu beraten. Überregional agierende Werbeagenturen verlangen eine anspruchsvolle Umsetzung ihrer Mediapläne, was den Einsatz von Planungssystemen und Qualitätsstandards notwendig macht, um die Plakatierung möglichst effizient vorzunehmen. Bei Prisma Presse erhalten die Werbekunden regelmäßig Leseranalysen der Objekte. – Die Beispiele ließen sich fortführen.

Marktsegmentierung und Marktdominanz zahlen sich aus

Die erfolgreichen Medienunternehmen kennen nicht nur ihre Zielgruppe, sie sind vor allem sehr geschickt darin, neue Märkte und Zielgruppen neu zu segmentieren. Ein besonders gutes Beispiel liefert wiederum Axel Ganz in Frankreich. Die Entwicklung einer neuen Frauenzeitschrift in einem schon stark besetzten Markt war nur mit einem Konzept möglich, das bei einem neuen Bedürfnis und einer anderen Zielgruppe ansetzte als die klassische Frauenzeitschrift: bei der Frau, die zwischen Arbeit und Haushalt, in ihrer Freizeit, neben dem Fernsehen, leicht konsumierbare Artikel lesen möchte, schnell verdauliche, unproblematische und infor-

mative Texte. Der durchschlagende Erfolg der Zeitung *Prima* gab ihm recht.
Die richtige Segmentierung des Marktes war auch der Erfolgsfaktor für Antenne Bayern: In einem Markt, der vom Bayerischen Rundfunk beherrscht wurde, mußte sich Antenne Bayern ein Segment suchen, das gegen die treue Hörerschaft von Bayern 3 und Bayern 1 Erfolg versprach. Programmchef Michael Haas fand dieses Segment durch eine konsequente Ausrichtung auf ein Middle-of-the-Road-Format für Hörer zwischen 25 und 39 Jahren. Bei dieser Kernzielgruppe liegt er nun eindeutig vor Bayern 3.
Ein anderes Beispiel liefert Reed Elsevier im Bereich der Fachzeitschriften und Regionalzeitungen. Vor allem bei den Fachzeitschriften ist das Potential für neue Segmentierungen riesig, da sich auch das Fachinteresse der Leser ständig weiter differenziert. Hier ist es entscheidend für den Erfolg, rechtzeitig zu erkennen, ob ein neues Segment „reif" für eine eigene Zeitschrift ist. Reed hat allein in den letzten zehn Jahren die Anzahl seiner Fachzeitschriften vervielfacht, überwiegend durch eigene Neuentwicklungen, teilweise aber auch durch Akquisition.
Der Erfolg von Segmentierungsstrategien ist abhängig von zwei Grundvoraussetzungen:
Erstens muß das neue Segment *tragfähig* sein. Die Zielgruppe muß eine ausreichende Größe haben und entsprechendes Potential für Werbekunden bieten. Vor allem im Zeitschriftenbereich entscheidet die Größe des Segments über die langfristigen Existenz- und Erfolgschancen des neuen Objektes. Deshalb läßt Axel Ganz das Geschäftspotential einer neuen Zeitung vor der Lancierung durch intensive Marktuntersuchungen systematisch ausloten. Reed Elsevier geht bei neuen Fachzeitschriften ähnlich vor. Aber auch bei der Entwicklung von neuen Hörfunkprogrammen oder bei der Ausstrahlung von Spartenprogrammen im Fernsehen muß sorgfältig geprüft werden, ob das Segment tragfähig ist. Antenne

Bayern ist ein Erfolgsbeispiel – VOX war es nicht. Ein Nachrichten- und „Ereignis"-Fernsehen findet im deutschen Markt wohl nur ein begrenztes Zuschauerpotential.
Zweitens ist es im Mediengeschäft ein ehernes Gesetz, daß sich *Marktführerschaft* in überproportional guten Ergebnissen auszahlt. Der Marktzweite verdient möglicherweise noch Geld, aber der Dritte erwirtschaftet in der Regel nur Verluste. Das bestätigen auch die beschriebenen Erfolgsunternehmen. Nahezu alle erfolgreichsten Objekte von Prisma Presse sind Marktführer in ihrem spezifischen Segment.
Und auch die anderen dargestellten Unternehmen sind in ihrem Kerngeschäft jeweils Marktführer: Der Círculo de Lectores ist in gewisser Weise sogar Monopolist im spanischen Markt, die *Neue Kronen Zeitung* hat einen Marktanteil von 40 Prozent, Leo Kirch liefert über 30 Prozent der Programmstunden im deutschen Markt, die DPW verfügt über annähernd 50 Prozent in der Großflächenwerbung und über zwei Drittel aller Werbeträger an Verbrauchermärkten. Damit hat sich die DPW in den beiden wachstumsstärksten Bereichen der Außenwerbung als Marktführer positioniert.
Langenscheidt ist in nahezu allen Segmenten als Marktführer etabliert, und zwar in einem solchen Maße, daß einige der Objekte – zum Beispiel der *Duden* – schon Synonyme für das Marktsegment geworden sind. In keiner Buchhandlung, in keinem Warenhaus fehlen Langenscheidt-Wörterbücher und Polyglott-Reiseführer. Sie sind dort schon rein optisch in der Regalbelegung als Marke erkennbar.
Marktführer im Bereich ihres Hörer- und Zuschauersegments sind auch Antenne Bayern, Radio NRJ und RTL 4 in den Niederlanden. Als Marktführer setzen sie die Eckpunkte für die Preise der Werbespots, und kein Werbetreibender kann es sich leisten, an den Sendern vorbeizugehen. Die Marktanteile eines Marktführers schlagen sich nahezu unweigerlich in überproportionalen Erlösen und – bei gleichen Produktionskosten – in überproportionalen Umsatz- und Kapital-

renditen nieder. Hierin liegt auch der Hauptgrund für die vergleichsweise hohe Durchschnittsrendite im Mediengeschäft im Verhältnis zur Gesamtindustrie, vor allem im Verhältnis zu traditionellen Industriegeschäften wie dem Maschinenbau, Automobilbau oder der Textilindustrie. Durch den hohen Grad an Segmentierung, durch die Bedeutung von Lokalität, durch die Vielzahl von marktführenden Unternehmen in allen diesen Einzelmärkten mit jeweils hohen Gewinnmargen wird auch die durchschnittliche Branchenrendite angehoben.

„Think global – act local"

Die Medienmärkte wachsen zusammen, und die Internationalisierung der Medienkonzerne ist in vollem Gange. Oberflächlich betrachtet, werden sich die Medienmärkte und -konzepte immer ähnlicher. Dies hat einige Verlage und Sender dazu verleitet, Europrogramme und -magazine zu lancieren oder über die Grenzen hinweg Akquisition vorzunehmen. Sie glaubten an internationale Synergien. Aber bisher sind diese Konzepte nicht aufgegangen, die internationalen Synergien lassen meist auf sich warten. So hat die ursprünglich von Maxwell gegründete Zeitung *The European* den Break-Even noch immer nicht durchschritten; auch Spartenprogramme wie *Eurosport* sind bisher nicht erfolgreich.
Der aufwendig geplante Transfer des *Bild*zeitungskonzepts nach Spanien scheiterte vollkommen, und auch bei Holtzbrinck hat man sich nach unangenehmen Erfahrungen aus dem französischen Wirtschaftszeitschriftenmarkt wieder zurückgezogen.
Aber das heißt nicht, daß die Übertragung von Zeitungs- und Programmkonzepten nicht möglich ist – auf das „Wie" kommt es an. Am eindrucksvollsten hat dies Axel Ganz mit der Anpassung von Zeitschriftenkonzepten, die in Deutsch-

land entwickelt und nach Frankreich transferiert wurden, demonstriert. Das französische *GEO*-Magazin ist in vielen Details, in der gesamten Themenaufbereitung, aber auch im Layout inzwischen anders als das deutsche Pendant. Das genaue Ausloten der spezifisch französischen Leserwünsche und Lesegewohnheiten waren für den Erfolg von *GEO* in Frankreich entscheidend. Das adaptierte *GEO*-Magazin bietet dem französischen Leser mehr „nützliche" Informationen und hat vielleicht mehr Magazincharakter als das deutsche *GEO*. Das gleiche gilt für *Ça m'intéresse* im Verhältnis zum anspruchsvollen deutschen *P. M.*-Magazin.

Auch der spanische Círculo de Lectores ist kein Abbild des deutschen Bertelsmann Buchklubs: Er konzentriert sich auf die Zielgruppe von Viellesern, verlegt ein qualitativ hochwertiges Programm, fördert Schriftsteller und besitzt eine hohe Reputation in Spanien. Insofern ist der spanische Klub das exakte Gegenteil seiner deutschen Mutter. Die hat ihr Marketing und ihre Geschäftsphilosophie eher auf Masse und günstige Preise, ihr Programm auf Konsalik und schnell konsumierbare Mitnahmeschnäppchen angelegt. Ihren kulturellen Anspruch bringt sie verschämt auf nur drei Katalogseiten unter.

Der Langenscheidt-Verlag ist vielleicht das am internationalsten ausgerichtete Medienunternehmen unter unseren Fallbeispielen. Dies bringt schon das Geschäft mit Fremdsprachenlexika und Landkarten mit sich. Und trotzdem, selbst im Bereich der Landkarten, Atlanten, Wörterbücher und Reiseliteratur ist eine direkte Übertragung von Verlagssubstanz in einen anderen Sprach- und Kulturbereich nicht möglich. Vielmehr ist eine sensible Anpassung an das jeweilige nationale Umfeld notwendig. Mehr als die Hälfte aller Stichwörter der *Encyclopaedia Britannica* wären für einen Franzosen oder Deutschen irrelevant oder in einem anderen Kontext darzustellen – man denke nur an die napoleonischen Kriege oder an die Darstellung der Kolonialherrschaft. Ein Deutscher hat andere Schwierigkeiten, wenn er die englische Sprache erlernt, als ein Franzose. Entsprechend muß die Systematik von Lehrbüchern darauf abgestimmt werden. Landkarten müssen in den USA völlig anderen Qualitätsansprüchen im Hinblick auf Farbgestaltung, Verarbeitung und Zusatzinformation genügen als in Deutschland. Die deutsche Qualität würde in den USA wohl kaum bezahlt werden. Und für einen Deutschen muß ein Reisebuch über Rußland – aufgrund anderer historischer und kultureller Bezüge zu diesem Land – anders aussehen als für einen Amerikaner.

Natürlich gibt es auch internationale Synergien – sowohl im Verlagsgeschäft als auch im Bereich der sogenannten Neuen Medien. Vor allem gibt es die Chance des Know-how-Transfers bei Systemen und Geschäftskonzepten, und es gibt auch Synergien im Bereich der Substanz. Bei Langenscheidt nutzt man zum Beispiel das Know-how aus dem Bibliographischen Institut bei der Herstellung von Lexika in Großbritannien und die kartographischen Archive aus Deutschland bei der Herstellung von Kartenmaterial in anderen Ländern; vor allem aber nutzt man das Wissen über Vertriebssysteme.

NRJ verfolgt vielleicht am konsequentesten die Politik, sein französisches Erfolgskonzept im deutschen und skandinavischen Markt zu multiplizieren. Dabei stößt man in diesen Märkten auf völlig unterschiedliche rechtliche und wirtschaftliche Gegebenheiten bei den Sendern. Aber das hält NRJ nicht davon ab, das bereits bewährte Konzept zu verwirklichen: nämlich ein Netzwerk von Stadtsendern aufzubauen, mit denen die gleiche Zielgruppe im gleichen Musikformat angesprochen wird. Hinzu kommt ein eigenes nationales Werbeverkaufssystem, welches sich in Deutschland erst im Aufbau befindet. Aber bei NRJ ist man sich bewußt, daß in Deutschland nicht die gleichen Musiktitel ankommen wie in Frankreich.

Auch hier stellt man sich auf die nationalen Besonderheiten

in den Hörerwünschen und bei der Ansprache von Werbekunden ein.
„Act local" heißt aber nicht nur nationale Besonderheiten zu beachten, sondern sich auch auf die regionalen oder lokalen Wünsche der jeweiligen Zielgruppe einzustellen. So gibt die *Neue Kronen Zeitung* neben der *Wiener Krone* sieben weitere Regionalausgaben heraus. Ebenso hat Reed Elsevier großen Erfolg mit den Regionalzeitungen in England. Beide Verlage ermöglichen es ihren Anzeigenkunden, überregional Anzeigen zu schalten. Hier kommt es auf Flexibilität an, darauf, überregionale Präsenz mit regionaler Kompetenz zu verbinden. Inzwischen ist dies sowohl bei Zeitungen als auch bei Radio- und Fernsehsendern mit Hilfe neuer Techniken möglich. Radio NRJ bietet beispielsweise in seinen Werbeblöcken neben der überregionalen Werbung auch lokale Werbezeiten für einzelne Regionen oder Städte an, die dann – mit jeweils unterschiedlichen Werbespots belegt – zur gleichen Zeit in allen Regionen Frankreichs gesendet werden.

Expansion durch Konzentration

Alle beschriebenen Medienmanager sind von ihrer Persönlichkeit her „Unternehmer" im wahrsten Sinne des Wortes. Wachstum und neue Geschäfte sind für sie daher eine ständige Herausforderung. Aber ihr unternehmerischer Expansionsdrang bleibt fast immer an ihr Kerngeschäft gebunden. Keiner hat sich in völlig neuen Geschäften engagiert, zu denen er nicht schon in irgendeiner Weise Zugang hatte. Fast immer erfolgte die Expansion und Diversifikation im Rahmen einer regionalen Geschäftsausweitung, neue Vertriebswege wurden mit bestehenden Produkten erschlossen oder das vorhandene Programm durch neue Objekte ergänzt. Manchmal werden auch vorsichtig vor- oder nachgelagerte Wertschöpfungsprozesse, technische Dienstleistungen oder wich-

tige Vertriebswege integriert. Aber grundsätzlich gilt: Alle unsere Schuster sind bei ihren Leisten geblieben.
So hat Radio NRJ zuerst die nationale Expansion in Frankreich bewältigt und beschäftigt sich nun seit drei Jahren intensiv mit der Ausweitung des gleichen Geschäfts nach Skandinavien, in die französische Schweiz und nach Deutschland. Gleichzeitig hat man in Frankreich sehr erfolgreich das technische Dienstleistungsgeschäft entwickelt, indem man die eigenen Sendestationen auch an andere Radiosender vermietet. Die Diversifikationsbemühungen in das Video- und Btx-Geschäft sind über das Stadium von wenig erfolgreichen Nebenaktivitäten nie hinausgelangt. Baudecroux selbst bekennt, daß man schnell gelernt habe, daß dies „nicht das Metier von NRJ ist".
Konzentration auf *ein* Geschäft und dessen Expansion auch bei der DPW: Günter Freund gab bereits zu Beginn der fünfziger Jahre seine diversen anderen Geschäftsaktivitäten, wie Werbefilmstudio und Anzeigenblatt, auf. Seitdem expandiert er ausschließlich in der Außenwerbung, zuletzt durch die schnelle Besetzung der noch freien Märkte in Osteuropa, in denen er schon heute Marktführer ist.
Intensiv hat Langenscheidt zwar eine Akquisitions- und Diversifikationspolitik betrieben, aber doch immer im Umkreis seiner Kernkompetenzen, nämlich der Produktion von Markenprodukten im lexikalischen und landeskundlichen Bereich und im Bereich der Massenvertriebskanäle. Dazu gehören auch die Kartographie, die Reisebücher und die Sprachschule. Auch die Diversifikationen in die elektronischen Medien folgen den Konsumentenwünschen, aber im Grunde mit der gleichen Substanz und auf den gleichen Vertriebswegen.
Ein besonderer Fall ist die Unternehmensgruppe Kirch, die heute auf nahezu allen Stufen der Wertschöpfung im Film- und Fernsehgeschäft vertreten ist. Aber auch dies folgte einer inneren Logik. Im Grunde dienten alle Diversifikationen und

Zukäufe dazu, den Kern des Geschäftes – den Handel und die Verwertung von Programmrechten – abzusichern oder im Wettbewerb besser zu positionieren. Um bei der Beschaffung von Programm-Material eine bessere Position zu erreichen, engagiert sich diese Gruppe im Produktions- und Koproduktionsgeschäft und entwickelte Finanzierungsmodelle für die Filmproduktion. Um die Abspielbasis für seine Programme zu sichern, engagierte sich Kirch auch bei den Privatsendern DSF, Kabelkanal, PRO 7 und vor allem bei SAT 1; auch die lange Schlacht um Anteile am Springer-Konzern ist daraus zu erklären.
Bei Reed Elsevier gehört die Orientierung an den Kernkompetenzen explizit zur Unternehmensphilosophie: Von einem Konglomerat und Mischkonzern entwickelte sich das Unternehmen zu einem konsequent auf Fachzeitschriften, Regionalzeitungen und Fachveranstaltungen ausgerichteten Verlag. Ziel der strategischen Neuausrichtung nach dem Zusammengehen mit Elsevier ist wiederum eine noch stärkere Konzentration auf den Ausbau und die Sicherung der Geschäfte, in denen man wirklich Kompetenz hat – und in denen man daher Geld verdient.

Weiterentwicklung und Innovation ohne Ende

„There are no excellent companies for all times" – so beginnt ein Buch von Tom Peters, dem Verfasser des Bestsellers *In Search for Excellence*. Keine Firma kann sich in Zeiten unvorhersehbarer Veränderungen auf einer einmal erreichten Spitzenposition ausruhen. Zu schnell wird man von Wettbewerbern überrundet, zu schnell gerät man in Gefahr, auf Veränderungen im Markt nicht rechtzeitig zu reagieren. Das einzige Mittel dagegen ist die ständige Erneuerung und Verbesserung der Konzepte, die permanente Suche nach neuen Möglichkeiten – um gute Leistungen durch noch

bessere zu übertreffen. Gute Führungskräfte sehen sich selbst als „ständig Lernende“. Genau dies finden wir auch bei den von uns beschriebenen Unternehmern und Unternehmen.
Die Suche nach neuen Ideen, nach Verbesserungsmöglichkeiten im Programm, in den Systemen und Abläufen beginnt an der Spitze und setzt sich auf allen Ebenen fort. Hans Meinke berichtet, daß es ihn fasziniert, Dinge immer noch besser zu machen: „Es ist immer wieder notwendig, zu den Wurzeln des eigenen Geschäfts vorzudringen und die Grundannahmen zu hinterfragen. Vielleicht gibt es Dinge, die wir inzwischen ganz anders machen sollten; was heute gut ist, muß deshalb morgen nicht auch noch gut sein.“ Klingt trivial, aber es erfordert viel Disziplin, um diesen Grundsatz in die tagtägliche Arbeit umzusetzen. In den Führungsbesprechungen im Círculo de Lectores fragt er daher systematisch: Was könnte man am Programm noch besser machen? Wie könnte die Fluktuation bei den Boten herabgesetzt werden? Wie kann die Reputation des Klubs weiter gesteigert werden?
Mit der Zeit schleichen sich auch bei guten Zeitschriften Gewohnheiten und Fehler ein, die den Machern häufig nicht mehr auffallen. Axel Ganz kennt diesen Effekt und orientiert sich an bestimmten Indikatoren, nimmt aber auch die Objekte selbst immer wieder in die Hand, stellt Fragen, gibt Hinweise, verlangt Verbesserungen. Unzählige Besprechungen mit Mitarbeitern über Verbesserungsmöglichkeiten bei den Zeitschriften erfolgen immer am konkreten Objekt. Axel Ganz ist ein Perfektionist – für die Mitarbeiter anstrengend, aber ungeheuer motivierend.
Für Michael Haas war der Anfangserfolg von Antenne Bayern eine schöne Bestätigung für das gewählte Musikformat – aber da mußte doch noch mehr möglich sein. In den vier Jahren seiner Existenz steigerte Antenne Bayern seine Markt- und Höreranteile stetig. Auch weil das Konzept permanent einer kritischen Revision unterzogen wurde, um es eben

doch noch etwas besser zu machen, damit Prozentanteile im Kampf gegen Bayern 3 hinzugewonnen werden konnten. Auch RTL 4 reichte der Anfangserfolg der ersten zwei Jahre nicht. Systematisch wurde das Konzept weiterentwickelt und verbessert. Inzwischen wurde der zweite Kanal, RTL 5, eingeführt, um den Werbemarkt weiter auszuschöpfen.

Karl-Ernst Tielebier-Langenscheidt nennt in unserem Gespräch als größte Gefahr, „daß wir einschlafen". Die Marktführerschaft sei langfristig nur zu sichern, wenn man auch führend in der Leistung und im Kundennutzen ist. Auch in diesem Verlag gilt: ständige Innovation, obwohl man in vielen Marktsegmenten unangefochtener Marktführer, manchmal schon Monopolist ist. Aber so setzt man die Markteintrittsbarrieren für Wettbewerber höher und sichert die Marktanteile.

Innovationen werden in den erfolgreichen Unternehmen durch kleine Projektteams organisiert. Sie kommen aus verschiedenen Abteilungen und bringen Kompetenz aus unterschiedlichen Bereichen mit. Ihre einzige Aufgabenstellung ist es, in kürzester Zeit ein fertiges Produkt zu erstellen. Bei Langenscheidt setzte man eine spezielle Arbeitsgruppe aus Sprachwissenschaftlern, Marketing- und Vertriebsleuten, Softwarespezialisten und Betriebswirten für die Entwicklung eines neuen Sprachlernsystems für Jugendliche ein. Innerhalb von nur sechs Wochen konnte ein fertiges Produkt präsentiert werde, obwohl die Mitarbeiter gleichzeitig ihren normalen Aufgaben nachgingen.

Auch Reed Elsevier hat – wie Prisma Presse – große Erfahrung in der systematischen Entwicklung von neuen Zeitschriftenkonzepten, allerdings im Fachinformationsbereich. Die Entwicklung neuer Objekte wird nahezu industriell betrieben: Für die Ideen sind die einzelnen Verlagsleiter verantwortlich. Entscheidend ist, daß diese Ideen, bevor sie im Markt lanciert werden, systematisch getestet und auf ihre wirtschaftliche Tragfähigkeit hin untersucht werden müssen.

Eine Gruppe von Spezialisten überprüft das redaktionelle Konzept des Objektes sowie die Absatzchancen und das Anzeigenpotential. Auf diese Weise werden Jahr für Jahr über 100 neue Zeitschriftenideen getestet, aber nur 15 Prozent davon für tragfähig befunden.
Innovation bei der DPW bedeutet die ständige Infragestellung etablierter Verfahren und Produkte. So revolutionierte die DPW-Gruppe mit dem Naßklebeverfahren die Klebetechnik in der Außenwerbung, die Geschäftspraxis durch die Einführung eines Dekadensystems (Belegung im Zehn-Tage- anstatt im Wochenrhythmus) und den Flächenverkauf durch ein neues Rabattsystem, das sich als kundenorientiertes und praktisches Verfahren schließlich im gesamten Markt durchsetzte.

Effiziente Geschäfts- und Informationssysteme

Alle Unternehmen und Unternehmensführer haben eine Leidenschaft für effiziente Systeme. Sie sind Systemführer in ihrem jeweiligen Marktsegment, und das in mehrfacher Hinsicht: sowohl im Bereich der Distribution, der Produktion, der Kundenakquisition, der Technik und vor allem auch bei den Entscheidungs- und Kontrollsystemen.
Sichtbar wird dies beispielweise beim Verteilungssystem des Círculo de Lectores mit 1500 Boten, deren Aufgabe es ist, die Mitglieder des Klubs im ganzen Land zu betreuen, die bestellten Bücher zu überbringen und die Bindung der Mitglieder an den Klub zu stärken. Eine derartige Organisation zuverlässig und effizient – bei niedriger Fluktuation – zu führen, erfordert ein hohes Maß an Erfahrung und Systematik, ebenso der gesamte Prozeß von der Planung des Quartalprogramms über die Lizenzbeschaffung, Produktion, Katalogerstellung und Auslieferung. Jeder Tag, der hier verschenkt wird, jede Fehlentscheidung im Programm, in den

produzierten Mengen, hat dramatische Auswirkungen in einem Geschäft, in dem Pfennigbeträge über Plus und Minus entscheiden. Der Gesamtprozeß von der Planung bis zur Auslieferung dauert rund ein Jahr. Allein der Netzplan zur Katalogherstellung besteht aus über 30 kritischen Zeitpunkten, bei deren Überschreitung die roten Warnlampen leuchten.

Radio NRJ beherrscht den technischen Prozeß der Synchronverteilung von Sendesignalen und der permanenten Kontrolle der Sendequalität in allen Details so gut, daß inzwischen sogar die Wettbewerberstationen die technischen Dienstleistungen von NRJ in Anspruch nehmen. Wenn irgendwo in Frankreich eine Relaisstation ausfällt, wird dies am Senderstandort in Paris auf einem kleinen Monitor sofort angezeigt. Über den gleichen Monitor kann man per Ferndiagnose versuchen, die Ursachen zu erkennen und vielleicht sogar zu beheben. Zeitgleich mit Paris erfährt einer der für die jeweilige Region verantwortlichen und zu jeder Tages- und Nachtzeit abrufbereiten Monteure von der Störung. Läßt sie sich nicht aus der Entfernung lösen, dann erreicht dieser Monteur innerhalb von maximal zwei Stunden den jeweiligen Sendemast, um den Schaden vor Ort zu beheben. Alle Reparaturen werden mit Ursachen, Reparaturzeit und Kosten erfaßt und in einer Fehleranalyse ausgewertet.

Genauso präzise beherrscht NRJ die Kundenbetreuung in der Werbeakquisition: Sämtliche Kontakte zwischen Werbeakquisiteuren und potentiellen Kunden werden Tag für Tag gespeichert und ausgewertet. Erinnerungen an einen Folgekontakt oder an auslaufende Werbeverträge erfolgen automatisch, ebenso die ständige Beurteilung der Qualität aller Mitarbeiter im Verkauf. Auch die DPW-Gruppe baute mit der awk-Media-Assistenz ein EDV-System auf, in dem ein Großteil aller deutschen Außenwerbeflächen mit Selektions- und Qualitätskriterien erfaßt sind. Für die Kunden können so individuelle „Flächenpakete" geschnürt werden. Dabei wollte awk zuerst nur eine höhere Transparenz für sich selbst gewinnen – inzwischen ist dieses System vom gesamten Markt akzeptiert worden. Die Kirch-Gruppe hat sich durch die eigene Dokumentation aller Film- und Lizenzrechte und nationalen sowie internationalen Verwertungsrechte für jede Form der medialen Nutzung, vom Video bis zum Merchandising, einen immensen Wettbewerbsvorteil gegenüber den Fernsehstationen, den Produzenten und anderen Filmkunden erworben.

Neben der Effizienz in der Produktion und im Vertrieb sind es die Entscheidungssysteme, die in allen dargestellten Unternehmen eine besondere Qualität haben: Sie sind einfach, transparent und sehr effizient.

Die schiere Fülle und die Komplexität von Informationen sind bei vielen etablierten Organisationen eher ein Problem als die fehlenden Informationen. Die Datenmenge verdeckt häufig den sicheren Blick für die wesentlichen Parameter. Effiziente Informationssysteme dagegen sind einfach und geben dem Management mit dem Unternehmer an der Spitze die Möglichkeit zu schneller und direkter Aktion. In der Regel sind es nicht mehr als fünf oder sieben Parameter, die regelmäßig und aktuell erfaßt werden müssen, um zu wissen wo das Geschäft steht und wo schnelle Maßnahmen notwendig sind.

Bei Reed Elsevier wird der Status und die Entwicklung jedes Geschäfts in nicht mehr als sieben Kennziffern monatlich erfaßt und an Peter Davis und das Führungsteam berichtet. Diese Daten liegen bereits acht Tage nach Monatsbeginn vor. Bei Prisma Presse kennt man die Zahlen zu jedem Objekt – verkaufte Auflage, Anzeigenumsatz, Anzeigenbuchungen, Vertriebsumsatz, Profit und gebundenes Betriebsvermögen – spätestens zwei Wochen nach Monatsabschluß. Beim Círculo de Lectores sind es der Monatsumsatz, der Pro-Kopf-Umsatz, die Mitgliederzu- und -abgänge, die Besuchshäufigkeit und die Fluktuation bei den Boten sowie wenige andere ausgewählte Daten, mit denen das laufende Geschäft kontrolliert wird. Bei NRJ werden monatlich die gesendeten Werbeminuten, der Werbeumsatz, die Werbebuchungen für die kommenden Monate, die ausstehenden Forderungen und die Personalkosten monatlich erfaßt; zusätzlich gibt es in regelmäßigen Abständen Zahlen über die Höreranteile.

Konsequentes Zeit- und Kostenmanagement

Hinzu kommt ein konsequentes Kostenmanagement und eine Leidenschaft für die Steigerung der Produktivität. Daß die dargestellten Unternehmen auch zu den Kostenführern in ihrem jeweiligen Marktsegment gehören, ist klar und äußert sich in vielen Kleinigkeiten: Bei NRJ spürt man dies schon physisch, wenn man die Räumlichkeiten in Paris betritt. Die Programm- und Marketingabteilungen sitzen dort auf engstem Raum zusammen, manchmal unter Umständen, die von der deutschen Gewerbeaufsicht sofort moniert würden. Jeder Quadratzentimeter der Räumlichkeiten wird für Sende- und Produktionsstudios, für Technik, für Tonmaterial und Redaktionsplätze genutzt. Jean-Paul Baudecroux wird – der Umzug in eine neues Büro ist geplant – die „Enge vermissen". Es sei auch optisch der Abschied von den Gründerjahren.
Die ständige Suche nach Einsparungspotentialen auf allen Stufen des Wertschöpfungsprozesses zeigt sich auch bei Antenne Bayern. Systematisch wurde der gesamte Produktionsprozeß digitalisiert. Nun erstellt der Journalist seinen Beitrag im Studio selbst am Monitor. Allein dadurch konnten 25 Prozent der Mitarbeiter im Technik- und Produktionsbereich eingespart werden. Bei RTL 4 verantworten 250 Mitarbeiter die zum Teil externe Produktion von zwei Fernsehvollprogrammen, für das der öffentlich-rechtliche niederländische Rundfunk für eine vergleichbare Anzahl von Programmstunden fast zehnmal soviel Mitarbeiter beschäftigt.

Keines der Unternehmen besitzt überflüssige Führungsebenen. Der Anteil der Stabsmitarbeiter (Personal, Rechnungswesen, Finanzen, Adminstration und Öffentlichkeitsarbeit) liegt meist unter zehn Prozent. In der Regel entbehren die Haupsitze dieser Unternehmen jeglichen überflüssigen Glanzes. Die Büros sind gemietet und liegen üblicherweise nicht in den besten Lagen, sondern eher abseits vom Stadtzentrum; funktionale Zweckmäßigkeit geht vor Repräsentation.

Die Holding von Reed Elsevier umfaßt – bei insgesamt 25.000 Beschäftigten – nur ganze 120 Mitarbeiter. Der Pro-Kopf-Umsatz bei der DPW stieg zwischen 1979 und 1987 um mehr als das Doppelte. Auf den ersten Blick erscheint dem Besucher das Verwaltungsgebäude der DPW in einem Koblenzer Industriegebiet sehr großzügig, aber dann merkt man schnell, daß die Flächennutzung ökonomisch und insgesamt billiger ist als ein Verwaltungsgebäude alten Stils im Stadtzentrum. Bei Langenscheidt wird Kostenbewußtsein sichtbar, nicht nur in den Räumlichkeiten am Rande eines Münchener Industrieparks und an den Konferenzraummöbeln aus den fünfziger Jahren.

Investitionen in Substanz, Programm und Marke

Effizientes Kostenmanagement ist eine notwendige aber sicher nicht ausreichende Maßnahme für den langfristigen Erfolg von Geschäften. Immer wieder zeigt es sich, daß mit radikalem Kostenmanagement Geschäfte – aufgrund eines fehlenden neuen Moments – sukzessive auch ausgehöhlt und ruiniert werden können. Sie verkommen dann mit immer neuen Anpassungen an sinkende Umsätze zu einer dauerhaft deprimierenden Veranstaltung, an deren Ende die guten Mitarbeiter das sinkende Schiff verlassen.

Entscheidend ist, daß das Unternehmen nach einer reinigenden Kostenentschlackungskur wieder mit neuen Programmen, Produkten und mit einer neuen Motivation Fuß faßt. Dafür ist es notwendig, ausreichend Mittel für Investitionen in die Substanz, in Autoren, in neue Produkte, möglicherweise in neue Technik und in den Aufbau der Marke einzusetzen.
Und auch hier zeigt sich ein gemeinsames Merkmal dieser Unternehmen: Sie investieren systematisch in die Expansion ihrer Ressourcen für den Zukunftserfolg – nicht in den Ausbau der administrativen Apparate. Die Mittel fließen in erster Linie in die Verbesserung oder Erweiterung des eigenen Programms, der eigenen Substanz, in Autoren, in die Mitarbeiter und in den Aufbau des Markenimages.
Bei Reed Elsevier werden Jahr für Jahr 80 Millionen Mark in die Entwicklung neuer Zeitschriften investiert. Der Círculo des Lectores investiert jedes Jahr 15 Prozent des Umsatzes in die Werbung neuer Mitglieder und weitere Summen in den Aufbau von eigenen Verlagssubstanzen – obwohl es sich im Grunde um ein reines Lizenzgeschäft handelt. Bei Langenscheidt betragen die Investitionen in den Ausbau der Verlagssubstanz regelmäßig um die zehn Prozent des Umsatzes: neue Sprachlexika, Sprachlern-Software, kartographische Erschließung Osteuropas, Digitalisierung der kartographischen Informationsbasis. Soweit einige Beispiele für die Investitionsschwerpunkte; außerdem gingen, wie jedes Jahr, zweistellige Millionenbeträge in die Werbung und in die Stärkung der Marken Langenscheidt, Duden, Polyglott und Brockhaus. RTL 4 investiert in den Aufbau des neuen Programms RTL 5. DPW dagegen hat konsequent in die Erschließung der osteuropäischen Märkte investiert, obwohl man weiß, daß dies auf mehrere Jahre hinaus ein Zuschußgeschäft sein wird. Aber die Flächen werden nur einmal vergeben, und wer den Markt heute besetzt, wird die Früchte in der Zukunft ernten.

Noch ein weiterer Punkt fällt im Investitionsverhalten dieser Unternehmen auf: In großen Konzernen brauchen Investitionsentscheidungen meist viel Zeit. Gewöhnlich durchlaufen sie ein kompliziertes Prüfungsverfahren, in dem eine zentrale Investitionsabteilung eine intensive Bewertung der beabsichtigten Projekte vornimmt. Der Nachteil ist, daß der notwendige Geschäftsverstand bei den zentralen Stäben zumeist nicht besonders ausgeprägt ist. Damit sind sie wieder auf das Urteil der Antragsteller oder von externen Beratern angewiesen. Bei den dargestellten Unternehmen finden wir dagegen schnelle Entscheidungswege. Dies setzt natürlich einerseits ein hohes Maß an Entscheidungsfreiheit voraus und andererseits den Mut, auch einmal Fehler in Kauf zu nehmen. Kennzeichnend ist, daß der Geschäftinstinkt zwar eine wichtige Rolle spielt, aber die ökonomische Basisarbeit und Beurteilung für die Entscheidungsvorbereitung ebenso wichtig sind. Nicht M&A-Spezialisten oder zentrale Stäbe übernehmen die Arbeit, sondern diejenigen, die das Geschäft kennen und die später die Ergebnisse der Investitionsentscheidung zu verantworten haben.

In Menschen investieren: Überzeugen, Trainieren, Vorleben

Eine Vision ist zum Scheitern veurteilt, wenn sie nicht Tag für Tag eingeübt und vorgelebt wird. Strategische Pläne werden zur Makulatur, wenn sie nicht von den Mitarbeitern auf allen Hierarchieebenen geteilt und mitgetragen werden. Das erfordert stetige Überzeugungsarbeit und pädagogische Leidenschaft, die durch ständiges Training der Mitarbeiter und durch das Vorleben der Unternehmensphilosophie eingeübt wird.

Für Hans Meinke war die Schulung der Vertreter und der Botenorganisation eine der ersten Aufgaben, die er bei der

Sanierung des Círculo de Lectores anpackte. Die Ziele des Klubs sollten glaubhaft vertreten werden. Er erhöhte die Anzahl der Trainingstage und Kommunikationsveranstaltungen von ein bis zwei Tagen jährlich auf das Zehnfache. Natürlich wurden auch die Führungskräfte einbezogen.
Bei Antenne Bayern gehört, ebenso wie bei NRJ, die Ausbildung der Moderatoren zum Standardprogramm. Regelmäßig werden Mitschnitte gemacht und gemeinsam durchgesprochen, die Länge der Beiträge geprüft, die Wortwahl korrigiert und an der Tonlage gefeilt. Ständiges Training ist auch für den Außendienst angesagt. Die Anzahl der Schulungen für die Außendienstmitarbeiter liegt bei mindestens acht Tagen im Jahr, wichtiger aber sind die gemeinsamen Besprechungen, die regelmäßig wöchentlich stattfinden.
Bei Prisma Presse verwendet Axel Ganz einen erheblichen Teil seiner Tagesarbeit darauf, mit den jeweiligen Verlegern und Redakteuren immer wieder die redaktionelle Konzeption der Zeitschriften bis ins Detail durchzusprechen und den Inhaltsmix sowie die äußere Gestaltung neu zu überdenken. Das Training des verlegerischen und redaktionellen Nachwuchses betrachtet er als Hauptaufgabe, in den Redaktionssitzungen ist er ein regelmäßiger Besucher. Bei Reed Elsevier hat man frühzeitig begonnen, ein System zur permanenten Beurteilung und Förderung aller Führungskräfte zu etablieren und den Führungsnachwuchs regelmäßig auf seine Eignung für höhere Aufgaben hin zu überprüfen.
Auch Langenscheidt und DPW verfolgen eine langfristige Personalpolitik. Dem Nachwuchs Zeit geben, sich zu entwickeln und Verantwortung zu übertragen, um zu wachsen, ist die Devise. Übergangslos vollzieht sich auch die Unternehmensnachfolge. Bei DPW übernahm Sohn H. J. Freund das Ruder, bei Langenscheidt die Söhne Andreas und Florian, wobei letzterer sich wegen seiner Aktivitäten im Umweltschutz aus der aktiven Geschäftsführung seit kurzem zurückgezogen hat.

Hohe Ziele, viel Freiheit, direkte Kommunikation und klare Führung

Auffällig ist bei allen Unternehmen die flache Hierarchie sowie der direkte Kommunikations- und Führungsstil. Der Círculo de Lectores – früher ein tiefgestaffeltes, hierarchisch organisiertes Unternehmen – besitzt heute lediglich vier Führungsebenen. Die erste Führungsebene umfaßt sieben Hauptabteilungen und drei bis vier Stabsstellen. Ähnlich bei Prisma Presse: Vor der durch das Wachstum notwendigen Reorganisation hatte Axel Ganz den direkten Zugriff auf sechs Chefredaktionen. NRJ hat eine Organisationsstruktur, die mit drei Führungsebenen auskommt, und bei Antenne Bayern ist es nicht anders.

Kirch ist dafür bekannt, das er seinen Mitarbeitern ein hohes Maß an Verantwortung, viel Freiraum und, dank seines Charmes, die Möglichkeit zur Identifikation mit der besten aller Filmhandelsunternehmungen gibt – aber dafür verlangt er auch viel: einen 14-Stunden-Tag, eine hohe Loyalität und Erfolge in der Arbeit. Personelle Fehlgriffe bereinigt der Chef selbst.

Aufgabenorientierung statt Hierarchie heißt auch das Motto bei DPW. Bewußt wurde bei der Gestaltung des neuen Bürogebäudes auf Hierarchie- und Statussymbole verzichtet. Abschirmende Wände fehlen, und die Ebenen gehen ineinander über. Das ganze Haus atmet einen neuen Stil von Teamwork und Selbstorganisation.

Verbunden mit der flachen Organisationsstruktur ist ein hoher Dezentralisierungsgrad und ein hoher Grad an Delegation der Verantwortung. Aber damit verbunden ist auch ein klares Verantwortungscontrolling. Hohe, verantwortungsvolle Ziele werden den Mitarbeitern gesetzt – sie müssen allerdings erstens genau umschrieben und zweitens realistisch und erreichbar sein. In nahezu allen Unternehmen gibt es auch MBO-Systeme, das heißt klare Zielverein-

barungen zu Beginn des Jahres, die dann unterjährig nachjustiert werden.
Realistisch und direkt sind daher auch die Beurteilungen und die Kritik im positiven wie im negativen. Die Geschäftsführer besitzen offensichtlich die Fähigkeit, in motivierender Weise und ohne persönliche Verletzungen dem Mitarbeiter zu zeigen, welche Ziele er erfüllt, welche nicht beziehungsweise an welchen Stellen er sich noch verbessern muß. „Hart und offen, aber fair" – so könnte man diesen Führungsstil umschreiben. Der persönliche Stil im Umgang mit den Mitarbeitern ist in der Regel gekennzeichnet durch Hilfsbereitschaft, Sorge und einen hohen Grad an Berechenbarkeit. Von allen Geschäftsführern wird gesagt: „Was sie versprechen, halten sie auch." Und sie versprechen in der Regel nichts, was sie nicht halten können.
Noch etwas kennzeichnet diese Geschäftsführer und Unternehmer: die Sorge und der Respekt für den einzelnen. Fast alle haben sie eine pädagogische Neigung und beherrschen die Kunst, Mitarbeiter auf die für sie richtige Schiene zu setzen, das heißt, sie haben einen Blick für die Fähigkeiten des Menschen und verstehen, ihn dort einzusetzen, wo er sich am nutzbringendsten für das Unternehmen entfalten kann.
In mancher Hinsicht widerspricht ihr Führungsstil aber auch dem Lehrbuchideal einer partizipativen Führung. Axel Ganz gibt beispielsweise offen zu, „daß jede Redaktion ihren notwendigen Freiraum braucht, aber auch autoritär geführt werden muß". Zum Journalistenberuf gehöre ein hoher Grad an Individualität. Damit entstünden in jeder Redaktion zentrifugale Kräfte, die immer wieder auf das Zeitschriftenkonzept hin ausgerichtet werden müßten. Der Verleger muß daher die letzte Kompetenz haben und diese auch ausüben. Auch deshalb sind gute Chefredakteure so rar, die es verstehen, ihren Mitarbeitern und Redakteuren auf der einen Seite den notwendigen Freiraum zu verschaffen, aber gleichzeitig klar

nach einem gemeinsamen Konzept zu führen. Ähnlich ist es mit der Programmarbeit im spanischen Buchklub: Die Lektoren haben zwar große Freiheiten, aber die Grundlinien des Gesamtprogramms bestimmt Meinke selbst. Auch bei NRJ sind neue Ideen immer gefragt, der Redaktionsbereich besitzt eine Menge Freiraum, aber das Programmkonzept und das Musikformat sind eindeutig festgelegt und werden mit großer Konsequenz eingehalten.

Dem folgt auch Peter Davis, wenn er sagt: „Es muß einer sein, der letztlich entscheidet, wann die Diskussion endet."

Eugen von Keller

12.

Schöne neue Welt

Erfolgsfaktoren für die Medienmärkte der Zukunft

Zeitungen und Zeitschriften sind voll von Artikeln und Sonderbeilagen, und allein in Deutschland finden 1994 annähernd 20 Kongresse, Messen und Konferenzen zum Thema „Digitalisierung der Medienwelt“ und „Multimedia“ statt. Auf der Softwaremesse waren multimediale CD-ROM-Applikationen der Renner der Saison. Aus Amerika erreicht uns die Kunde von Übernahmeschlachten zwischen Telecom-Giganten, Kabelnetzbetreibern und den letzten unabhängigen Filmstudios. Man erwartet die Konvergenz der Medien- und Kommunikationsindustrie und ein neues Zeitalter im medialen Wettbewerb. Die Medienmärkte stehen vor dramatischen Veränderungen.

Es ist nicht das Ziel dieses Buches, die zukünftigen Entwicklungen der Medienbranche darzustellen, dazu gibt es bereits eine Vielzahl von ausführlichen Dissertationen, Vorträgen und Artikeln. Was aber interessiert, ist die Frage: Wie verändern sich die Spielregeln im Wettbewerb in der Medienbranche, und welche strategischen Stärken und operativen Fähigkeiten, welche organisatorischen Strukturen und welcher Führungsstil zeichnen die erfolgreichen Unternehmen in den Medienmärkten der Zukunft aus? Sind dies noch die gleichen Merkmale, die in den „Erfolgsgeschichten“ dieses Buches beschrieben sind, oder werden die Erfolgsunternehmen der Zukunft andere sein? Werden sie einen anderen Typus des Medienunternehmers erfordern? Werden sich völlig neue Erfolgsfaktoren durch die Veränderung in der Medientechnik ergeben? Wie wird sich die strategische Position und Stärke der Teilnehmer in der Medien-Wertschöpfungskette von den Produzenten der Software bis zu deren Verteilern entwickeln?

Ein bißchen darüber zu spekulieren, wie sich die Wettbewerbsbedingungen in den Medienmärkten des Jahres 2000 verändern, und welche die erfolgreichen Unternehmen der Zukunft sein werden, sei erlaubt. Aber zuerst einige Informationen zum Wachstum und zu den Strukturveränderungen in der Medienindustrie.

Die Zukunft der Medienmärkte – die Medienmärkte der Zukunft

Die Zahlen sind bekannt: Der klassische Medienmarkt in Europa – heute ein Volumen von zirka 180 Milliarden Mark – wird sich bis zum Jahr 2000 etwa verdoppeln. Das entspricht einer Wachstumsrate von durchschnittlich 10 Prozent. Zur Jahrtausendwende wird es europaweit etwa 16 Millionen Arbeitsplätze in der Medienindustrie und 60 Millionen in der gesamten Kommunikations- und Informationsindustrie geben – der Summe aus Medien, Telekommunikation, Computer und Busineß-Kommunikation sowie zugehöriger Software. Bezogen auf Deutschland ist dieser Markt dann größer als die gesamte Automobilindustrie und wird etwa sechs Prozent des Bruttosozialproduktes ausmachen und damit zu einem der wichtigsten Wachstumsmotoren für die neunziger Jahre – nicht nur in Europa, sondern weltweit – werden.

Technik und Angebot als markttreibende Faktoren

Was aber sind die markttreibenden Faktoren? Anders als die meisten anderen Märkte bezieht der Medienmarkt seine Dynamik zuerst einmal von der Angebotsseite: Das Angebot schafft sich seinen Markt. Die Ausweitung der technischen Möglichkeiten spielt dabei weniger eine Rolle als die Kreativität in der Entwicklung von sinnvollen, nützlichen oder spielerischen Anwendungen. Die Technik würde es heute schon ermöglichen, durch Datenkompression bis zu 500 Kanäle pro Kabelanschluß verfügbar zu machen – bis zum Jahr 2000 soll es in Europa weit über 1000 Fernsehkanäle im Angebot geben, die meisten davon Pay-TV-Kanäle mit einem engen Spartenprogramm. Die Übertragungskapazitäten von Satelliten und Kabelnetzen werden sich bis dahin minde-

stens verzehnfachen. Und die Verringerung der technischen Sende- und Übertragungskosten machen eine Vielzahl von Nischen- und Spezialprogrammen finanzierbar.
Der technische Fortschritt wird auch die Produktionskosten von Programmen weiter senken – durch kostengünstigere Techniken in der Filmbranche und im Hörfunk, aber auch durch den verstärkten Einsatz flexibler Produktionstechniken, wie beispielsweise im Druckbereich: zeit- und nachfragegenaue Produktion von Büchern anstatt riskanter Großauflagen. Oder bei der Herstellung von Tonträgern: Die individuelle, hochflexible Fertigung von so vielen Exemplaren, wie man gerade braucht, wird selbstverständlich sein – „production on demand".
IBM versucht, zusammen mit Amerikas größtem Schallplattendiscounter, Blockbuster, die Auflagen- und Lagerproblematik bei Musikproduktion und -vertrieb zu revolutionieren. Auf eine Vorratsproduktion wird vollständig verzichtet. Der Kunde wählt im Geschäft einen elektronisch gespeicherten Titel aus, mit dem eine Compact-Disc im Geschäft bespielt wird. Gleichzeitig zu diesem Vorgang, der etwa drei Minuten benötigt, wird mit Hilfe eines Laserdruckers das Cover hergestellt.

Interaktive Dienste und Individualisierung

Durch das Zusammenwachsen von Netzbetreibern – Telecom und Kabelnetzgesellschaften, Computer- und Medienindustrie – eröffnen sich außerdem völlig neue Anwendungsfelder und -märkte, von „home shopping" bis zur individuell abrufbaren Musikdatenbank. Die neue Technik, insbesondere die verbesserten Kabel- und Telefonnetze und die Kompressionstechnik, ermöglicht die individuelle Ansprache und Interaktion zwischen Anbietern, Dienstleistern und Konsumenten.

Beispiel „home shopping“: Das Potential dieses Marktes wird in Europa erst zögernd zur Kenntnis genommen; einige erfolglose Versuche zum Frühstücksfernsehen haben diesen Markt diskreditiert. Aber der Kampf des führenden amerikanischen „Home-shopping“-Unternehmens Viacom um die Kabelnetze und einige Marktprognosen haben nun die Kaufhauskonzerne und insbesondere die Versandunternehmen sensibilisiert. Einer Studie zufolge sollen die Ausgaben über diesen Vertriebskanal von heute 24 Millionen Dollar auf über 3,6 Milliarden Dollar im Jahr 2000 steigen.

Ein weiterer Aspekt: Durch den direkten Kontakt zum Kunden kann sich das Versandunternehmen eine Datenbank mit dem individuellen Nachfrageprofil jedes seiner Kunden aufbauen – ein unbezahlbarer Informationsschatz. Orwell läßt grüßen.

Zweites Beispiel „video on demand“, „pay per view“ und „music on demand“: Durch die Allianz von Netzbetreibern und Programmstationen wird es möglich, individuelle Film-, Informations-, Spiel- und Musikprogramme aus den Datenbanken der Programmlieferanten abzurufen. Sie möchten

Chart 12.1.: Ausgaben für interaktive Dienstleistungen in Europa* 1992–2000

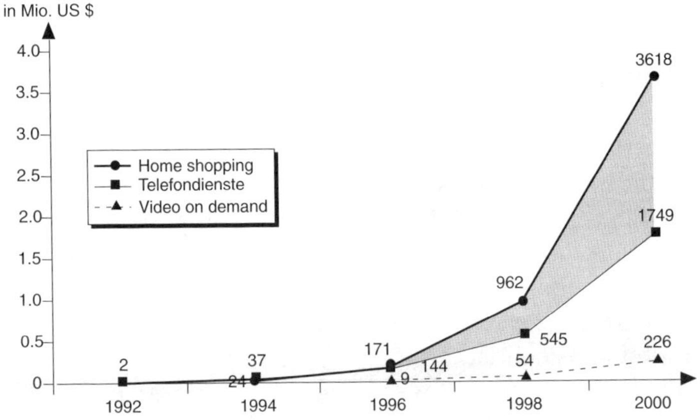

* Schätzung für Deutschland, Großbritannien, die Niederlande, Frankreich, Belgien

heute abend den Klassiker *Casablanca* sehen? Kein Problem, einprogrammieren, abfragen, die Rechnung kommt am Monatsende. Sie wollen sich Ihr eigenes Nostalgie-Musikprogramm von Beatles- und Stones-Titeln zusammenstellen? Die Titel stehen Ihnen zur Verfügung, für den Preis von zwei CDs pro Monat. Sie möchten die Partie Spasski gegen Fischer nachspielen? Fernseher einschalten, Spielprogramm wählen, den ersten Zug machen.
Drittes Beispiel: Sega Channel. In den USA startet Douglas Glen von Sega, dem – neben Nintendo – erfolgreichsten Hersteller von elektronischen Spielen, gerade eine Kooperation mit Time Warner Cable und TCI. „Wir sind nicht im Videogame-, sondern im Entertainmentgeschäft", sagt Glen. Seine Rechnung: In den USA geben die Bürger jährlich 45 Milliarden Dollar für Spiele, von Bingo und Pferderennen bis zu Videogames, aus. Seinen Kunden auf dem Sega Channel möchte er nun ermöglichen, aus einer Endlosschleife von 50 Spielen je zwei pro Monat auf einem speziellen Cartridge abzuspeichern; außerdem kann der Sega-Kunde schon mal mit den neuen Spielen trainieren – und das Ganze für nur 20 Dollar im Monat; so lockt und bindet man neue Kunden.

Zunehmende Fragmentierung der Konsumentenwünsche

Schon heute hat die zunehmende Spezialisierung der Kundenwünsche zu einer intensiven Fragmentierung des darauf zielenden Medienangebots geführt. Der total überbesetzte deutsche Zeitschriftenmarkt bietet dafür ein gutes Beispiel: Insgesamt gibt es 8.000 verschiedene Titel mit 300 Millionen Jahresexemplaren, von denen allein die Hälfte Special-Interest-Titel sind. Die rund zehn großen Wochenzeitschriften, wie Stern, Spiegel und die allgemeinen Frauenzeitschriften, verlieren dagegen laufend an Auflage.

Eine ähnliche Entwicklung zeichnet sich im Fernsehmarkt mit dem bald verfügbaren Angebot von über 100 Kabel- und Satellitensendern ab. Das Bild vom Fernsehkiosk drängt sich auf. Ähnlich wie am Zeitungskiosk werden wir zukünftig neben den Fernsehvollprogrammen zwischen einer Vielzahl von Spartenprogrammen – vom Börsenkanal bis zum Wettersender – wählen können.

Die Frage ist, ob der Zuschauer bereit ist, für dieses Angebot zu zahlen, und ob er überhaupt in der Lage und willens ist, dieses Angebot zu nutzen. Die tägliche Fernsehdauer liegt in Deutschland heute bei 2,5 Stunden, in den USA dagegen bei sieben Stunden. Die meisten anderen europäischen Länder, insbesondere Frankreich, Spanien und Italien haben eine deutlich höhere Nutzungsdauer als die Deutschen. Aber es ist unseres Erachtens eine Illusion, daß die tägliche Nutzungsdauer auf das gleiche Niveau wie in den USA gelangen wird, dazu ist das Freizeit- und Arbeitsverhalten der Europäer einfach zu verschieden – und deswegen werden einige der wagemutigen Programmkonzepte wirtschaftlich nicht aufgehen.

Ungebrochenes Wachstum des Werbemarktes

Und wer soll das alles bezahlen? Teilweise der Konsument, teilweise die Werbewirtschaft. Neben dem Angebot und den Konsumentenbedürfnissen sind daher die Werbemärkte der treibende Faktor für das Wachstum des Mediengeschäfts. Die jährlichen Zuwachsraten in Europa sollen in Zukunft zwischen fünf und zehn Prozent liegen, in Deutschland sogar darüber, denn hier besteht noch ein gewaltiger Nachholbedarf, der durch die Privatisierung des Fernsehmarktes erst teilweise ausgeschöpft wurde.

Man erwartet langfristig in den reifen Industriegesellschaften einen Werbeanteil von etwa 1,5 Prozent am Bruttosozial-

produkt. Die USA bewegen sich hier schon seit einigen Jahren in diesem Bereich, in England, Frankreich und Italien ist man nahe daran, während Deutschland mit zirka einem Prozent noch weit von dieser Marke entfernt ist.
Heute liegen die Ausgaben für die Werbung in Europa bei etwa 120 Milliarden Mark und werden bis zum Jahr 2000 die 200-Milliarden-Grenze erreichen. Natürlich wird es Strukturverschiebungen innerhalb der Werbemedien geben. In den letzten Jahren konnte man dies in Deutschland schon bei der Einführung des privaten Fernsehens beobachten. Das Wachstum des deutschen Werbemarktes ging fast ausschließlich an die deutschen Privatprogramme und zu Lasten der öffentlich-rechtlichen Stationen. Gleichzeitig verlor der Printmediensektor stark an Marktanteilen, vor allem bei Zeitschriften mit einer breiten Zielgruppe.
Die Werbemärkte werden sich auch in Zukunft strukturell verändern. Der Kontaktqualität und -wirkung wird immer mehr Bedeutung beigemessen. Denn durch die Fragmentierung des Zeitschriften- und Programmangebots, durch die zunehmende Flüchtigkeit des Werbekontakts und durch

Chart 12.2: Entwicklung der Ausgaben für Werbung in ausgewählten Medien

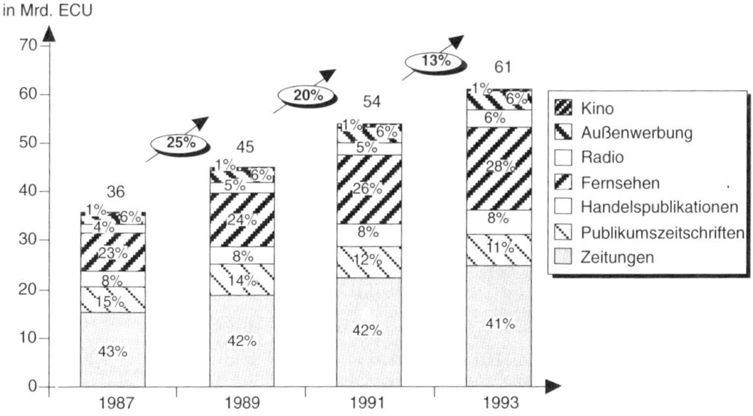

Quelle: Roland Berger & Partner

die geringe Medientreue der Konsumenten wird es für die Werbetreibenden immer schwieriger, eine einfache, auf wenige Objekte oder Programme konzentrierte Werbestrategie zu verfolgen. Der Werbekuchen wird daher sicher nicht im gleichen Maße größer werden, wie das Angebot an Kanälen, Zeitschriften und Programmen zunehmen wird. Die Werbung wird neue Formen und Wege suchen müssen. Wege, die den Konsumenten stärker einbinden, ihn direkter erreichen, ihm keine Möglichkeit zum „Wegschauen" geben.

Programmlieferanten und Rechtebesitzer als Gewinner

Gutes Programm wird immer Mangelware sein – und die Nachfrage nach gutem Entertainment und aktueller Information wird immer größer. Folglich werden auch in Zukunft diejenigen Medienunternehmen auf der Gewinnerseite sein, die über einen breiten Schatz an Programm, an Substanz, an Rechten verfügen; und die es verstehen, diesen Schatz ständig zu vermehren. Unternehmen wie die Kirch-Gruppe und RTL gehören sicher dazu, die großen und kleinen Filmstudios, die Musikproduzenten, die Verlage mit guter Backlist, die Videospielproduzenten, die Eigentümer von Comicfiguren, aber auch die Produzenten von Sportveranstaltungen und Kulturereignissen, die die globalen Mediarechte an diesen Events halten und verwerten. Und es geht auch um den „Besitz" von denjenigen Personen, die diesen Schatz vermehren: Künstler, Sänger, Songschreiber, Bestsellerautoren, Journalisten und so weiter. Sogar die ARD-Anstalten könnten davon profitieren, besitzen sie doch einen riesigen Vorrat von Rechten und Substanzen, die sie allerdings nie systematisch verwertet haben.

Der Besitz der Substanz wird immer bedeutender. Die Besitzenden spielen diesen Vorteil aus, während die Habenichtse gleichzeitig zu Programmen kommen wollen. Deshalb wird die Medienindustrie weiterhin blitzartige Aufkaufaktionen von kleinen Labels oder Verlagen oder Softwareherstellern durch die großen Medienkonzerne erleben. Oder es kommt zu langwierigen Übernahmeschlachten um Rechtebibliotheken, wie letzthin bei der Zehn-Milliarden-Dollar-Schlacht von Viacom um Paramount. Ob sich diese Investitionen langfristig immer rechnen, ist fraglich. Erfolgversprechender scheint die Methode, aufmerksam junge, innovative Unternehmen zu beobachten, diese frühzeitig, zum Beispiel durch Aufträge, an sich zu binden, und sich an ihrem Wachstum zu beteiligen – ähnlich wie die Talentesucher der großen Musikfirmen, die ihre Abende in den Musikkellern Londons zubringen, um das Ohr ganz eng am Markt zu halten.

Strategische Allianzen und Investitionskraft

Wer in den Medien- und Kommunikationsmärkten der Zukunft mithalten will, muß bereit sein, hohe Investitionen zu leisten: Um in einem der großen Märkte Europas einen neuen Pay-TV-Kanal aufzubauen, muß man mindestens 150 Millionen Mark riskieren. Für einen neuen Spartensender muß man 50 bis 100 Millionen Mark veranschlagen. Will man gar einen Spartensender mit exklusiven Rechten an Tennisturnieren und Fußballübertragungen aufbauen, dann kostet das eher das Doppelte. Die Produktion eines Kinofilms für den internationalen Markt kostet zwischen 50 und 100 Millionen Mark, und für die Entwicklung einer neuen Zeitschrift braucht man bis zu 150 Millionen Mark an Vorinvestitionen. Special-Interest-Zeitschriften, Radiostationen und Fachzeitschriften sind dagegen mit einem Einsatz zwischen drei und 30 Millionen Mark geradezu billig. Selbst im Buchgeschäft zwingt begrenzter Vorrat an Spitzensubstanz zu immer höheren Einsätzen. Fünf bis zehn Millionen Dollar für die internationalen Verlagsrechte eines neuen Buches von einem Bestsellerautor wie Stephen King, oder für die Memoiren von General Schwarzkopf sind heute absolut keine Seltenheit mehr. Das kann sich nicht jeder leisten, und manches Verlagshaus oder Filmstudio – auch größere Medienunternehmen – ist nach einer Reihe von Flops auch schon in seiner Existenz gefährdet oder reif für eine Übernahme.

Dennoch haben nicht nur die großen Medienkonzerne Chancen. Schiere Größe ist nicht unbedingt zwingend notwendig, um künftig im Markt zu überleben – lediglich dort, wo, beispielsweise bei den Kabelgesellschaften und Netzbetreibern, die Investitionen für die Verlegung von Datenhighways in die Milliarden gehen. Ansonsten gibt es genügend Nischenmärkte, in denen man sich auch mit geringeren Anforderungen an das Risikokapital engagieren kann. Und es gibt auch eine Vielzahl von Möglichkeiten, den Investitionsbedarf mit strategischen Allianzpartnern zu decken, mit denen man für die volle Ausschöpfung der Verwertungsrechte sowieso zusammenarbeiten muß.

Der entscheidende Punkt ist, daß die Erfolgsunternehmen von morgen in der Lage sein müssen, multimediale und internationale Allianzen und Konsortien zu bilden, um das notwendige Investitionskapital zu mobilisieren, die Risiken zu verteilen und die globale Vermarktungskette der Rechte zu organisieren.

Dezentrale Organisation und unternehmerischer Führungsstil

Große Organisationen bergen auch die Gefahr, nicht das richtige Umfeld für kreative Menschen und innovative Ideen bieten zu können. Gerade die Medien- und Kommunikationsindustrie lebt aber von Kreativität, von unkonventionellen Einfällen und von den Menschen, die den Stoff produ-

zieren, aus dem Entertainment gemacht ist. Die größte Innovationskraft wird – im kreativen wie im technischen Bereich – auch in Zukunft von kleinen Unternehmen und Einzelpersonen ausgehen. Die großen Medienunternehmen werden nur dann erfolgreich sein, wenn es ihnen gelingt, sich wie ein Verband kleiner, unabhängiger Einheiten zu organisieren. Sie müssen den Tochterfirmen und einzelnen Geschäftseinheiten viel unternehmerische Freiheit belassen und sich auf die finanzielle Steuerung und strategische Unterstützung der Unternehmen beschränken.
Hinzu kommt die bewußte Herstellung einer unternehmerischen Atmosphäre und Motivation in den einzelnen Geschäftseinheiten. Die Führungskräfte in diesen Einheiten müssen wie Unternehmer agieren, selbst wenn dadurch gelegentlich die Synergien zwischen den einzelnen Geschäften nicht genutzt werden. Unternehmertum geht vor Synergienutzung. Idealerweise werden derartige Verlegermodelle noch unterstützt durch ein erfolgsorientiertes Einkommen und durch ein Beteiligungsmodell, das den Verleger/Unternehmer am Wertzuwachs „seines" Unternehmens teilhaben läßt – wie heute schon bei Reed und Bertelsmann üblich.
Ein Verlegermodell, das dem Rechnung trägt, ist das von Prisma Presse, das nun auf das ganze Gruner + Jahr-Verlagshaus ausgedehnt wird. Die klassische Trennung von Chefredakteur, Herausgeber und Verlagsleiter wird abgelöst durch den unternehmerisch gesamtverantwortlichen Verleger – idealerweise einen „ökonomisch passionierten Journalisten" –, wie es Gerd Schulte-Hillen, der Vorstandsvorsitzende von Gruner + Jahr definiert. Auch bei den Fachzeitschriften hat sich das neue Verlegermodell bewährt, beispielsweise beim Deutschen Fachverlag, wo jedes Objekt sowohl die wirtschaftliche als auch journalistische Verantwortung selbst trägt. Inzwischen hat auch der Magna Media Verlag – ursprünglich Markt + Technik Verlag – mit dem gleichen Modell nachgezogen.

Die Fähigkeit, Kreativpotentiale zu entdecken und zu halten

Die Zusammenarbeit mit Publizisten, Autoren und Journalisten, mit Künstlern, Pop-Musikern und Schauspielern, mit Softwarespezialisten und Spielfanatikern ist nicht immer ganz einfach. Aber gerade von ihnen hängt der Erfolg des Produkts ab, sie sind die Voraussetzung für den Wertzuwachs des Unternehmens. Erfolgreich werden nur die Medienunternehmen sein, denen es gelingt, auch im Wettbewerb um die Kreativen vorne zu liegen.

Dazu sind allerdings drei Voraussetzungen notwendig: Erstens muß man systematisch nach neuen Stoffen und Talenten suchen – nur mit Intuition und Zufall allein kommt man heute nicht mehr weit. Dazu sind auch die notwendigen Vorinvestitionen in Marketing und Packaging zu hoch, als daß man sich einen Flop erlauben könnte. Große Musikunternehmen schicken ihre Kundschafter systematisch in die „Szene" auf die Suche nach neuen Talenten, und auf Medien spezialisierte M&A-Beratungsfirmen leben teilweise davon, daß sie für die großen Medienkonzerne nach interessanten jungen Firmen Ausschau halten. Autorenwettbewerbe sind bei Buchverlagen ein beliebtes Instrument. Außerdem versucht man, sich die Künstler gegenseitig abzujagen. Im Verlagsbereich ist es in Amerika zum Beispiel durchaus üblich, einzelne Schriftsteller mitsamt ihrem Lektor von der Konkurrenz abzuwerben. Das gleiche ist im Journalismus schon lange die Regel.

Mindestens ebenso wichtig ist es daher, die Kreativen zu halten, flexibel zu sein, ihnen die zeitlichen und finanziellen Möglichkeiten zu geben, „ihre" Idee zu entwickeln, ihnen das Biotop zu verschaffen, das sie brauchen, um produktiv zu sein. Da gehört die persönliche Betreuung der Künstler ebenso dazu wie das Verständnis dafür, daß kreative Menschen viel Anerkennung, positive Unterstützung, aber auch

ein diszipliniertes Umfeld brauchen, um optimale Leistungen zu erbringen.
Kreativität findet nicht zwischen 7.30 Uhr morgens und 17 Uhr nachmittags statt. Die Arbeitsleistung eines Kreativen läßt sich nicht anhand seiner Bürostunden messen, Kreativität braucht Zeiten großer Unruhe, Leiden, Lust und Einsamkeit – kurzum das volle Leben. Das Management von Medienunternehmen, die damit nicht umgehen können, wird Probleme haben, kreative Menschen an sich zu binden.
Auch in der Arbeitsorganisation haben die Medienunternehmen die Chance, am progressivsten zu sein: Die Tages-, Wochen-, Jahres- und Lebensarbeitszeit können im Mediengeschäft am flexibelsten organisiert werden. Sie *müssen* sogar flexibel organisiert werden, um einerseits allen externen Anforderungen von Aktualität und Erscheinungsterminen zu genügen, andererseits um den Kreativen auch die Freiräume zu schaffen, die sie brauchen, um wieder „aufzutanken".
Durch das Zusammenwachsen von Kommunikations-, Computer-, Softwaretechnologie und audiovisuellen Medien kommt noch eine neue Anforderung hinzu: Erfolgreich in den neuen Multimediamärkten werden die Unternehmen sein, die es verstehen, mediales Projektmanagement in interdisziplinären Teams aus Medienmachern, Softwareingenieuren und Filmproduzenten effizient zu organisieren.
Hierzu ein Beispiel: das Aquarius-Museumsprojekt in Mülheim an der Ruhr. Die Rheinisch-Westfälische Wasserversorgungsgesellschaft plante, in einem ehemaligen Wasserturm ein Wassermuseum einzurichten. Das Ziel: Die Themenkomplexe „Wasser" und „Wasserwirtschaft" veranschaulichen, um damit ein Verständnis für die ökologischen Probleme und Zusammenhänge rund ums Wasser zu entwickeln. Die räumlichen und statischen Restriktionen ließen eine interaktive mediale Umsetzung als interessant erscheinen. Grundidee war die Kombination nachgebauter Realitäten und Alltagsgegenstände mit den Möglichkeiten der inter-

aktiven Medien, so daß eine Simulation der Wirklichkeit entsteht. Eine Art Erlebnispark, aber kein Disneyland, sondern realitätsbezogene Exponate zum Anfassen, gekreuzt mit der computergestützten Simulation der Realität. Darin liegt die wahre Stärke der interaktiven Medien.

Betraut mit dem Projekt wurde die Firma Inter/Aktion, eine Gemeinschaftsgründung von Uwe von Schuhmann und Jürgen Knoll, die eine Film- und Videoproduktion betreiben, und Bert Helmes und Claus Wegener, deren Firma in der Softwareentwicklung für computergestützte Informations- und Ausbildungsmedien tätig ist. Beide Partner mußten erst einmal voneinander lernen, was Software vermag, was filmische Dramaturgie verlangt und wie beide Elemente in einem neuen Medium miteinander verbunden werden können. Das Projekt Aquarius bot dafür eine gute Gelegenheit.

Insgesamt waren bei Aquarius über 100 Mitarbeiter aus den unterschiedlichsten Bereichen tätig: Rechercheure, Autoren, Regisseure, Projektmanager, Softwareentwickler, Wissenschaftler usw. Zusätzlich mußte eng mit den Museumsplanern, dem Architektenteam und dem Bauunternehmen zusammengearbeitet werden. Bei der Realisierung traten natürlich Probleme zutage, die sich aus den unterschiedlichen Kulturen und Interessen der Beteiligten ergaben. Die Museumskonservatoren taten sich schwer, das Medium Museum multimedial zu verstehen und die neue Logik der Präsentation von Exponaten zu akzeptieren; die Erfordernisse der Hardwareingenieure kollidierten mit den Restaurierungsgewohnheiten der Handwerker; Architekten und Techniker übersahen die Intention des Museums – alles Verständnis- und Interaktionsprobleme, die vom Team gelöst werden mußten.

Das Museum baute, auch wegen der räumlichen Enge, stark auf den Einsatz bewegter Bilder. Hierfür produzierte Inter/Aktion ungefähr 5,5 Stunden Bewegtbild mit einem Archivanteil von rund 65 Prozent. Material aus aller Welt wurde zusammengetragen, hauptsächlich von der BBC in London und aus speziellen Filmarchiven in den USA. Zusätzlich verhandelte Inter/Aktion aber auch mit Dutzenden Filmproduzenten und Rechteinhabern über den Erwerb der Nutzungsrechte. Da einzelne Programmbestandteile innerhalb der multimedialen Anwendung nicht nur genutzt, sondern in ihrer Ursprungsform verändert wurden, traten dabei auch neuartige Rechtsprobleme auf.

Zugang zu Netzwerken und strategischen Allianzen

Gute Ideen und Programmsubstanz werden im Medienwettbewerb des Jahres 2000 allein nicht ausreichen. Der Besitz kostengünstiger und wirkungsvoller Vertriebswege wird immer wichtiger.
Für die klassischen Medien sehen wir dies schon heute: Die Media-Megastores von Virgin und FNAC, wo der Kunde alles – vom Buch über Video bis zur Software – findet, setzen sich langsam, aber stetig durch. In einem traditionellen Buchhandelsland wie Deutschland allerdings langsamer als in den romanischen Ländern oder in Großbritannien, wo die audiovisuellen Medien eine höhere Bedeutung haben. Aber auch in Deutschland beobachten wir seit Jahren einen Konzentrationstrend im Buchhandel und den Erfolg großflächiger Buchwarenhäuser. Der Besitz von Regalmetern wird immer wichtiger – und damit zunehmend die Vertriebskraft der Verlage. Das begünstigt natürlich die größeren Verlagshäuser.
Bei den neuen Medien werden wir in Kürze über genügend Satellitentransponder und Kabelnetze verfügen, so daß der Besitz von terrestrischen Frequenzen den Charakter der knappen Ressource verlieren wird. Damit geht ein Margenverfall bei den Betreibern von Sendestationen einher, sofern sie nicht gleichzeitig im Besitz von marktanteilsstarken Programmen sind.

Gleichzeitig ist es immer wichtiger, auf Kabelnetze Zugriff zu haben, dem effizientesten Vertriebsweg der Zukunft mit der größten Kapazität für multimediale und interaktive Anwendungen. Auf den Datenautobahnen direkt ins Wohn- und Arbeitszimmer des Konsumenten: Das ist im Jahr 2000 die Voraussetzung für den Erfolg der Programmproduzenten und Mediendienstleister – vom audiovisuellen Kontaktmarkt bis zur elektronischen Musikbox und dem individuellen Börseninformationsdienst.
Schon jetzt gehen die Medienkonzerne für diese Zeit strategische Allianzen mit Netzbetreibern wie der Telecom und den Kabelgesellschaften ein, um später nicht vor der elektronischen Haustür zu bleiben. In den USA gibt es eine Reihe von Versuchen der regionalen Telefongesellschaften, sich mit Kabelgesellschaften zu ergänzen, und die Kabelgesellschaften versuchen, sich bei den Programmbesitzern einzukaufen. In diesem Geschäft können nur die globalen Medien- und Kommunikationskonzerne gewinnen, denn die notwendigen Investitionen sind gewaltig. Kleinere und mittelgroße Medienunternehmen sollten sich dagegen darauf konzentrieren, ihre Programmsubstanz auf zukünftige elektronische Verwendungsspotentiale zu untersuchen und frühzeitig nach strategischen Vertriebspartnern Ausschau zu halten.

Kostenmanagement und Systembeherrschung

Daß Kostenmanagement ein Erfolgsfaktor ist, ist nicht gerade eine neue Erkenntnis. Aber mit abnehmenden Auflagen und Reichweiten der großen Publikumszeitschriften und Rundfunksender und zunehmender Fragmentierung der Leser-, Hörer- und Werbemärkte, gewinnt es in der Zukunft ganz besonders an Bedeutung. Bis Ende der achtziger Jahre konnten sich die öffentlich-rechtlichen Sender noch Heerscharen von unterbeschäftigten Technikern und Redakteuren, dreifach besetzten Portierslogen und unausgelasteten Studiokapazitäten leisten. Regionalzeitungen besaßen regelmäßig ihre eigene Druckerei und aufwendige Herstellungsabteilungen im Stadtzentrum. An der hauseigenen Tankstelle beschäftigte sich die Fahrbereitschaft liebevoll mit der Pflege der Limousinen für die Führungskräfte.

Diese Zeiten sind vorbei. Wer dies zu spät erkannt hat, wer nicht rechtzeitig begonnen hat, Druckkapazität abzubauen oder auszulagern, wer nicht vor fünf Jahren die realen Produktionskosten um zirka drei Prozent im Jahr reduziert hat, der wird es schwer haben, noch aufzuholen. Der Zusammenbruch oder Aufkauf dieser – überwiegend – Familienunternehmen ist vorprogrammiert.

Solange man Monopolist in einem Mediensegment ist, mögen die Kosten nicht so entscheidend sein, aber attraktive Märkte ziehen den Wettbewerb früher oder später an. Beim *Spiegel* gehörte es zur Philosophie, daß es keine Redaktionsbudgets gab, daß über Kosten eigentlich nicht gesprochen wurde – die Inhalte waren entscheidend. Aber auch hier wird die Welt nicht mehr sein, wie sie war, seitdem der Wettbewerb auch Zugang zu diesem Marktsegment gefunden hat.

Kostenführer in einem Segment kann man auf verschiedene Weise werden: zum Beispiel durch die Nutzung von Skaleneffekten. Das gilt vor allem für Mediengeschäfte mit hohen Entwicklungsvorleistungen wie die Spieleproduzenten: Die Stückkosten sinken proportional mit der Anzahl der verkauften Einheiten. Das gleiche gilt für die Mediengeschäfte mit hohen Kapazitätsbereitstellungskosten wie beispielsweise dem Buchklubgeschäft mit seinem Botensystem, seiner Ladenkette und den Katalogkosten. Der Geschäftserfolg ist unmittelbar davon abhängig, auf wie viele Mitglieder und Buchkäufe die Systemkosten verteilt werden können. Diese Art von Geschäften wird zunehmen, da die neuen multi-

Chart 12.3:

medialen, vor allem aber die interaktiven Mediengeschäfte immer kapitalintensiver werden und immer mehr Entwicklungsaufwand verlangen.
Die Kostenführungsposition ist natürlich auch davon abhängig, wie gut man die Systemkosten im Griff hat und wie erfolgreich man das System ständig weiterentwickelt. Ein gutes Beispiel ist Radio NRJ, das die technischen Übertragungskosten des Senders ständig gesenkt hat, indem systematisch alle Vorteile der digitalen Datentechnik genutzt wurden.
Das gleiche gilt in Zukunft auch für die Zeitungsbranche, für Zeitschriftenverlage, für Informationsproduzenten, eigentlich für alle Medienunternehmen. Nur diejenigen Unternehmen, die konsequent die neue Technik in der Recherche, in der Produktion, in der Dokumentation und im Vertrieb nutzen und damit Kosten sparen, werden unter den erfolgreichen Firmen im Jahr 2000 sein.

Wettbewerb um Qualitäts- und Zeitvorteile

Wenn es wahr ist, daß die Medien- und Informationsindustrie von den Bedürfnissen und Wünschen der Medienkonsumenten – professionellen wie privaten – lebt, dann wird es auch in Zukunft darauf ankommen, diese Wünsche immer besser zu erfüllen, das heißt: immer differenziertere Angebote, mehr Eingehen auf individuelle Wünsche, immer mehr Wirklichkeitsnähe der Programme, verbesserter Zugang und Bedienungskomfort der Medienterminals, schnellerer Informationszugriff und schnellere Antwortzeiten, mehr Aktualität, mehr Qualität der Information. Wer sich einmal mit Btx befaßt hat weiß, daß genau diese Kriterien nicht erfüllt waren, auch wenn die Hardwaretechnik weniger solide wirkte als beim erfolgreichen französischen Minitel. Umständliche Zutritts- und Suchroutinen, lange Bildaufbauzeiten, eine völlig intransparente Angebotslandschaft und wenig sinnvolle Anwendungen ließen die Teilnehmerzahlen bald auf niedrigem Niveau stagnieren.

In gewisser Weise sind Computer- und Videospiele die Vorreiter für die seriöseren Anwendungen. Man muß sich deren Produktzyklen anschauen, die in der Regel nicht länger als sechs Monate dauern, bis sie durch neue und bessere Spiele abgelöst werden. Dabei stehen wir mit der Computeranimation noch im Stadium der Stummfilmproduktion der zwanziger Jahre. Dies wird sich in den kommenden zehn Jahren rasant ändern.

Und nur diejenigen Unternehmen, die ganz eng an der Entwicklung der neuen Technik dranbleiben und verstehen, diese schnell in ihre medialen Produkte umzusetzen, können im Rennen um die vorderen Plätze mitlaufen.

Daß dies Investitionen in zweistelliger Millionenhöhe bedeuten kann, zeigt sich in der Kartographie. Der Aufwand für die Digitalisierung der kartographischen Substanz und die damit verbundenen Risiken sind derart hoch, daß es in Deutschland inzwischen zum Zusammenschluß der großen Kartographieunternehmen in zwei Gruppen gekommen ist. Diese Entwicklung wird sich auf internationaler Ebene sicher wiederholen.

Der Qualitäts- und Zeitwettbewerb spielt aber auch auf einer anderen Ebene eine Rolle, nämlich bei den unternehmensinternen Prozessen der Medienproduktion. Ähnlich wie die Autoindustrie ist auch die Medienindustrie gezwungen, ihre Prozesse neu zu überdenken und auf ungenutzte Verbesserungspotentiale hin zu prüfen: kürzere Abläufe, weniger Qualitätsfehler, schnellere Produktionszeiten, weniger Komplexität – und damit letztlich auch geringere Kosten, trotz größerer Flexibilität. Das betrifft nicht nur die Druckereien, die sich diesem Wettbewerb schon stellen mußten, sondern auch Film- und Serienproduzenten für das TV, Filmstudios wie die Bavaria und die Redaktionsteams in den Hörfunkstationen. Während in Deutschland eine 45-Minuten-Folge für eine Serie wie die *Lindenstraße* in zwei Tagen abgedreht wird, schafft man in den USA zwei *Dallas*-Folgen bereits an einem Tag.

Marktstrategie und Kundenbindung

Eine dauerhafte Bindung zum Leser, Hörer, Zuschauer und zum Werbekunden herzustellen, wird in einer Zeit, die weniger durch traditionelle Verhaltensweisen und -werte geprägt ist als durch Trends und individuelle Nutzenerwägungen, immer schwerer. Früher las eine Familie eine Zeitung fast über zwei Generationen – allerdings war auch die Auswahl begrenzter. *Spiegel*-Abonnements haben heute gerade noch eine durchschnittliche Haltbarkeit von sechs Jahren – ein Wert, von dem *Stern* und *Bunte* nur träumen können. Die Fernbedienung für den Fernseher war, neben

der Zulassung privater Fernsehanstalten, aus Sicht der Programm-Macher und Werbetreibenden wahrscheinlich die einschneidendste Erfindung der letzten Jahre. Auch die leichte Bedienung der Programmtaste am Radio selektiert gnadenlos. Mehr als *ein* schwacher Musiktitel – und schon wechselt der Autofahrer den Sender. Die Kundenbindung ist heute nicht mehr durch Konsumentengewohnheit und Tradition zu sichern. Man muß mehr dafür tun, wenn man seine Leser und Zuschauer halten und seinen Werbekunden ein stabiles Publikum bieten will: zum einen redaktionell, in der programmlichen Substanz. Hier gilt es, frühzeitig die Interessen und Wünsche der Zuschauer und Leser durch konstante Hörer- und Leserbefragungen zu erkennen. Zum anderen durch zielgruppensicheres Marketing, das heißt, durch permanente Neuinszenierung des eigenen Programms oder Objekts und durch den Aufbau einer eigenen Markenidentität. Merkwürdigerweise haben gerade im Mediengeschäft viele Unternehmen noch gar nicht erkannt, welches Potential in ihrer Marke liegt. Klassische Titel, wie der *Stern* oder der *Spiegel,* wußten dieses Kapital bisher – außer in der sehr erfolgreichen Fernsehkolumne *Spiegel-TV* und in einigen Sonderpublikationen – kaum zu nutzen.
Was könnte man nicht alles tun, um eine Medienmarke zusätzlich zu nutzen und sie damit gleichzeitig zu stärken: als etablierter Rock-Sender eine eigene Plattenkollektion vertreiben, mit einer Musikladenkette wie WOM eine Szenezeitschrift herausbringen, Rock-Ereignisse sponsern etc. Teilweise geschieht dies auch schon, aber noch völlig unsystematisch. Was Markenpolitik im Mediengeschäft bedeutet, führt uns am besten Walt Disney vor: mit seinen Filmen, mit Themenparks und mit unzähligen Merchandise-Produkten, inzwischen sogar mit eigenen Kreuzfahrtreisen.

Die Fähigkeit zur Selbsterneuerung

In kaum einem anderen Geschäft ist der Zwang zur Selbsterneuerung und zur Entwicklung der Fähigkeit, das eigene Geschäftskonzept mit seinem Programm, seinen Produkten, seinen Systemen und seiner Strategie regelmäßig neu zu überdenken, so groß wie in der Medienindustrie. Starres Festhalten an überalteten Konzepten aus Bequemlichkeit, Phantasielosigkeit und Angst, ist meist der Anfang vom Ende. Das heißt nicht, daß man hektisch die Konzepte und Verleger alle halben Jahre wechseln soll – daran sind einige renommierte Verlage auch schon zugrunde gegangen. Wenn man eine Konzeption gefunden hat, muß man sie auch kontinuierlich verfolgen und ihr Zeit geben, sich zu entwickeln. Und das dauert bei einem Belletristik-Verlag naturgemäß länger als bei einer Radiostation.
Aber auch langfristig erfolgsgewohnte Fernsehstationen und Verlage sind nicht davor gefeit, daß sich die Konsumentenwünsche, der Markt oder das Wettbewerbsumfeld wandeln, weil sich die Lesegewohnheiten und -interessen verschieben, weil es alternative Angebote gibt oder weil sich die Spielregeln im Werbemarkt verändern.
Selbst so erfolgreiche Titel wie der *Spiegel* und *Corriere della Sera,* wie die Sender Bayern 3 oder BBC, brauchen daher von Zeit zu Zeit eine Revitalisierungskur, bevor sie in einen unheilvollen Zirkel aus Auflagenrückgang, Kostenreduzierung, Qualitätsverschlechterung und weiteren Auflagenschwund geraten – begleitet von zunehmender Hektik auf der Führungsebene.
In einem solchen Revitalisierungsprozeß muß das ganze Unternehmen auf die Probe gestellt werden. Ausgangspunkt ist das genaue Verständnis der Kundenbedürfnisse und -gewohnheiten und deren Veränderungen. Hier findet man gewöhnlich den Schlüssel für alles andere, für die Vision, für die Strategie und vor allem für die Kernprozesse im Unter-

Chart 12.4:

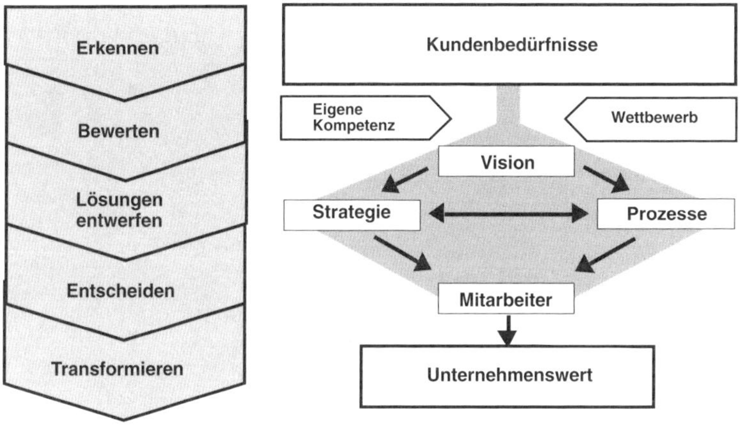

nehmen. Im Ergebnis kann ein solcher Neuorientierungsprozeß nicht nur zu einer neuen Unternehmensstrategie und Prozeßorganisation, sondern auch zu einer Neudefinition der Rolle des Mitarbeiters und Managers, der Führungsstrukturen und des Managementstils im Unternehmen führen.

Eine solche umfassende Überprüfung und Neuorientierung des gesamten Geschäftsverständnisses und -verhaltens verlangt das Comittment der gesamten Organisation, aller Führungskräfte, vom Topmanager bis zur Basis. 20 bis 30 Prozent der Mitarbeiter auf allen Führungsebenen müssen in diesen Prozeß mit einbezogen werden und aktiv mitwirken, um den Wandel wirklich herbeizuführen.

Es verlangt gewöhnlich aber auch professionelle Begleitung durch einen externen Coach, der den Prozeß anstößt und der das notwendige Wissen über Markt und Wettbewerb mit einbringt. Er koordiniert die internen Arbeitsgruppen und sorgt dafür, daß die Organisation von der Stufe der Problemerkenntnis zu Lösungsvorschlägen und Entscheidungen über deren Umsetzung gelangt.

Diejenigen Medienunternehmen, die die Kraft und das

Prozeß-Know-how zur Selbsterneuerung besitzen, werden auch die Gewinner in den Medienmärkten von morgen sein.

Eugen von Keller

Faktoren des Erfolgs der Zukunft

Erfolgreich werden die Unternehmen sein,

- die es schaffen, rechtzeitig und langfristig „Kreative" an sich zu binden;
- die eine eigene Markenidentität aufbauen;
- die die Kraft und das Prozeß-Know-how zur Selbsterneuerung besitzen;
- die ausreichend Rechte und Lizenzen besitzen und es verstehen, sie systematisch zu verwerten;
- die das notwendige Investitionskapital mobilisieren;
- die über eine ausreichende Finanzkraft verfügen;
- die unternehmerische Führungskräfte haben;
- die junge, innovative Unternehmen beobachten und frühzeitig an sich binden;
- die in der Lage sind, multimediale und internationale Allianzen und Konsortien zu bilden;
- die mediales Projektmanagement in interdisziplinären Teams aus Medienmachern, Softwareingenieuren und Filmproduzenten effizient organisieren;
- die Kostenführer in ihrem Segment sind;
- die eine dauerhafte Bindung zum Leser, Hörer, Zuschauer und Werbekunden herstellen.

Die Autoren:

Dr. Eugen von Keller ist bei Roland Berger & Partner, International Management Consultants verantwortlich für die Beratung von Medienunternehmen. Bereits während seines Studiums in Genf und St. Gallen befaßte er sich mit Medienrecht und der Strategie von Medienunternehmen. Praxiserfahrungen erwarb er bei der Bertelsmann AG und einer eigenen Mediengesellschaft, mit der er sich an Hörfunkstationen beteiligt. Seit 1989 ist er Partner bei Roland Berger & Partner GmbH, International Management Consultants.

Dr. Gabriela Pfändner studierte Betriebswirtschaftslehre in München und Genf. Neben der Promotion zum Dr. oec. publ. avancierte sie zur Projektleiterin bei Roland Berger & Partner GmbH, International Management Consultants mit den Beratungsschwerpunkten Automobil- und Medienindustrie. Seit 1993 ist sie Mitglied der Geschäftsleitung der UFA Babelsberg GmbH.

Gernot A. Wunderle, Dipl.-Kfm., ist im Medienbereich von Roland Berger & Partner GmbH, International Management Consultants tätig und promoviert derzeit an der Universität Innsbruck. Medienerfahrung gewann er als Geschäftsführer eines Verlages für Finanzinformationen.